U0513157

新时代共同富裕的理论与实践

THEORY AND
PRACTICE OF COMMON PROSPERITY
IN THE NEW ERA

范迎春 / 著

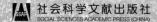
社会科学文献出版社
SOCIAL SCIENCES ACADEMIC PRESS (CHINA)

目　录

导　论

一　研究缘由与意义

（一）研究缘由

实现共同富裕不仅是全体中国人民的共同期盼，也是中国共产党的初心使命和奋斗目标。自 1953 年中共中央通过的《关于发展农业生产合作社的决议》中第一次使用"共同富裕"一词以来，中国共产党立足于不同时代方位与现实基础，在把握不同时期阶段性特征与社会主要矛盾的基础上，在共同富裕的道路上不断实践、不断创新。党的十八大以来，中国共产党带领中国人民实现了经济总量的增长、脱贫攻坚战的胜利、基本公共服务的健全等，为推进共同富裕创造了良好的条件。党的十九大立足于我国发展的客观现实，做出了中国特色社会主义进入新时代的重大判断，从理论和实践层面对新时代发展面临的新问题、新矛盾进行全方位阐述。新的变化、新的要求、新的问题等共同铸成了新时代的新特点：经济社会发展取得新成就，小康社会得以全面建成，正在向全面建成社会主义现代化强国迈进，社会主要矛盾转化为"人民日益增长的美好生活需要和不平衡不充分的发展之间的矛盾"[1]。新时代不仅是中国特色社会主义发展的新境遇，也是"全国各族人民团结奋斗、不断创造

---

[1] 习近平：《决胜全面建成小康社会 夺取新时代中国特色社会主义伟大胜利——在中国共产党第十九次全国代表大会上的报告》，人民出版社，2017，第 11 页。

美好生活、逐步实现全体人民共同富裕的时代"①。

面对新时代社会发展取得的成就和存在的现实问题，以习近平同志为核心的党中央，围绕新变化和新要求，立足新发展阶段，在继承和发展马克思主义共同富裕思想的基础上，针对我国存在的分配问题、贫困问题以及人民对美好生活的向往，不断丰富和拓展共同富裕的理论与实践。早在党的十八届中央政治局常委同中外记者见面时，习近平就强调"坚定不移走共同富裕的道路"，表达了顺应人民群众的期望、实现全体人民共同富裕的决心。党的十九大报告又进一步提出"逐步实现全体人民共同富裕"。为此，中国共产党采取了打赢脱贫攻坚战、全面建成小康社会，实施共享发展理念，加快基本公共服务建设等措施来解决发展的不平衡、不充分问题，突出在发展中保障和改善民生。正如习近平在《致"摆脱贫困与政党的责任"国际理论研讨会的贺信》中所强调的那样："消除贫困、改善民生、实现共同富裕，是中国特色社会主义的本质要求，是中国共产党的重要使命。中共十八大以来，我们从全面建成小康社会要求出发，把脱贫攻坚作为实现第一个百年奋斗目标的重点任务，作出一系列重大部署和安排，全面打响脱贫攻坚战，困扰中华民族几千年的绝对贫困问题即将历史性地得到解决。"②

在此基础上，为了使共同富裕有更为明显的进展，2021年5月20日中共中央、国务院正式印发《关于支持浙江高质量发展建设共同富裕示范区的意见》，支持浙江高质量发展建设共同富裕示范区，这体现了以习近平同志为核心的党中央把促进全体人民共同富裕摆在了更加重要的位置。2021年8月17日，中央财经委员会第十次会议对共同富裕进行专门论述，明确提出扎实推动共同富裕，会上习近平还就共同富裕的内涵、目标、任务和路径等进行了具体的阐述。2022年2月17日，国家发展改

---

① 习近平：《决胜全面建成小康社会　夺取新时代中国特色社会主义伟大胜利——在中国共产党第十九次全国代表大会上的报告》，人民出版社，2017，第11页。
② 《习近平书信选集》第1卷，中央文献出版社，2022，第301页。

革委召开新闻发布会，提出推动制定《促进共同富裕行动纲要》，以缩小地区差距、城乡差距、收入差距和公共服务差距为主要方向，构建初次分配、再分配、三次分配协调配套的基础性制度安排体系，更加注重向农村、基层、欠发达地区和困难群众倾斜，深入谋划好促进共同富裕的顶层设计。

总之，正如《中共中央关于制定国民经济和社会发展第十四个五年规划和二〇三五年远景目标的建议》中所阐述的，"共同富裕是社会主义的本质要求，是人民群众的共同期盼。我们推动经济社会发展，归根结底是要实现全体人民共同富裕"①，从社会主义本质角度对共同富裕作出新的阐释，反映了新时代中国共产党人对共同富裕的新认识：一方面，"归根结底"强调了共同富裕是社会主义的本质要求；另一方面，"共同期盼"强调了共同富裕是坚持以人民为中心的发展思想的目的和归宿。

（二）研究意义

新时代中国特色社会主义的一系列新观点、新论断、新思想是共同富裕理论与实践的新境遇；只有立足于这一系列新观点、新论断、新思想，才能从总体上展开对新时代共同富裕理论与实践的研究。首先，本书立足于马克思主义理论学科的特点和研究范式，广泛借鉴哲学、经济学、政治学等学科的研究方法实现跨学科交叉研究，在全面领悟共同富裕本真意蕴的基础上，力求多维度、多视角、全景式地分析和阐释新时代共同富裕的理论与实践，以增强共同富裕研究的系统性和全面性，形成对新时代共同富裕的整体性认识。其次，本书通过对新时代、共同富裕等关键词的内涵与特征予以梳理总结，并以此分析新时代共同富裕的理论基础，着重对新时代推进共同富裕的现实可能性、必要性进行系统分析，以增强新时代共同富裕实践路径的针对性。如此不仅能够洞悉蕴含其中的内在逻辑和规律，还能够拓展共同富裕研究的理论深度和广度。

---

① 《中共中央关于制定国民经济和社会发展第十四个五年规划和二〇三五年远景目标的建议》，人民出版社，2020，第54页。

最后，本书在对共同富裕进行一般性理论解读的同时，着力开展实践回应式研究，直面社会现实问题，在对新时代共同富裕面临的宏观和微观现实进行分析的基础上，提出切实可行的对策建议。

二 研究概况

中国知网数据显示自 20 世纪 80 年代起学界开始对共同富裕的相关问题展开多角度研究。起初的研究主要集中在先富与后富的关系问题上。1992 年邓小平发表南方谈话后，与共同富裕相关的研究成果呈直线上升态势，之后趋于平稳。这一时期学界的研究主要集中在马克思的共同富裕思想、党的历届领导人的共同富裕理论方面，学界还围绕公平问题展开关于所有制、收入分配等的研究。党的十八大召开后，特别是党中央提出扎实推动共同富裕以来，学界对共同富裕相关问题的研究达到新的历史高度。

（一）从不同学科对共同富裕展开研究

由于共同富裕涉及经济、政治、社会、文化等多个领域，不同学科的学者立足于自己学科的特点和研究方法对共同富裕相关问题进行了多学科的研究。

1. 从马克思主义理论的视角分析

此视角主要围绕马克思的共同富裕思想、习近平关于共同富裕的重要论述、共同富裕与人的全面发展、共同富裕与社会主义本质、共同富裕与中国式现代化、中国共产党的共同富裕理论等展开研究。刘方平认为，马克思在《1857—1858 年经济学手稿》中提出了关于未来社会的共同富裕思想，并认为物质前提、技术前提和制度前提是马克思关于未来社会共同富裕思想的三大前提。[①] 潘斌认为，虽然马克思并未直接使用"共同富裕"这一概念，也从未专门撰文论述过"共同富裕"及其实现路

---

① 刘方平：《马克思关于未来社会共同富裕思想及其当代价值》，《马克思主义与现实》2023 年第 6 期。

径，但马克思哲学中蕴含着丰富而深刻的共同富裕思想。其中，"物质利益难题"是通向共同富裕的直接动因，共同富裕构成了马克思思想基本的伦理向度，是马克思人类解放思想的逻辑必然。[1] 张雷声认为，在建设新时代中国特色社会主义的实践中，习近平丰富和发展了邓小平关于共同富裕与社会主义本质的论断，从社会主义本质角度把中国共产党的共同富裕思想推到了一个新的高度。[2] 罗健认为，习近平关于共同富裕的重要论述系统回答了什么是共同富裕、为什么要走共同富裕道路、如何扎实推进共同富裕等战略性问题，既是对科学社会主义基本原则的坚持，也是对当代中国马克思主义、21 世纪马克思主义的创新发展。[3] 钟明华认为，人的全面发展是共同富裕的根本价值目标，共同富裕旨在满足人的全面发展的多重需要，创造人的全面发展的社会空间，推动人的全面发展的能力提升。[4] 顾海良认为，共同富裕作为社会主义的本质要求，是社会主义本质理论在新时代的更新和拓展，是对新发展阶段社会主要矛盾发展趋势的深刻把握，是对"中国式现代化"特征的深邃探索，是对"人类文明新形态"内涵的深刻论证，是对中华民族伟大复兴主题的深入探索。[5] 刘新刚认为，中国式现代化对共同富裕悖论性问题的解答形成三大重要成果：在理论层面，从总体性、系统性角度对"现代化""共同富裕"及其相互关系进行了重塑；在实现思路方面，坚持问题导向，完成了解答共同富裕悖论性问题具体方法路径的伟大实践创造；在制度保障方面，创新了解决共同富裕悖论性问题的治理体系和治理能力。[6] 杨明伟认为，中国

---

[1]　潘斌：《马克思共同富裕思想的哲学逻辑及其当代价值》，《南京师大学报》（社会科学版）2022 年第 2 期。

[2]　张雷声：《新时代中国共产党共同富裕思想的伟大创新》，《当代世界与社会主义》2021年第 5 期。

[3]　罗健：《习近平关于共同富裕重要论述的三重逻辑》，《马克思主义研究》2023 年第 4 期。

[4]　钟明华：《人的全面发展：共同富裕的价值旨归》，《国家治理》2021 年第 45 期。

[5]　顾海良：《共同富裕是社会主义的本质要求》，《红旗文稿》2021 年第 20 期。

[6]　刘新刚：《中国式现代化对共同富裕问题的解答及其世界历史意义》，《马克思主义研究》2023 年第 3 期。

共产党始终以实现全体人民共同富裕为己任。以毛泽东同志为主要代表的中国共产党人明确提出走社会主义强国道路，使人民群众"共同富裕起来"；以邓小平同志为主要代表的中国共产党人明确提出社会主义的本质和最大优越性就是共同富裕；新时代，以习近平同志为主要代表的中国共产党人把共同富裕提到了突出位置，扎实推进共同富裕。[1]

2. 从公共管理学的视角分析

此视角主要围绕公共服务、贫困治理、社会保障制度、志愿服务等与共同富裕的关系展开研究。袁威分析了实现共同富裕与促进基本公共服务均等化的逻辑关系，认为促进基本公共服务均等化，不仅能够保障人民群众全方位多维度的基本权利，也是推进共同富裕的应有之义和重要举措。[2] 马孟庭认为，做好相对贫困治理既是提升贫困治理效能的客观要求，也是实现共同富裕目标的必经之路，并分析了以相对贫困治理驱动共同富裕面临的挑战，从治理思路、治理标准、治理对象以及治理手段上提出了具体策略。[3] 何文炯等认为，社会保障是国家反贫困的基础性制度安排，在推进共同富裕中"担当重要职责"，我国现有的社会保障制度对改善全社会收入分配状况的贡献不大，应当朝着共同富裕的方向，深化社会保障制度改革，建设更加公平、更可持续、更有效率的社会保障体系。[4] 陈东利认为，共同富裕的本质内涵与志愿服务之间有着内在契合，志愿服务丰富了第三次分配的内涵与空间，有利于全面共同富裕的实现。[5]

---

① 杨明伟：《共同富裕：中国共产党的坚定谋划和不懈追求》，《马克思主义与现实》2021年第3期。

② 袁威：《基本公共服务均等化的政策逻辑与深化：共同富裕视角》，《中共中央党校（国家行政学院）学报》2022年第4期。

③ 马孟庭：《相对贫困治理驱动共同富裕发展：重大挑战与政策演进》，《新疆社会科学》2022年第2期。

④ 何文炯、潘旭华：《基于共同富裕的社会保障制度深化改革》，《江淮论坛》2021年第3期。

⑤ 陈东利：《论共同富裕的志愿服务伦理实现路径》，《西北民族大学学报》（哲学社会科学版）2022年第2期。

3. 从政治经济学的视角分析

此视角主要围绕分配制度、税收、乡村振兴、数字经济等与共同富裕之间的关系展开研究。李实分析了中国推进共同富裕的必要性以及推进过程中存在的问题或困难，并从收入分配制度创新的角度，提出了缩小收入差距的政策建议，希望能通过更公平合理的收入分配制度，更好地实现共同富裕。[①] 韩喜平等认为，分配制度直接关系着共同富裕目标实现与否。百年来，中国共产党始终坚持以马克思主义分配理论为指导，带领中国人民以消灭剥削的分配制度为逻辑起点，以满足人民利益要求、实现共同富裕为重要使命进行分配制度变革。[②] 吕冰洋和郭雨萌基于国民收入循环框架分析了税收原则与共同富裕的关系问题，提出实现共同富裕要提高税收经济效率和征管效率，税收要配合其他公共政策来推动社会公平的实现。[③] 冯俏彬认为，随着我国经济发展进入新发展阶段，我国税收的职能也要相应地有所调整，更多注重对收入分配的调节，从而更好发挥税收在促进社会公平和共同富裕方面的重要作用。[④] 黄承伟在总结脱贫攻坚、乡村振兴和共同富裕之间关系的基础上，从理论、历史、现实等方面阐述了乡村振兴与共同富裕的内在逻辑，认为高质量乡村振兴是实现共同富裕的必由之路。[⑤] 周泽红等认为，发展数字经济和实现共同富裕具有逻辑一致性，对于数字经济发展产生的平台垄断、数字鸿沟等新问题要因势利导，充分发挥数字经济在促进共同富裕中的作用。[⑥]

① 李实：《以收入分配制度创新推进共同富裕》，《经济评论》2022 年第 1 期。
② 韩喜平、何况：《分配制度变革何以推动共同富裕现代化》，《广西师范大学学报》（哲学社会科学版）2021 年第 6 期。
③ 吕冰洋、郭雨萌：《税收原则发挥与共同富裕——基于国民收入循环框架分析》，《税务研究》2022 年第 4 期。
④ 冯俏彬：《促进共同富裕要发挥好税收的调节作用》，《税务研究》2021 年第 11 期。
⑤ 黄承伟：《论乡村振兴与共同富裕的内在逻辑及理论议题》，《南京农业大学学报》（社会科学版）2021 年第 6 期。
⑥ 周泽红、郭劲廷：《数字经济发展促进共同富裕的理路探析》，《上海经济研究》2022 年第 6 期。

4. 从政治学的视角分析

此视角主要围绕共同富裕与现代国家建构、共同富裕与国家治理现代化、共同富裕的政治基础等问题展开研究。冯育林等认为，共同富裕战略已成为党与国家重大的政治举措，通过精准扶贫等系列政策来落实，可以实现人民国家、民族国家、政党国家三种国家形态的同构共生。① 张师伟等论述了中国特色社会主义国家治理中政治平等与共同富裕间的辩证关系，认为政治平等是共同富裕的一项必要条件，并就如何发展完善中国特色社会主义民主政治，助力共同富裕目标的实现进行了分析。② 张春满从国内国际两个维度出发，深入探讨共同富裕的政治基础，认为需要统筹国内和国际两个大局，来夯实国内政治基础和打造良好的国际政治基础。③

（二）对共同富裕相关内容展开的研究

围绕共同富裕的理论与实践，学界主要对共同富裕的基本内涵、理论渊源、演进过程、实现路径等展开了多角度、深层次的研究，并取得了很多可资借鉴的研究成果。

1. 概括了新时代共同富裕的基本内涵

"共同富裕"由"共同"和"富裕"组成，"富裕"指的是社会财富繁荣富足，既包括有形的物质也包括无形的文化等；"共同"则是对富裕的共享。习近平在《扎实推动共同富裕》中指出："我们说的共同富裕是全体人民共同富裕，是人民群众物质生活和精神生活都富裕，不是少数人的富裕，也不是整齐划一的平均主义。"④ 学界对新时代共同富裕基本内涵的概括也主要是围绕习近平的这段概括来展开的。方世南认为，

---

① 冯育林、郭台辉：《共同富裕战略与中国现代国家的再建构》，《云南师范大学学报》（哲学社会科学版）2022 年第 2 期。

② 张师伟、孙亚亚：《共生与互动：中国特色社会主义国家治理中的政治平等与共同富裕》，《浙江学刊》2019 年第 4 期。

③ 张春满：《论共同富裕的政治基础——国内国际维度的考量》，《探索》2019 年第 3 期。

④ 《习近平谈治国理政》第 4 卷，外文出版社，2022，第 142 页。

习近平关于共同富裕的重要论述以马克思主义唯物史观全面地揭示了新时代共同富裕的深刻内涵，新时代共同富裕是一个包括多重规定性的复合性、整体性、动态性概念。①袁银传等主要从实现主体和覆盖面、实现内容、实现过程、实现时间、实现途径、实现载体六个方面对习近平关于共同富裕的科学阐释进行了概括。②燕连福等认为，共同富裕就其核心内涵而言，追求的是全民富裕、全面富裕、共建富裕、渐进富裕。③张占斌认为，从一般内涵看，共同富裕指物质文明更加丰富、精神文明更大发展；从特殊内涵看，共同富裕具有非同步性、非同等性、非剥夺性、非享受性的特征。④吴忠民分析了"共同富裕社会"的内涵，认为共同富裕社会所强调的是"美好生活"和较高水准的"生活品质"，所看重的是全体人民"共同"的富裕。⑤

2. 梳理了共同富裕思想的历史来源

学者们普遍认为中国传统民生思想、马克思主义共同富裕思想和中国共产党领导下探索形成的共同富裕理论是新时代共同富裕的理论渊源。刘洪森认为，新时代共同富裕既是对马克思主义的传承和发展，又根植于中华优秀传统文化土壤。马克思恩格斯认为生产力高度发达、社会主义制度、人的自由而全面发展是共同富裕的前提、保障和价值皈依；中国古代思想家的富民、大同思想以及底层民众在斗争中提出的各种均贫富口号所蕴含的共富思想为新时代共同富裕提供了滋养。⑥蒋永穆等认为，共同富裕思想继承发展了经典马克思主义共同富裕思想，深化了中

① 方世南：《新时代共同富裕：内涵、价值和路径》，《学术探索》2021年第11期。
② 袁银传、高君：《习近平关于共同富裕重要论述的历史背景、科学内涵和时代价值》，《思想理论教育》2021年第11期。
③ 燕连福、王亚丽：《全体人民共同富裕的核心内涵、基本遵循与发展路径》，《西安交通大学学报》（社会科学版）2022年第1期。
④ 张占斌：《中国式现代化的共同富裕：内涵、理论与路径》，《当代世界与社会主义》2021年第6期。
⑤ 吴忠民：《论"共同富裕社会"的主要依据及内涵》，《马克思主义研究》2021年第6期。
⑥ 刘洪森：《新时代共同富裕的生成逻辑、科学内涵和实践路径》，《思想理论教育》2022年第3期。

国共产党人民观的主体外延，揭示了中国特色社会主义公平观的本质内涵。① 崔海英认为，共同富裕具有深厚的文化基因，它积淀于中华优秀传统文化的思想底蕴，浸润于马克思主义的鲜明特质，淬砺于中国共产党艰辛探索的奋斗征程。②

3. 总结了共同富裕思想的演进过程

对于这个问题，学界侧重于对中国共产党共同富裕思想的发展脉络进行梳理和总结。孙威等认为，从毛泽东首倡"共同富裕"，到邓小平将"共同富裕"视为"社会主义的本质要求"，再到习近平指出共同富裕是"中国式现代化的重要特征"，中国共产党对共同富裕的认识经历了一个逐步完善的过程，并在实践中不断深化。③ 杨宜勇等认为，共同富裕经历了从科学社会主义的理论构想，到社会主义建设和改革开放时期的探索与实践，到新时代消灭绝对贫困奠定共同富裕基础的演进过程。④ 郭瑞萍以共同富裕的内涵、实现基础、实现路径为分析视角，论证了中国共产党百年来对共同富裕的内涵、基础和路径的认识不断发展和深化。⑤ 欧健认为，百年来，在不同的历史方位中，中国共产党对共同富裕的追求经历了新民主主义革命时期艰难起步、社会主义革命和建设时期曲折探索、改革开放新时期中国特色社会主义模式创新、中国特色社会主义新时代扎实推进的演进历程。⑥ 汪仕凯从应对社会主要矛盾的改革之路出发，指出实现共同富裕在很大程度上是对当前中国社会主要矛盾的集中概括，

---

① 蒋永穆、豆小磊：《共同富裕思想：演进历程、现实意蕴及路径选择》，《新疆师范大学学报》（哲学社会科学版）2021 年第 6 期。
② 崔海英：《共同富裕文化基因的生成逻辑、作用机理及时代涵育》，《马克思主义研究》2022 年第 11 期。
③ 孙威、白利鹏：《"共同富裕"的认识演进与实现路径》，《海南大学学报》（人文社会科学版）2022 年第 6 期。
④ 杨宜勇、王明姬：《共同富裕：演进历程、阶段目标与评价体系》，《江海学刊》2021 年第 5 期。
⑤ 郭瑞萍：《论中国共产党共同富裕思想的百年演变》，《陕西师范大学学报》（哲学社会科学版）2021 年第 6 期。
⑥ 欧健：《共同富裕：历史方位、现实图景与实现机制》，《河南社会科学》2022 年第 1 期。

我国在经历共识性改革取得中国奇迹之后，新时代全面深化改革是增强
中国政治体制能力、实现共同富裕的路径。① 刘旭雯认为，中国共产党百
年共同富裕的实践经历了历史向度、实践向度、价值向度的探索与发展，
从而丰富了马克思主义关于共同富裕的相关理论，推动了世界社会主义事
业的蓬勃发展。②

4. 探索了新时代共同富裕的实现路径

学界主要从生产力发展、制度建设、文化产品供给等角度对新时代如
何推进共同富裕进行了研究。付文军等认为，在"后贫困时代"，要以
习近平新时代中国特色社会主义思想为指导，以发展生产为基础、以人
民为中心、以完善分配为抓手和以相对贫困为重点来有条不紊地推进共
同富裕的实现。③ 刘培林等认为，实现共同富裕，必须着力解决好发展的
不平衡不充分问题，以让全体人民公平获得积累人力资本和参与共创共
建的机会、公平地共享发展成果。④ 韩文龙等认为，要在坚持党的集中统
一领导和中国特色社会主义发展道路的基础上，进一步实施区域协同发
展战略、城乡融合发展战略、收入分配调节战略。黄新华等分析了高质
量发展的基础性作用，并提出要在高质量发展中促进共同富裕。⑤ 毛勒堂
立足于总体性的哲学视域，将共同富裕作为一个总体性范畴予以审视和
探讨，认为实现共同富裕有赖于高质量的经济发展、高水平的社会供给、
高品质的文化创造以及高度自觉的绿色生产生活。⑥

综上所述，既有研究成果对共同富裕的基本内涵、历史来源、演进

① 汪仕凯：《走向共同富裕：全面深化改革的政治内涵》，《探索》2019 年第 3 期。
② 刘旭雯：《中国共产党百年共同富裕实践的三重逻辑向度研究》，《河南大学学报》（社
会科学版）2021 年第 4 期。
③ 付文军、姚莉：《新时代共同富裕的学理阐释与实践路径》，《内蒙古社会科学》2021
年第 5 期。
④ 刘培林等：《共同富裕的内涵、实现路径与测度方法》，《管理世界》2021 年第 8 期。
⑤ 黄新华、韩笑：《在高质量发展中促进共同富裕的实现路径研究》，《海南大学学报》
（人文社会科学版）2022 年第 2 期。
⑥ 毛勒堂：《作为总体性的共同富裕及其实现路径》，《思想理论教育》2022 年第 3 期。

过程、实践路径等进行了解读与分析，既有宏观层面的理论探讨，也有微观层面的个案研究，涉及政治学、马克思主义理论、经济学等多学科。一系列现有研究成果为后续研究提供了借鉴，对进一步推动共同富裕的研究起到了重要作用。但整体来看，现有研究仍存在如下不足。一是研究成果以论文为主，相关的专著较少。二是研究深度还有待拓展。现有的研究偏重于引用领导人讲话和文件内容，描述事实居多，理论归纳不足，缺乏概括性的总结和分析。三是对共同富裕的多学科融合研究有待进一步深化。共同富裕是一个涉及经济、政治、社会、文化等多领域的问题，关于共同富裕的研究应多学科协作。但就现有的研究成果来看，跨学科交叉研究的相关成果仍然较少。本研究立足于新时代的新境遇，广泛借鉴政治学、经济学、哲学等研究方法，以实现跨学科交叉研究，力求多维度、多视角、全景式地分析和阐释，以科学把握和正确领会新时代共同富裕的科学意蕴，并基于扎实推动共同富裕的重点难点给出对策建议，以不断丰富和深化共同富裕的相关研究。

三　研究框架

第一章对新时代共同富裕的理论基础进行分析。马克思主义经典作家的共同富裕思想、中国传统文化中的共富理念以及中国化马克思主义关于共同富裕的理论阐述是新时代共同富裕的理论基础。马克思恩格斯以消灭私有制和发达的生产力作为共同富裕的实现条件，以共同享有社会财富为共同富裕的核心，以财富共有、保障社会权利与个体能动性为共同富裕的内容，以扬弃私有财产实现自然主义与人道主义的统一为共同富裕的旨归。列宁认为只有社会主义才能实现共同富裕，社会主义制度下生产力的发展将为共同富裕奠定物质基础，并描述了共同富裕社会的现实场景，从而形成了其独具特色的共同富裕思想。中国传统文化重视使用价值的财富本质思想、"以义制利"的财富道德思想、"农为本"的财富来源思想、"均贫富"的财富分配思想、"节用崇俭"的财富消费思想，以及"大同""民本""公正""自然主义"等思想中蕴含着丰富的"共富"理念，对新时代共同富裕发挥着理论滋养的作用。毛泽东思想、邓小平理论、"三个代表"重要思想、科学发展观中关于共同富裕的理论阐述也是新时代共同富裕思想的重要理论来源。

第二章对新时代共同富裕的基本理论进行分析。中国特色社会主义进入新时代，是以习近平同志为核心的党中央以宽广的视野考察和分析中国特色社会主义现实成就和具体发展进程作出的重大政治判断。在建设中国特色社会主义中取得的"历史性成就"，发生的"历史性变革"以及社会主要矛盾的转化是中国特色社会主义进入新时代的根据。共同富裕作为社会主义的本质要求，其内涵兼具一般性和特殊性。新时代共同富裕的核心内涵主要体现在全民富裕、全面富裕、共建富裕、渐进富裕等层面。新时代共同富裕呈现出动态发展性、全面性、系统性和正义性的基本特征，正是共同富裕的这些理论特质赋予共同富裕以新时代的意义和价值。新时代注重以新发展理念推动共同富裕，强调做大"蛋糕"与分好"蛋糕"对推动共同富裕的重要性。新时代共同富裕坚持以人民为中心和公平正义的价值理念，以此来处理发展与共享、公平与效率、先富与后富等关系，以彰显社会主义的本质和优越性。

第三章对新时代共同富裕的现实基础进行分析。经济总量的增长与民众获得感的提升、国家治理现代化与执政理念的创新、脱贫攻坚的胜利与基本公共服务的健全为新时代共同富裕的推进提供了现实可能性。而社会主要矛盾不仅是新时代共同富裕的现实基础，还是推动共同富裕的动力，新时代推动共同富裕是对社会主要矛盾转化的积极回应；小康社会的全面建成为共同富裕的推进奠定了坚实的基础，新时代共同富裕是在小康社会基础上的接续与跃升；共同富裕不仅贯穿于中国式现代化形成和发展的全过程，也是中国式现代化的必然要求和重要特征。

第四章对新时代共同富裕的实践路径进行分析。首先，要坚持以高质量发展来夯实共同富裕的物质基础。高质量发展作为党的十九大首次提出、党的二十大进一步强调的新的经济发展模式，展现了我们党在新时代面临发展问题时的新思考。然而现实实践中原有的生产方式持续性不足、发展中的不均衡问题以及不确定性因素增多等给以高质量发展促进共同富裕造成了诸多困难。为此，要在思想再解放中、在突出生产力质量中、在创新驱动中推动高质量发展。其次，共同富裕的实现需要借助制度为其提供规范和约束，发挥制度的刚性和有效性作用来推动共同富裕的实践。当前在制度领域还存在着制度供给滞后、制度执行中的"非理性"、制度的有限性等问题，制约着制度有效性的发挥。为此，需着重优化分配制度和社会保障制度来推进共同富裕。最后，要将共同富裕具体化为民众易于理解和接受的价值规范，以达成价值共识，为共同富裕的推动提供内在理念支撑。当下存在的把共同富裕等于平均主义、把共同富裕与发展相对立、将共享发展等同于共同富裕、将共同富裕等同于即刻共富等认识羁绊着共同富裕价值共识的达成。为此，要以公共精神涵养共富意识，树立合作共赢的价值理念，以思想政治教育来唤起社会成员关注、参与的意识和自觉，使民众切实参与到共同富裕的实践中。

四 研究思路与方法

（一）研究思路

思想理论既有现实的基础，也有历史的渊源，忽视了现实的基础，会导致理解的空洞，遮蔽了历史的渊源，则必然会导致理解的断裂。本书在理论解读的同时，着力开展实践回应式研究，遵循"理论基础—基本理论—现实基础—实现路径"的逻辑思路展开。立足于新时代的新境遇，在对共同富裕的时代内涵、特征、核心内容、价值意蕴等基本理论进行梳理的基础上，阐明新时代共同富裕的理论和现实基础。在资料分析的基础上，梳理出新时代共同富裕的现实成就与面临的挑战，并以此为依据来探寻新时代共同富裕的实践路径。

（二）研究方法

（1）数据分析法：借鉴和引用了大量统计数据和调查数据来分析新

时代社会发展取得的成就、遭遇的挑战及背后的原因，以增强分析的客观性、有效性和针对性。

（2）文献分析法：对马克思、恩格斯、列宁等马克思主义经典作家有关共同富裕的论述、历届国家领导人有关共同富裕的讲话、党的相关方针政策以及现有的研究成果加以梳理、辨析、拣择，为研究工作的顺利开展奠定扎实的文献基础。

（3）诠释与对策相结合的方法：既注重对理论进行诠释，阐明共同富裕的新时代意蕴和价值等，更注重在理论分析的基础上提出对策，充分展示理论的指导意义。

第一章　新时代共同富裕的理论基础

任何思想理论的孕育、生成和发展都会受到原有思想文化的影响，并在回应时代课题和作出历史抉择的实践中实现原有理论范式和思想体系的创造性转化和创新性发展。新时代共同富裕思想有着深厚的文化根基和思想基础，既包括对马克思主义经典作家共同富裕思想的继承和发展，又包括对中国传统文化中"共富"理念的传承与创新，更是对中国共产党历代领导人共同富裕理论的赓续与发展。正是它们的良性互动，为新时代共同富裕的出场与在场提供了坚实的理论基础。

第一节　马克思主义经典作家的共同富裕思想

基于唯物史观的理论高度，马克思恩格斯展开了对人类社会历史生成及其演变规律的研究，为我们在这种宏大理论叙述中认识和理解人类历史发展的规律和趋势提供了指引。列宁称唯物史观是"最完备最深刻最无片面性的关于发展的学说"①。唯物史观对社会发展的研究，不仅洞悉了社会发展的规律，还揭示了社会发展的方法。在马克思主义唯物史观视野中，无论是关于物质生产方式、社会发展的动力、人民群众在社会发展中的作用等，还是人的自由全面发展、共产主义社会理想等，其

---

① 《列宁选集》第2卷，人民出版社，2012，第310页。

中都体现着马克思主义经典作家对共同富裕的独特理解，预示了共同富裕的历史必然趋势。

一　马克思恩格斯的共同富裕思想

马克思恩格斯的共同富裕思想以资本主义社会中的"异化"现象为入口，运用唯物史观的基本原理、方法以及剩余价值学说，强调"结束牺牲一些人的利益来满足另一些人的需要的状况；彻底消灭阶级和阶级对立；通过消除旧的分工，通过产业教育、变换工种、所有人共同享受大家创造出来的福利，通过城乡的融合，使社会全体成员的才能得到全面发展"①，使全体社会成员能够在共建、共担、共富中，实现作为个体的人的发展和社会的进步。

（一）共同富裕的实现条件：消灭私有制，发达的生产力

以私有制为特征的资本主义社会并没有实现共同富裕的可能，只会导致利己主义、拜金主义等财富贪欲。马克思在对历史上"共产主义思潮"的批判中，揭示了财富的占有欲与私有制之间的内在关联。第一，这一关联表现在两个层面。从历史生成的原初逻辑看，并不是所谓作为人性的占有欲导致了私有财产，而是私有财产制度催生了人们对财富占有的贪婪与渴望；但从现实性层面来看，在私有制与财富贪欲并存的情况下，私有财产制度与人们对财富的占有欲就表现为相互作用关系。正如马克思指出的，一方面，从历史发生的逻辑来看，"尽管私有财产表现为外化劳动的根据和原因，但确切地说，它是外化劳动的后果，正像神原先不是人类理智迷误的原因，而是人类理智迷误的结果一样"②；另一方面，当私有财产与异化劳动在现实社会中同时存在的时候，二者就互为因果，即马克思所说的"后来，这种关系就变成相互作用的关系"③。

---

① 《马克思恩格斯文集》第1卷，人民出版社，2009，第689页。
② 《马克思恩格斯文集》第1卷，人民出版社，2009，第166页。
③ 《马克思恩格斯文集》第1卷，人民出版社，2009，第166页。

据此，现实地看来，私有制既是对财富占有的渴望与贪婪生发的前提，又是财富占有欲的结果。在这里，马克思对私有制的分析同时也就是对财富占有欲的分析，对粗陋的共产主义者私有财产观念的分析同时也就是对其财富态度的分析，而这种对待财富或私有财产的态度就是占有，而且是以贪婪、忌妒、平均主义为特征的占有。

第二，马克思明确指出了在私有制的社会条件下所诞生的粗陋的共产主义者，深陷于私有财产的观念中。正如马克思所指出的："私有制使我们变得如此愚蠢而片面，以致一个对象，只有当它为我们所拥有的时候，就是说，当它对我们来说作为资本而存在，或者它被我们直接占有，被我们吃、喝、穿、住等等的时候，简言之，在它被我们使用的时候，才是我们的。尽管私有制本身也把占有的这一切直接实现仅仅看做生活手段，而它们作为手段为之服务的那种生活，是私有制的生活——劳动和资本化。"①

第三，既然粗陋的共产主义者对待私有财产或者财富的观念就是占有作为私有财产的财富或者作为财富的私有财产的观念；既然在粗陋的共产主义者看来，对物质的直接的占有是生活和存在的唯一目的。因此当私有财产与财富不能被他占有时，或者当私有财产与财富的占有存在着巨大而无法弥合的差距时，对私有财产与财富的贪欲就必然表现为对富有者的忌妒。对此，马克思的如下分析是极为深刻的，"普遍的和作为权力而形成的忌妒，是贪欲所采取的并且只是用另一种方式使自己得到满足的隐蔽形式。任何私有财产本身所产生的思想，至少对于比自己更富足的私有财产都含有忌妒和平均主义欲望，这种忌妒和平均主义欲望甚至构成竞争的本质"②。

可见，共同富裕只能以生产资料的公有制为基础。在资本主义私有制的社会条件下，"生产的物质条件以资本和地产的形式掌握在非劳动者

---

① 《马克思恩格斯文集》第 1 卷，人民出版社，2009，第 189 页。
② 《马克思恩格斯文集》第 1 卷，人民出版社，2009，第 184 页。

手中，而人民大众所有的只是生产的人身条件，即劳动力"①，资产阶级所宣扬的"自由""平等""公正"等都是虚假的。只有在公有制基础上结成的新型的人人平等、共同劳动的生产关系以及在此基础上的分配关系代替资本主义社会那种旧的生产关系和分配关系，才能改变生产力创造的财富被资产阶级独占的现象。只有在生产资料上实现以公有制来代替私有制，共同富裕才可能实现。同马克思所生活的时代相比，今天的生产力有了飞速的发展，然而资本主义社会的贫富差距、社会矛盾并没有减少。法国著名经济学家托马斯·皮凯蒂在《21世纪资本论》中指出，"自从20世纪70年代以来，收入不平等在发达国家显著增加，尤其是美国，其在21世纪头十年的收入集中度回到了（事实上甚至略微超过了）20世纪的第二个十年"②，并强调"认为现代经济增长的本质特征或者市场经济法则能够确保降低财富不平等并实现社会和谐稳定是一种幻想"③。显然，生产力发展所创造出的巨大财富被资产阶级占有，普通的劳动者并没有获得或者仅仅获得较少利益。这就意味着在继续保持生产资料资本主义私有制条件下，仅仅借助调整分配政策来改变贫富差距，通过社会保障制度、公共服务均等化等来实现社会公正，只能是表面的，而非是真正的平等与公正。生产资料的资本主义私有制是无法消除异化劳动，改变工人受剥削、受压迫的命运的。只有变生产资料的私有为公有，由"联合起来的个人"共同支配和占有生产资料，才能从根本上消除异化。正如马克思所指出的："代替那存在着阶级和阶级对立的资产阶级旧社会的，将是这样一个联合体，在那里，每个人的自由发展是一切人的自由发展的条件。"④

　　实现共同富裕还需要发达的生产力提供物质基础。生产力是人类改

---

① 《马克思恩格斯文集》第3卷，人民出版社，2009，第436页。
② 〔法〕托马斯·皮凯蒂：《21世纪资本论》，巴曙松等译，中信出版社，2014，第16页。
③ 〔法〕托马斯·皮凯蒂：《21世纪资本论》，巴曙松等译，中信出版社，2014，第386页。
④ 《马克思恩格斯文集》第2卷，人民出版社，2009，第53页。

造自然、利用自然使其满足人类需要的能力，生产力状况直接影响着社会物质财富的多寡。因而，满足社会成员的多重需要，消除普遍的贫困，共同享有社会发展成果都需要不断发展生产力，创造尽可能多的物质财富。如果没有生产力发展创造物质财富，那么"在极端贫困的情况下，必须重新开始争取必需品的斗争，全部陈腐污浊的东西又要死灰复燃"。①在《共产党宣言》中，对于资本主义在促进生产力发展上的贡献，马克思恩格斯给予了充分的肯定，并认为正是生产力在资本主义社会得到快速发展为未来共产主义社会的实现做了物质层面的准备。取得政权后，无产阶级也要利用资本，去发展生产，增加社会的物质财富供应量。在共产主义社会中，劳动者成了全部生产资料的主人，以消灭生产资料对人的控制。而且不论在生产上还是在分配上，人和劳动、劳动产品保持着和谐的关系，而这一切都离不开生产力的高度发展。私有制的消灭需要以现代高度发达的社会生产力和丰富的社会财富为基础，否则个人享有充分的社会财富从而达到"自然主义＝人道主义"只能是空想。这告诉我们，只有通过社会生产力的巨大增长而创造丰富充盈的物质财富，才能为社会成员提供满足其需要的物质条件，也才可能实现共同富裕，否则共同富裕就没有现实根基，最终只会导致普遍的贫穷。可见，通过发展生产力来促进物质财富的增加是实现共同富裕的物质基础。"历史过程中的决定性因素归根到底是现实生活的生产和再生产。"②共同富裕的推动需要各领域创造出充足的物质生活资料，需要教育、科学技术、先进的管理方式等推动生产力始终处在向前发展的进程中。

（二）共同富裕的核心：共同享有社会财富

马克思指出，"全部人类历史的第一个前提无疑是有生命的个人的存在"③，而为了维持个人的存在"首先就需要吃喝住穿以及其他一些东

---

① 《马克思恩格斯选集》第 1 卷，人民出版社，2012，第 166 页。
② 《马克思恩格斯文集》第 10 卷，人民出版社，2009，第 591 页。
③ 《马克思恩格斯文集》第 1 卷，人民出版社，2009，第 519 页。

西"。① 这些东西既包括最为基本的生存资料，还包括较高层级的"享受资料、发展和表现一切体力和智力所需的资料"，② 社会成员要获得这些资料必然涉及占有这些生存资料的方式问题。在马克思看来，生产成果的占有方式是由物质生活的生产方式来决定的。物质生活的生产方式是人们为获取物质生活资料而进行的生产活动的方式，它是生产力和生产关系的统一体，是社会存在和发展的基础及决定性力量。"消费资料的任何一种分配，都不过是生产条件本身分配的结果；而生产条件的分配，则表现生产方式本身的性质。"③ 纵观人类社会发展的历史，主要有"群享"与"私享"这两种占有方式。所谓"群享"是指一群人来占有，是在人类社会早期生产力水平低下，人类获得生活资料极其有限的状况下的一种占有方式。马克思在《资本主义生产以前的各种形式》中对于"群享"这种占有方式出现的社会生产条件进行了分析，他认为在亚细亚的所有制形式下，由于生产能力有限，在关系到个体生死存亡的生活资料的占有方面主要采用的是"群享"的形式；在古代的公社所有制形式中，虽然已出现了私人所有，但由于个体的"剩余时间正是属于公社"，故在整个社会中个体只是对维持自我基本生存的生活资料的私有，整个社会还是以"群享"为主。之后，随着生产工具的改进，生产能力得以提升，劳动成果不管是量还是质都有了提高，这使得生活资料的占有也逐步转向"私享"。所谓"私享"是生产创造出的社会财富主要由个体私人占有。"私享"的占有方式在资本主义社会中被展现到极致。在马克思看来，资本主义私有制是"抛弃了共同体的一切外观并消除了国家对所有制发展的任何影响的纯粹私有制"④。

　　马克思通过对"群享"与"私享"的分析与批判，论证了以全体社

---

① 《马克思恩格斯文集》第1卷，人民出版社，2009，第531页。
② 《马克思恩格斯文集》第1卷，人民出版社，2009，第710页。
③ 《马克思恩格斯文集》第3卷，人民出版社，2009，第436页。
④ 《马克思恩格斯文集》第1卷，人民出版社，2009，第583页。

会成员利益为基点的财产占有方式。马克思立足于社会发展的必然趋势，分析了随着生产力的发展，原有的"群享"占有方式必然会被取代。因为原有的"群享"的生活资料占有方式所对应的生产力是低下的，为了维护氏族、部落的发展，在生存资料不足的情况下才不得已以"群享"这种方式来维系成员的基本生活，延续生存。但随着生产工具的改进，所创造的社会生活资料越来越多，这种"群享"的占有方式必然会被"私享"所代替。

马克思通过对资本主义生产关系的层层剖析，从现实、理论以及制度等层面对把"私享"这种占有方式展现到极致的资本主义社会进行了多维批判，以揭露资本主义"私享"的虚伪性本质。"工人生产的财富越多，他的生产的影响和规模越大，他就越贫穷。工人创造的商品越多，他就越变成廉价的商品。"[①] 首先，马克思以异化劳动理论分析了在资本主义社会"私享"只是资产所有者的特权，对于工人来说是劳动成果的丧失和劳动活动的异化。工人非但没有得到自己的劳动成果，反而被自己的劳动成果所奴役，即"对对象的占有竟如此表现为异化，以致工人生产的对象越多，他能够占有的对象就越少，而且越受自己的产品即资本的统治"[②]。在异化劳动的状况中，工人不是作为劳动者而存在，不是旨在为自己生产劳动产品而是为他人生产商品。因此工人得到的劳动成果就只能是用于满足肉体生存需要的生存资料。而且，为了维持自身的肉体存在，工人不得不屈从于生产商品的活动，从而成为生存资料的奴隶。据此，马克思指出："因此，他首先是作为工人，其次是作为肉体的主体，才能够生存。这种奴隶状态的顶点就是：他只有作为工人才能维持自己作为肉体的主体，并且只有作为肉体的主体才能是工人。"[③] 通过对工人异化的、"非人"的现实生活的分析，马克思揭露了资本家所谓的

---

① 《马克思恩格斯文集》第1卷，人民出版社，2009，第156页。
② 《马克思恩格斯文集》第1卷，人民出版社，2009，第157页。
③ 《马克思恩格斯文集》第1卷，人民出版社，2009，第158页。

"私享"，对工人而言其只是一种虚假的掩盖其剥削的假象。

其次，马克思通过对国民经济学家把私有财产作为当然的理论前提的质疑，来评判国民经济学理论中有关"私享"的意识形态属性。国民经济学把私有财产作为当然的理论前提，并据此解释一切经济现象和经济活动，认为一切经济现象都是私有财产的表现，一切经济活动都是作为本质的私有财产的活动。国民经济学以私有财产为理论前提，就是资本家之阶级立场的理论表达。马克思进而指出："例如，当它确定工资和资本利润之间的关系时，它把资本家的利益当做最终原因；就是说，它把应当加以阐明的东西当做前提。"① 私有财产的理论前提就是把资本家的利益作为前提；以私有财产的前提出发思考工资与资本利润之间的关系、工人与资本家之间的关系，这种关系只能被解释为以资本家的利益作为最终依据的分配关系，即以私有财产的合理性为前提的某种量上的分配关系。由于国民经济学把私有财产当作无须说明的当然理论前提，因此当国民经济学试图对竞争与交换等经济现象进行说明时，它唯一能够使用的理论工具就是人性中的贪欲。比如，斯密以人性中交易的禀赋来说明竞争与交换的根源。但是，这种交易的禀赋和人性中的贪欲并非人性中天然存在的东西，实际上根源于现实的经济活动。马克思原则性地否定了国民经济学的解释路径。在唯物史观和政治经济学的理论视域中，竞争与交换的经济事实在宏观上根源于劳动的异化或异化劳动的发生，在微观上根源于自发分工的出场。正是由于"自发分工"，劳动活动才成为异化劳动并生成私有财产关系，才有了交换与竞争的经济事实，也才造成人性的贪婪与贪欲。

马克思在揭露资本主义社会中生活资料"私享"占有方式的虚伪性和阶级性的基础上，主张要"由社会全体成员组成的共同联合体来共同地和有计划地利用生产力"，让"所有人共同享受大家创造出来的福

---

① 《马克思恩格斯文集》第 1 卷，人民出版社，2009，第 155 页。

利"。① 这就是说社会成员共同创造社会财富，也应共同享有社会财富，这种财富占有方式就是共同富裕式的，使"每个人的一切合理的需要在越来越大的程度上得到满足"②。共同享有社会财富，维护全体社会成员的权益是马克思恩格斯共同富裕思想的理论基点，也是其对以往财富占有方式的批判和超越。

（三）共同富裕的内容：财富共有、社会权利与个体能动性

马克思恩格斯的共同富裕思想主张让"所有人共同享受大家创造出来的福利"③，当然这里的福利不仅仅是对物质财富的享有，还包括获得"平等的政治地位和社会地位"④ 及 "个人会在艺术科学等等方面得到发展"⑤。马克思恩格斯的共同富裕思想主要包括财富共有、社会权利平等以及个体能动能力的提升三个层层递进的内容。

财富共有是马克思恩格斯共同富裕思想第一层次的体现，这是因为物质资料生产是人类最基本的生产。"人在肉体上只有靠这些自然产品才能生活，不管这些产品是以食物、燃料、衣着的形式还是以住房等等的形式表现出来。"⑥ 因而，社会成员对于物质资料共同享有是最基本的层次，是享有社会权利、个体自由等的基础和前提。马克思通过对资本的批判，深刻揭示了资本表面的等价交换，其背后是不公正的社会财富分配。虽然资本大多是以物的形式出现，但其表征的却是资本的占有者和雇佣劳动者之间现实的社会关系。正如马克思所说："资本不是物，而是一定的、社会的、属于一定历史社会形态的生产关系，后者体现在一个物上，并赋予这个物以独特的社会性质。"⑦ 在"物的关系"层面，资本为实现自我的不断增殖，不断推动科学技术的创新、交通条件的改善、

---

① 《马克思恩格斯文集》第 1 卷，人民出版社，2009，第 689 页。
② 《马克思恩格斯文集》第 3 卷，人民出版社，2009，第 460 页。
③ 《马克思恩格斯文集》第 1 卷，人民出版社，2009，第 689 页。
④ 《马克思恩格斯文集》第 9 卷，人民出版社，2009，第 109 页。
⑤ 《马克思恩格斯文集》第 8 卷，人民出版社，2009，第 197 页。
⑥ 《马克思恩格斯选集》第 1 卷，人民出版社，2012，第 55 页。
⑦ 《马克思恩格斯文集》第 7 卷，人民出版社，2009，第 922 页。

世界市场的拓展以及管理方式和理念的更新等，其根本目的都在于实现自我增殖；在"人的关系"层面，资本表现出对社会的强大控制力，诱发了社会成员对资本以及资本的其他表现形式的无限追逐，成为资本的附庸。工人不可能真正占有资本，资本成了资本所有者能够"私享"的工具。为了揭示资本主义社会中资本家和工人之间不平等的分配关系，马克思分析了劳动力成为商品后的生产过程，对"劳动力价值"与"劳动价值"进行了区分，以此揭示作为分配形式的工资，其并不意味着工人对社会财富的共同享有，而只是工人劳动力作为商品的价值表现形式。工资将必要劳动与剩余劳动的差异隐藏起来，工人的劳动单纯地表现为有偿的劳动，从而遮蔽了资本主义社会中资本家和工人之间不公正的分配关系。生产资料的资本主义私人占有是这种不公正的分配关系产生的根源。因而要消灭这种不公正的分配关系，实现财富共有就要诉诸消灭资本主义私有制。

平等的社会权利是马克思恩格斯共同富裕思想第二层次的体现，这是人的社会属性在社会分配领域的要求。基于人是自然意义上的人和社会意义上的人的统一体，人除了要以物质资料维持自然属性外，还需要通过参与社会事务，获得平等的社会权利来展现社会属性。马克思恩格斯的共同富裕思想除了强调物质财富的共有，还指向全体社会成员对社会权利的共享。马克思指出，资产阶级作为"一个脱离直接生产劳动的阶级"，他们掌握着"社会的公共事务——劳动管理、国家事务、法律事务、艺术、科学等等"①。而在资本主义私有制下对于长期从事劳动来维持基本生存需要的工人来说，其难以获得与资本所有者平等的机会和权利。为了说明工人没有真正的社会权利和机会，马克思批判了作为上层建筑主要形式的资产阶级专政的国家和法的阶级属性。"在国家中，即在人是类存在物的地方，……充满了非实在的普遍性"②，"在这种国家里国

① 《马克思恩格斯文集》第9卷，人民出版社，2009，第189页。
② 《马克思恩格斯全集》第1卷，人民出版社，1956，第428页。

家的利益作为人民的真正利益，只是在形式上存在"①。既然国家和法所代表的并非工人阶级的利益，那么其所维护和保障的社会权利也不是工人阶级所享有的权利，其实质上只是以普遍利益的代表来掩盖资本家对工人的奴役和剥削。所谓均等的社会权利也是资本家间享有权利的体现。国家和法不仅没有保障工人和资本家享有平等的社会权利，而且阻碍了工人对于社会权利的享有。要改变这一现实，就必须要"创造一个消除阶级和阶级对立的联合体来代替旧的资产阶级社会"②，"代替那存在着阶级和阶级对立的资产阶级旧社会的，将是这样一个联合体，在那里，每个人的自由发展是一切人的自由发展的条件"③，马克思将之称为"自由人联合体"。这种以更加充分地彰显社会成员能动性为目的的"自由联合"将消除社会权利的阶级属性，工人阶级能够平等地享有各种社会权利。也是在全体社会成员真正共享社会权利中，单个人的主体性、社会性才能真正实现。

个体能动能力的提升是马克思恩格斯共同富裕思想最高层次的追求，这是个体主体性的充分实现。财富共有和平等的社会权利都是从客体向度对共同富裕的要求，而共同富裕的最高层次则是个体能动能力的提升。马克思认为个体能动能力的提升与劳动直接相关。劳动是"人和自然之间的过程，是人以自身的活动来中介、调整和控制人和自然之间的物质变换的过程"④。劳动过程就是人的主体性在实践中彰显的过程，是个体能动能力的社会化生成过程。既然劳动从本质上说不过是现实个人的对象化活动，因而不仅劳动本身是现实个人的本质性活动，而且作为劳动结果的劳动产品也是劳动者之本质力量的对象性存在。就此而言，劳动对于劳动者来说绝不是外在的活动，而是属于他的本质性的活动，是确

---

① 《马克思恩格斯全集》第1卷，人民出版社，1956，第325页。
② 《马克思恩格斯全集》第36卷，人民出版社，1975，第94页。
③ 《马克思恩格斯选集》第1卷，人民出版社，2012，第422页。
④ 《马克思恩格斯文集》第5卷，人民出版社，2009，第207—208页。

证人的本质的活动；人在自己的活动中肯定自己，而不是否定自己，人作为人的存在就体现在他的劳动活动及其结果——劳动产品中。现实是"劳动对工人来说是外在的东西，也就是说，不属于他的本质；因此，他在自己的劳动中不是肯定自己，而是否定自己，不是感到幸福，而是感到不幸，不是自由地发挥自己的体力和智力，而是使自己的肉体受折磨、精神遭摧残。因此，工人只有在劳动之外才感到自在，而在劳动中则感到不自在，他在不劳动时觉得舒畅，而在劳动时就觉得不舒畅。因此，他的劳动不是自愿的劳动，而是被迫的强制劳动。因此，这种劳动不是满足一种需要，而只是满足劳动以外的那些需要的一种手段"①。马克思通过这段话向我们描述了在资本主义社会中，劳动成了外化于工人的东西，而不是属于他本质的东西，劳动过程成了否定工人自己的过程。因此，工人的劳动是非自愿的、强制性的。马克思对异化劳动理论的四个方面有着严格的逻辑推论，做出全部推论的出发点是对劳动作为现实个人对象化活动之本质的科学界定。通过对劳动异化的批判分析，马克思揭示了劳动过程的非自愿性、劳动成果的非共享性，这样的劳动不但不会实现个体能动能力的提升，而且起了阻碍的作用。为了使个体在劳动实践中能够彰显主体性，提升主体能动能力，马克思指出了解决现实劳动异化问题的条件。一方面，生产力水平的提升有助于劳动异化的克服。随着生产力水平的提高，人能够逐步从物质生产劳动中解放出来。另一方面，彻底消除劳动异化的所有制基础，使劳动者彻底解放出来。共同富裕使全体社会成员的主体性得以显现，创造性、自觉能动性得到充分彰显，从而推动人的自由个性的全面发展。

（四）共同富裕的旨归：扬弃私有财产，自然主义与人道主义的统一

在《1844 年经济学哲学手稿》（以下简称《44 手稿》）中，马克思通过对"共产主义思潮"的批判，指出"共产主义思潮"本质上是一种私有财产普遍化的共产主义，是以知性形而上学、思辨哲学为根基的共

---

① 《马克思恩格斯选集》第 1 卷，人民出版社，2012，第 53—54 页。

产主义。与此同时马克思阐述了自己的共产主义主张。马克思指出："共产主义是对私有财产即人的自我异化的积极的扬弃，因而是通过人并且为了人而对人的本质的真正占有；因此，它是人向自身、也就是向社会的即合乎人性的人的复归，这种复归是完全的复归，是自觉实现并在以往发展的全部财富的范围内实现的复归。这种共产主义，作为完成了的自然主义，等于人道主义，而作为完成了的人道主义，等于自然主义，它是人和自然界之间、人和人之间的矛盾的真正解决，是存在和本质、对象化和自我确证、自由和必然、个体和类之间的斗争的真正解决。它是历史之谜的解答，而且知道自己就是这种解答。"① 在这一经典表述中，共产主义以双重规定的形式，即私有财产的积极扬弃与"自然主义＝人道主义"呈现出来。当马克思通过对私有财产来历的追问和对私有财产本质的分析，从人与自然、人与人关系的维度理解"共产主义"概念时，他把将人与自然、人与人之间关系联系在一起的"劳动"创生出的社会关系之一——财产关系看作最为本质的关系。财产关系是人与自然、人与人之间关系的衍生物。因此，对于社会的理解和未来的界定就只能从现实的财产关系出发，对以现实生活为根基的人与自然、人与人之间关系加以界定与把握。在原初而非异化的意义上，人与自然、人与人的关系本质上就是感性对象性关系。要实现人与自然、人与人之感性对象性关系的和谐，需要扬弃人与自然、人与人之异化状态，即扬弃"异化劳动"以及由之生发出的异化的财产关系。这种和谐在现实的社会领域就表现为社会各阶层的和谐，而实现社会各阶层的和谐有赖于社会各阶层共同享有社会发展成果。共同富裕本质上就包含了人与自然、人与人和谐关系的建构，是自然主义与人道主义的统一。

在《44手稿》中，马克思的共产主义思想更多的是以"社会"概念的形式出现的。在马克思看来，作为"社会"状态的共产主义与粗陋的或政治性质的"共产主义思潮"虽然都主张扬弃私有财产，但是，粗陋

① 《马克思恩格斯文集》第1卷，人民出版社，2009，第185—186页。

的或政治性质的"共产主义思潮"并不真正理解私有财产的本质。"因为它还没有理解私有财产的积极的本质，也还不了解需要所具有的人的本性。"① 由于不懂得私有财产本质，在"共产主义思潮"那里，消灭私有财产实际上就是私有财产的平均化，是让每个人都变成小私有者，而不是从根本上铲除私有财产，因而它最终不过是私有财产关系的普遍化，"私有财产关系仍然是共同体同物的世界的关系"②。

据此，对私有财产本质的追问，并通过这一追问来界定作为"社会"状态的共产主义的本质规定性，就成为马克思阐释其共产主义社会学说的逻辑前提。只有把握了私有财产本质，我们才能理解马克思所阐述的共产主义社会状态之双重规定性之间的内在关联，也才能真正洞悉马克思文本中共产主义社会状态的本质内涵。那么，何谓私有财产的本质呢？对此，马克思有明确表述："私有财产的主体本质，私有财产作为自为地存在着的活动、作为主体、作为人，就是劳动。"③ 这一"劳动"就是作为私有财产运动之结果的"外化劳动"，就是"异化劳动"。可见，私有财产的本质是异化劳动，是异化劳动导致私有财产。正如马克思所说："诚然，我们从国民经济学得到作为私有财产运动之结果的外化劳动（外化的生命）这一概念。但是，对这一概念的分析表明，尽管私有财产表现为外化劳动的根据和原因，但确切地说，它是外化劳动的后果，正像神原先不是人类理智迷误的原因，而是人类理智迷误的结果一样。后来，这种关系就变成相互作用的关系。"④ 如此一来，从根本上铲除私有财产就必须先消灭异化劳动。于是对私有财产之本质的追问就变成了对"异化劳动"之本质规定性的追问与分析。

然而，马克思又是如何从对私有财产之本质乃是异化劳动的逻辑追问导引出作为共产主义第二规定性的"自然主义＝人道主义"的呢？这

---

① 《马克思恩格斯文集》第1卷，人民出版社，2009，第185页。
② 《马克思恩格斯文集》第1卷，人民出版社，2009，第183页。
③ 《马克思恩格斯文集》第1卷，人民出版社，2009，第178页。
④ 《马克思恩格斯文集》第1卷，人民出版社，2009，第166页。

一逻辑的过渡是与"异化劳动"的四重规定性密切相关的。在《44 手稿》的"异化劳动和私有财产"部分，马克思明确地把异化劳动的基本内涵展开为四个前后相继的方面，即劳动产品与劳动者相异化、劳动行为本身与劳动者相异化、人的类本质与人相异化、人与人相异化。但是，如果立足于哲学的高度，这四重异化归根到底是人与人的异化和人与自然的异化。因此，要积极地扬弃私有财产就必须扬弃异化劳动，而扬弃异化劳动就是扬弃人与人、人与自然的异化。扬弃人与人之间的异化关系就是呈现出人与人之间的非异化关系，马克思把这种人与人之间的非异化关系，称为"人道主义"。相应的，扬弃人与自然之间的异化关系，就是呈现人与自然之间的非异化关系，马克思把人与自然之间的非异化关系，称为"自然主义"。由此，马克思从哲学的高度把"自然主义"与"人道主义"本质地连接在一起，把作为真正"社会"状态的共产主义视为人与自然之间、人与人之间矛盾的真正解决。一方面共产主义必然是对私有财产关系的积极扬弃；另一方面由于私有财产是异化劳动的结果，因此要真正扬弃私有财产就必须扬弃异化劳动，呈现自然主义和人道主义的同一状态。在这一解释方案中，马克思关于共产主义的这一经典论述的逻辑性就一目了然了。

必须指出的是：即使是作为马克思批判对象的"共产主义思潮"也已经意识到并主张对私有财产的积极扬弃，因此，马克思的共产主义与前者的本质性区别并不在于扬弃私有财产，而是在于"自然主义＝人道主义"。换言之，如果说私有财产的积极扬弃不过是马克思共产主义思想的直接目标，那它的根本性指向乃是"自然主义＝人道主义"；如果说积极地扬弃私有财产不过是达成共产主义的直接前提，那么只有从根本上扬弃异化劳动才能避免私有财产的平均主义，才能真正达成"自然主义＝人道主义"。因此，"自然主义＝人道主义"才是马克思共产主义主张的核心内容。并且，正是在"自然主义＝人道主义"的核心论断中，我们才更为清晰地看到中国共产党人所提出的"共同富裕"的马克思主义实质。

何谓自然主义、人道主义？如果我们回到马克思的文本，就会看到，自然主义是就人与自然异化关系的扬弃而言的。在这种状态下，自然是人的对象性的存在，这里的自然是作为人的劳动结果和劳动产品的自然界，是人在劳动中创造出的自然界，是人的本质力量的对象化存在。因此，从"我"的劳动对象中，在"我"的劳动产品中，"我"看到的是我的本质；通过劳动产品看到的是生产这个产品的人，自然就是人本身，作为劳动产品的自然就是人的对象性存在。人与自然的关系是作为对象性存在的自我反身关系。因此，马克思不仅谈论"自然界的人的本质，或者人的自然的本质"①，而且明确指出"直接的感性自然界，对人来说直接是人的感性（这是同一个说法），直接是另一个对他来说感性地存在着的人……人——就是自然界、感性"②。马克思把人与自然之间的这种"感性对象性关系"称为"自然主义"。所谓人道主义，是就人与人异化关系的扬弃而言的。在这种状态中，人与人的关系不再是互为手段的异化关系，而是一种对象性的关系，是把他人当作我的对象性本质的关系，也就是作为对象性的存在才能存在的自我反身关系。"这种关系还表明，人的需要在何种程度上成为合乎人性的需要，就是说，别人作为人在何种程度上对他来说成为需要，他作为最具有个体性的存在在何种程度上同时又是社会存在物。"③ 人与人之间的对象性关系就是马克思所说的"人道主义"。尽管自然主义与人道主义的表述从某种意义上来说似乎带有浪漫主义的色彩，实际上它所表达的不过是人与自然、人与人之间的和谐状态。共同富裕强调发展必须立足于人与自然、人与人矛盾关系的解决，将人与自然、人与人和谐关系的建构置于发展过程和发展结果中，以验证发展的效果。

二 列宁的共同富裕思想

列宁把马克思恩格斯的共同富裕思想与俄国革命和苏俄建设的实践

---

① 《马克思恩格斯文集》第1卷，人民出版社，2009，第193页。
② 《马克思恩格斯文集》第1卷，人民出版社，2009，第194页。
③ 《马克思恩格斯文集》第1卷，人民出版社，2009，第185页。

相结合，对于共同富裕在苏联如何实现从理论走向现实进行了探索。列宁认为只有社会主义才能实现共同富裕，社会主义制度下生产力的发展将为共同富裕奠定物质基础，人民享有是共同富裕的价值旨归。

（一）社会主义是实现共同富裕的前提

列宁直言道："只有社会主义才可能广泛推行和真正支配根据科学原则进行的产品的社会生产和分配，以便使所有劳动者过最美好的、最幸福的生活。只有社会主义才能实现这一点"①，这主要体现在苏维埃政权、公有制和按劳分配上。

1. 建立苏维埃国家政权

社会主义将消除资本主义社会中劳动者与劳动产品相异化的状况，使劳动者占有自己创造的劳动成果，以逐步走向共同富裕。而真正使共同富裕具有现实性还需要强大的国家机器为其提供政治保障，这就是无产阶级要建立自己的国家政权。只有当无产阶级既是生产资料的所有者，又掌握了强大的国家机器，共同富裕才具有现实可行性。列宁在关于社会主义公式的阐述中，强调的第一个就是苏维埃政权。"苏维埃政权+普鲁士的铁路秩序+美国的技术和托拉斯组织+美国的国民教育等等等等++=总和=社会主义。"② 只有在苏维埃政权得以建立的情况下，技术、教育等才可能具有真正的社会主义属性。在俄国，旧的沙皇政权是农奴主和地主的代表，新的资产阶级国家政权是资产阶级利益的代表，都不可能真正维护广大民众的利益，更不可能实现民众所期盼的共同富裕。劳动者只有真正掌握了国家政权，才能获得真正的解放，"就必须使政权即管理国家的权力，从处在资本家和土地占有者影响下的政府手里，或者说从直接由资本家选出的代表组成的政府手里，转到工人阶级手里"③。只有劳动者掌握了国家政权，才能把自己的意志在国家权力中彰显出

---

① 《列宁全集》第34卷，人民出版社，2017，第356页。
② 《列宁全集》第34卷，人民出版社，2017，第520页。
③ 《列宁全集》第2卷，人民出版社，2013，第81页。

来，才能积极参与国家制度的制定及相关管理活动，才能使自己的利益得以保证。可见，只有苏维埃政权才能使劳动者获得真正的民主，享有社会发展的成果。

2. 坚持生产资料公有制

列宁认为虽然资本主义在一定程度上对生产力的发展起到了促进作用，但是生产资料的资本主义私有制却使工人阶级受剥削和压迫，工人创造的劳动成果被资产阶级所占有，由此造成了社会贫富悬殊。因此要改变劳动者贫困的状况，"要消灭人民贫穷的唯一方法，就是自下而上地改变全国的现存制度，建立社会主义制度，就是：剥夺大地主的地产、厂主的工厂、银行家的货币资本，消灭他们的私有财产并把它转交给全国劳动人民。那时候，支配工人劳动的就不会是靠别人劳动过活的富人，而是工人自己和他们选出来的代表。那时候，共同劳动的成果以及各种技术改良和使用机器带来的好处，都由全体劳动者、全体工人来享受"[①]。要在社会主义生产关系下，"以生产资料和流通手段的公有制代替私有制，有计划地组织社会生产过程来保证社会全体成员的福利和全面发展"[②]，从而消除劳动者贫困的根源，实现全体成员对社会成果共同占有。以公有制作为共同富裕的制度支撑，列宁抓住了社会主义社会中最显著的、最根本的特征，这也是对马克思恩格斯关于公有制的相关理论的继承与发展。恩格斯认为生产资料公有制是社会主义区别于资本主义最具有决定性意义的一方面，"它同现存制度的具有决定意义的差别当然在于，在实行全部生产资料公有制（先是国家的）的基础上组织生产"[③]。在生产资料公有制下，生产目的、交换以及分配都以劳动者为核心，有助于消解财富的资本家占有与劳动者日益贫困的矛盾，并确保生产力的发展和生产规模的扩大成为全体成员日益富裕与自由发展的手段。

---

① 《列宁选集》第1卷，人民出版社，1972，第400页。
② 《列宁全集》第36卷，人民出版社，2017，第402页。
③ 《马克思恩格斯文集》第10卷，人民出版社，2009，第588页。

3. 实行按劳分配

社会发展取得的劳动成果的分配直接影响社会成员占有财富的多寡，实现共同富裕离不开以合理且科学的方式分配劳动成果。资本主义的分配方式，使"大量财富集中在少数资本家的手里，而人民群众变成了一无所有的人"[①]。列宁主张，社会主义公有制确立后，虽然已经从根本制度层面消除了劳动者贫困的根源，但由于受现实的社会经济文化状况和劳动者个人思想文化水平的制约，在劳动成果的分配中应该实行按劳分配。列宁在《无产阶级在我国革命中的任务》（无产阶级政党的行动纲领草案）中指出："人类从资本主义只能直接过渡到社会主义，即过渡到生产资料公有和按每个人的劳动量分配产品。"[②] 由于现实生产力水平还不足以支撑全社会实行按需分配，列宁所强调的按劳分配是经济逐步向社会化大生产过渡中，与特殊的国家资本主义相适应的分配方式。在列宁看来，围绕按劳分配，一是要求所有人都有劳动的义务，"社会的每个成员完成一定份额的社会必要劳动，就从社会领得一张凭证，证明他完成了多少劳动量"[③]；二是"根据这张凭证从消费品的社会储存中领取相应数量的产品。这样，扣除了用做社会基金的那部分劳动量，每个劳动者从社会领回的正好是他给予社会的"[④]，这强调了劳动是分配社会财富的尺度。按劳分配意味着只有参与劳动，才具有分配劳动产品的资格，并且等量的劳动获得等量的劳动成果，这不仅是劳动资格的平等，还是劳动成果分配的平等，从而改变了资本主义社会中劳动者与劳动产品相分离、异化的状况，使劳动者真正占有自己的劳动成果。"共同劳动的产品将由劳动者自己来享用，超出他们生活需要的剩余产品，将用来满足工人自己的各种需要，用来充分发展他们的各种才能，用来平等地享受科

---

① 《列宁全集》第 2 卷，人民出版社，2013，第 75 页。
② 《列宁选集》第 3 卷，人民出版社，2012，第 64 页。
③ 《列宁选集》第 3 卷，人民出版社，2012，第 194 页。
④ 《列宁选集》第 3 卷，人民出版社，2012，第 194 页。

学和艺术的一切成果。"① 基于此，在列宁看来，按劳分配是实现全体社会成员共同占有社会财富的重要方式。

总之，共同富裕只有在社会主义条件下，才具有现实可能性，正如列宁所言："我们要争取新的、更好的社会制度：在这个新的、更好的社会里不应该有穷有富，大家都应该做工。共同劳动的成果不应该归一小撮富人享受，应该归全体劳动者享受。机器和其他技术改进应该用来减轻大家的劳动，不应该用来使少数人发财，让千百万人民受穷。这个新的、更好的社会就叫社会主义社会。"② 苏维埃国家政权、生产资料公有制、按劳分配等使社会主义社会能够克服以往社会中财富与财富创造者分离的弊端，只有在社会主义条件下，全体社会成员才能过上美好、富裕的幸福生活。"在社会主义制度下，全体工人，全体中农，人人都能在决不掠夺他人劳动的情况下完全达到和保证达到富足的程度。"③

（二）"提高社会生产力"为实现共同富裕奠定物质基础

在资本主义私有制的生产条件下，资本家为了获得更多的社会财富不断发展生产力，而无产阶级掌握政权的社会主义国家，也只有不断发展生产力，才能使社会财富不断增多，来尽可能地满足全体社会成员的需要。正如恩格斯所言，只有"把生产发展到能够满足所有人的需要的规模；结束牺牲一些人的利益来满足另一些人的需要的状况"④，民众才能实现物质的富有和精神的富足，才能真正消除贫困，实现共同富裕。苏维埃社会主义政权在俄国建立后，虽然在制度上为共同富裕提供了保障，但是由于之前俄国是一个小农经济占主导的国家，国家整体贫穷落后，工业化水平低且对西方国家依赖度高，加之受战争和自然灾害的影响，物资匮乏，民众生活依然处在贫困之中。列宁清楚地认识到，生产

---

① 《列宁全集》第 2 卷，人民出版社，2013，第 81 页。
② 《列宁全集》第 7 卷，人民出版社，2013，第 112 页。
③ 《列宁全集》第 35 卷，人民出版社，2017，第 470 页。
④ 《马克思恩格斯文集》第 1 卷，人民出版社，2009，第 689 页。

力水平落后是当时俄国贫穷的重要原因。因而，他提出"无产阶级取得国家政权以后，它的最主要最根本的需要就是增加产品数量，大大提高社会生产力"①，要采取一系列措施，来大力发展生产力。

1. 以科学技术来提高劳动生产率

在苏维埃政权稳定之后，列宁就提出经济是国家管理的重中之重，要大力发展经济。故在《苏维埃政权的当前任务》中，列宁提出，"当无产阶级夺取政权的任务解决以后，随着剥夺剥夺者及镇压他们反抗的任务大体上和基本上解决，必然要把创造高于资本主义的社会结构的根本任务提到首要地位，这个根本任务就是：提高劳动生产率"②，并认为，"劳动生产率，归根到底是使新社会制度取得胜利的最重要最主要的东西"③。通过提高劳动生产率创造出更多的物质财富来满足民众的需要，这不仅能为改善民众生活奠定物质基础，也能彰显社会主义制度的优越性。那么如何提高劳动生产率呢？列宁非常重视科学技术的作用，认为科技决定着劳动生产率的状况。科技力量能够巩固新生的社会主义制度。在列宁看来，科技与物质力量直接相关，社会主义社会要想不断提高劳动生产率，赶上并超越资本主义，必须发挥现代科学技术的作用。"共产主义就是利用先进技术的、自愿自觉的、联合起来的工人所创造的较资本主义更高的劳动生产率。"④ 社会主义能够以其优越性使更多的科技工作者联合起来，科技工作者的积极性得以提高，科技成果的效用得到最大体现，科技工作者将发挥巨大的社会作用。而且社会主义还要充分利用资本主义先进的技术、管理经验等，服务社会发展。"没有建筑在现代科学最新成就基础上的大资本主义技术，没有一个使千百万人在产品的生产和分配中严格遵守统一标准的有计划的国家组织，社会主义就无从

---

① 《列宁选集》第 4 卷，人民出版社，2012，第 623 页。
② 《列宁选集》第 3 卷，人民出版社，2012，第 490 页。
③ 《列宁全集》第 37 卷，人民出版社，2017，第 18 页。
④ 《列宁全集》第 37 卷，人民出版社，2017，第 19 页。

设想。"① 科技是奠定社会主义物质基础的重要力量。列宁认为以"邮电和机器"为代表的科学技术是社会主义的标志，是社会主义生产的源泉。科学技术是提高苏维埃管理效能的重要工具，把科技应用到社会主义建设和管理中能够形成强大的正能量。列宁指出："凡是熟悉实际生活、阅历丰富的人都知道：要管理就要懂行，就要精通生产的全部情况，就要懂得现代水平的生产技术，就要受过一定的科学教育。"② 总之，在列宁看来，社会主义与科学技术是一种相互成就的关系，社会主义使科学技术摆脱资本的奴役与束缚，科学技术在社会主义社会得到新的发展，为社会主义发展奠定物质基础，是彰显社会主义优越性的重要力量。

2. 以电气化作为发展生产力的重要动力

俄国原有的工业基础十分薄弱，和英国、德国、美国等国家相比差距甚大，在十月革命胜利后，列宁就提出要实现社会主义工业化，要提高农业的机械化水平。为此，在1920年的全俄苏维埃第八次代表大会上，列宁提出了"共产主义就是苏维埃政权加全国电气化"③ 的著名论断，电气化计划是"党的第二个纲领"，"只有当国家实现了电气化，为工业、农业和运输业打下了现代大工业的技术基础的时候，我们才能得到最后的胜利"④。列宁以此来强调电气化对生产力发展的影响。"共产主义就是苏维埃政权加全国电气化"这一论断把苏维埃政权与电气化并提，一方面强调了苏维埃政权的方向性作用，一方面突出了电气化对于社会发展的动力性作用。对此，我们再次引用列宁的社会主义公式来说明，"乐于吸取外国的好东西：苏维埃政权+普鲁士的铁路秩序+美国的技术和托拉斯组织+美国的国民教育等等等等++＝总和＝社会主义"⑤。电气化对于当时生产技术落后的苏俄来说，就是发展的希望，是照亮民众生活的希望

① 《列宁全集》第41卷，人民出版社，2017，第199页。
② 《列宁全集》第38卷，人民出版社，2017，第247页。
③ 《列宁选集》第4卷，人民出版社，2012，第10页。
④ 《列宁选集》第4卷，人民出版社，2012，第364页。
⑤ 《列宁全集》第34卷，人民出版社，2017，第520页。

之光，是改善民众生活和彰显社会主义优越性的力量所在。在社会主义制度下，国家建设取得了巨大成就，国民经济得以恢复，电气化目标得以实现，钢铁产量和机器制造业迅速发展，使国家"从农民的、庄稼汉的、穷苦的马上，从指靠破产的农民国家实行节约的马上，跨到无产阶级所寻求的而且不能不寻求的马上，跨到大机器工业、电气化、沃尔霍夫水电站工程等等的马上"①，为苏联当时消除贫困、走向共同富裕奠定了坚实的物质基础。

3. 以合作社调动生产积极性

列宁认为社会主义合作社是引导苏联农民走向社会主义道路的有效路径，不仅可以提高农民的生活水平，消除贫困，走向富裕，也是彰显社会主义优越性的重要方式。列宁对于合作社的认识有一个逐步深化的过程。合作社最早出现在19世纪初，是资本主义生产关系下的一种经济组织。而革命前俄国的合作社并不多，列宁最初对合作社的理解也是和资本主义联系在一起，"这种合作社对富裕农民的好处很多，对贫苦农民群众的好处则很少，几乎没有，而且协作社本身也会成为雇佣劳动的剥削者"②。十月革命胜利后，需要把分散的农民组织起来，特别是在新经济政策实施初期，列宁关注到社会中存在的合作社，注意到合作社具有国家监督、调动农民积极性等方面的优势，并认为合作社是能把农民组织起来过渡到社会主义的方式。直到1923年在《论合作社》中，列宁确认了合作社的社会主义本质。"在生产资料公有制的条件下，在无产阶级对资产阶级取得了阶级胜利的条件下，文明的合作社工作者的制度就是社会主义的制度。"③此时的列宁已经改变了过去对合作社的认识，把其看作社会主义制度本身的一种形式。就合作社的具体内容来说，列宁认为只有建立在商品经济基础上的合作社，才能推动农业的商品化，才能

---

① 《列宁选集》第4卷，人民出版社，2012，第797页。
② 《列宁选集》第2卷，人民出版社，2012，第438页。
③ 《列宁选集》第4卷，人民出版社，2012，第771页。

促进个体小生产者转变为集体生产者。合作社不仅能够调动农民的积极性，而且维护农民的个体利益，也保证了国家的集体利益，是农民个体利益与国家整体利益相结合的最佳方式，也是农民过渡到社会主义制度的有效方式。列宁在《论合作社》中指出："在我国，人们还轻视合作社，还不了解：第一，在原则方面（生产资料所有权在国家手中），第二，在采用尽可能使农民感到简便易行和容易接受的方法过渡到新制度方面，这种合作社具有多么重大的意义。"①　总之，社会主义合作社不仅是引导农民过渡到社会主义的有效方式，也是调动农民积极性，发展生产，改善农民生活状况的重要方式，对于消除贫困、走向富裕具有重要作用。

（三）以人民为共同富裕的价值归旨

列宁在领导革命和建设的实践中，始终以人民为共同富裕的价值归旨。列宁通过强调共产党执政的出发点是实现和维护人民根本利益、人民群众是革命和建设的依靠力量、党各项工作的成败最终也是由人民来评判的，来彰显其共同富裕思想的人民性。

1. 实现和维护人民根本利益是共产党执政的出发点

为绝大多数人民谋利益是共产党与其他政党的根本区别。列宁认为改变民众受剥削和贫困的状况是共产党人革命夺取政权的目的所在。不管是沙皇专制政权还是资产阶级政权都不是为人民服务的，都是统治阶级实现剥削、控制民众的工具。十月革命前，列宁指出，"必须巩固地建立一种有可能按照大多数的意志决定问题并保证把这种可能性变成现实的国家制度、国家政权"②，这是共产党人革命的初心和使命。十月革命后，列宁更是明确指出苏维埃政权的人民性立场。苏维埃政权"公开地直截了当地对人民说真话，声明它是无产阶级和贫苦农民的专政"③。"新

---

① 《列宁选集》第4卷，人民出版社，2012，第768页。
② 《列宁全集》第32卷，人民出版社，2017，第22页。
③ 《列宁全集》第35卷，人民出版社，2017，第304页。

政权是大多数人的专政，它完全是靠广大群众的信任，完全是靠不加任
何限制、最广泛、最有力地吸引全体群众参加政权来维持的"，"它办理
一切事情都不回避群众，群众很容易接近它；它直接来自群众，是直接
代表人民群众及其意志的机关"。① 苏维埃政权的人民性立场鲜明地体现
在实现与维护人民利益上。十月革命胜利之后，把广大民众的利益放在
第一位是苏维埃政权处理国家事务的出发点，为了满足农民对土地的诉
求，维护农民的利益，列宁采取了把土地分给农民的土地社会化政策。
后来，为了调动人民积极性所实行的新经济政策也是以努力恢复生产、
改善人民生活为目的的。

2. 人民群众是革命和建设的依靠力量

列宁继承了马克思恩格斯关于人民群众是历史创造者的思想，认为
决定历史活动过程和结果的是广大人民群众。人民群众是共产党革命和
建设社会主义的依靠力量。首先，依靠人民群众要先取得人民群众的信
任和支持，"没有千百万觉悟群众的革命行动，没有群众汹涌澎湃的英勇
气概，没有马克思在谈到巴黎工人在公社时期的表现时所说的那种'冲
天'的决心和本领，是不可能消灭专制制度的"②。革命的胜利需要依靠
人民群众，苏维埃政权的巩固也取决于广大人民群众的认同和拥护。"这
个新政权所依靠的和力图依靠的强力，不是一小撮军人所掌握的刺刀的
力量，不是'警察局'的力量，不是金钱的力量，不是任何以前建立起
来的机构的力量……这个力量依靠的是什么呢？依靠的是人民群众。……
它完全是靠广大群众的信任。"③ 既然人民群众是革命和巩固政权的力量
所在，那么广大党员干部就要紧紧与人民群众在一起，从人民中汲取力
量。决定历史发展的主体力量是人民群众而不是少数精英。其次，建设
社会主义的依靠力量是人民群众。在经济基础落后的国家，建设社会主

---

① 《列宁全集》第 39 卷，人民出版社，2017，第 420—421 页。
② 《列宁全集》第 17 卷，人民出版社，2017，第 151 页。
③ 《列宁全集》第 39 卷，人民出版社，2017，第 420 页。

义异常艰难，只有把更多阶层的民众吸引过来，调动和发挥广大民众的积极性和主动性，才能使社会不断发展。在 1922 年 3 月的俄共（布）十一大上，列宁强调："只靠共产党员的双手来建立共产主义社会，这是幼稚的、十分幼稚的想法。共产党员不过是沧海一粟，不过是人民大海中的一粟而已。"①

3. 人民群众是党的各项工作的评判者

党的各项工作的效果或成绩是由人民群众来评判的。为此，列宁强调共产党在制定各项方针政策时，要充分考虑到人民的意愿。苏维埃政权在实行土地社会化政策时遭到了很多人的反对，一些人认为把土地分给农民不符合社会主义的要求，认为这是一种小资产阶级政党的主张。对此，列宁强调制定政策不能违背人民群众的意志，"我们不愿违背大多数农民的意志。对我们来说，大多数人的意志永远是必须执行的"②。同样新经济政策也是基于人民群众的意志而制定与实施的。"农民对于我们和他们之间所建立的这种形式的关系是不满意的，他们不要这种形式的关系并且不愿意再这样生活下去。这是不容置辩的。他们的这种意愿表达得已经很明确了。这是广大劳动群众的意愿。我们必须考虑到这一点。我们是十分清醒的政治家，能够直率地说：让我们来修正我们对农民的政策吧。"③ 显然，列宁突出强调的是苏维埃政权在制定各种政策时，要从现实国情出发，从人民群众的意愿出发，而不能仅仅依据抽象的理论来制定有悖于现实的政策。此外，列宁还强调对于党的相关理论和政策的宣传，要从人民群众的视角进行，让民众了解党的理论和政策将会给人民群众带来什么样的利益。革命胜利后如何建设社会主义是共产党面临的现实问题，而建设效果如何，或者说共产党的执政能力和水平如何，只能由人民群众来评判。

---

① 《列宁全集》第 43 卷，人民出版社，2017，第 100 页。
② 《列宁全集》第 35 卷，人民出版社，2017，第 174 页。
③ 《列宁全集》第 41 卷，人民出版社，2017，第 51—52 页。

综上所述，列宁对于在当时新生的社会主义国家中如何推动共同富裕进行了自己的思考，并主持开展了与当时国情相一致的实践，留下了宝贵的经验，对我们在新时代、在改革开放取得巨大成就的基础上推动共同富裕具有重要参考价值。

第二节　中国传统文化中的共同富裕思想

毛泽东曾经指出："今天的中国是历史的中国的一个发展；我们是马克思主义的历史主义者，我们不应当割断历史。从孔夫子到孙中山，我们应当给以总结，承继这一份珍贵的遗产。"[①] 新时代共同富裕理论在吸收中国传统文化精华的基础上，以社会发展中的现实问题为导向，把马克思主义共同富裕思想与中华优秀传统文化、与中国现实实践相结合，汲取中华优秀传统文化蕴含的"大同""民本""公正"等思想，把渗透在中华民族血脉中的共同富裕基因内化为新时代的核心价值，在实践中实现了对传统文化的继承与超越。

一　中国传统文化中关于财富的理解与认知

中国传统文化中有关财富的思想是新时代共同富裕的深厚思想基础，在新时代的共同富裕实践中，对于传统文化中的财富思想需要以扬弃的态度辩证对待。

（一）重视使用价值的财富本质思想

财富被认为是可以满足人们需求的物质资源，具有使用价值和交换价值两种属性，然而人们对财富属性的认识经历了漫长的过程。古希腊时期西方世界就出现了关于财富观的论证，对财富本质的分析立足于物品的使用价值。中国古代的财富观并没有抽象出"使用价值"概念，但其关于财富本质的分析也是以使用价值为基础的。在当时，对中国人来

---

① 《毛泽东选集》第 2 卷，人民出版社，1991，第 534 页。

说，具有最大使用价值的财富就是"粮食"，战国时期墨子提出"财不足则反之时，食不足则反之用。故先民以时生财，固本而用财，则财足"①。不难看出，人们将粮食作为财富的主要形式是从使用价值方面加以考察的。在长期封建统治之下，虽然有思想家看到了商品流通和货币的作用，但在以农业自给自足生产方式为主的情况下，人们更重视使用价值，认为商品交换是为了更好地满足人们的生产生活需要，而不是单纯为了积累货币。这种强调使用价值而忽视交换价值的做法明显地体现于当时的思想家对待商业活动的态度中。司马迁在《史记·货殖列传》中引用《周书》所述"农不出则乏其食，工不出则乏其事，商不出则三宝绝，虞不出则财匮少"②，指出农、工、商、虞（资源开发）都是社会发展所必需的，都可以实现财富的增加，并且肯定产品交换活动可以更好地满足人们的物质资料需求。同时，他也进行了"本富""末富""奸富"的区分，在他看来"本富"依靠农业，"末富"依靠工商业，"奸富"则依靠违法犯奸等手段实现。在三者之中，司马迁提倡"本富为上、末富次之、奸富最下"③的标准，本质上还是重视物的使用价值对人需要的满足。

（二）"以义制利"的财富道德思想

中国农耕文化历史悠久。古代时期的中国始终以农业作为最基本的物质生产部门，以耕织为主的小农经济在我国古代经济结构中占据着主导地位，在特定生产方式基础上产生的中国古代财富观具有鲜明的伦理特色。"义利论"体现财富与道德的相互关系，并具有鲜明的价值指向。对于"义""利"的探讨始于春秋时期，人们认为"义"属于道德范畴，但义并不是道德的全部；"利"通常指经济利益或物质利益，也可理解为财富，与"义"相对，追求"利"是人的本能，"好利恶害，是君子小人之所同也"④。针对如何正确理解"义"和"利"的关系问题，当时存

---

① 吴毓江撰《墨子校注》上，孙启治点校，中华书局，1993，第36页。
② （汉）司马迁：《史记》第10册，中华书局，2013，第3255页。
③ （汉）司马迁：《史记》第10册，中华书局，2013，第3272页。
④ （清）王先谦撰《荀子集解》上，沈啸寰、王星贤点校，中华书局，1988，第61页。

在两种不同的观点。一种观点认为，"义"能生"利"，意为按照"义"的要求做可以得到"利"。这种观点普遍认为政治准则或道德产生利益和财富，财富是为"义"的秩序服务的。根据历史唯物主义基本原理不难发现，以"义"为先、"义"能生"利"的财富观实际上颠倒了物质利益与思想观念二者之间的关系。另一种观点认为，"利"对"义"具有积极的作用。单襄公认为以利益作为制度能生"义"。《管子》也肯定了人们的逐利行为，认为逐利行为是人的本性，《管子》并不否认道德的作用，但认为道德的产生必须以一定经济条件为基础，正如《管子·牧民》中提到的，"仓廪实则知礼节，衣食足则知荣辱"①。西汉的董仲舒在谈到义与利的关系时，主张重义兴利，"夫人有义者，虽贫能自乐也。而大无义者，虽富莫能自存。吾以此实义之养生人，大于利而厚于财也"②。这种重义兴利的主张成为中国后来两千多年间占统治地位的儒家思想的重要内容。由此可见，中国古代的"义利论"之中的"以义为先""以义制利"等观点涉及财富与道德的关系，但传统的"义利论"中对利益和财富加以限定的观点都带有鲜明的阶级性，都是以维护封建统治秩序作为其终极价值目标。

（三）"农为本"的财富来源思想

中国传统财富观蕴含着人们对财富获取问题的探讨。然而，受独特的生产方式、社会结构和文化传统等因素的影响，中国古人在获取财富的原则和方法上有别于西方，但在财富获取问题上也不乏一些共性的认识。

中国自夏代起进入了文明时期，直至明清，农业在经济结构中始终处于主导地位。虽然夏商时期就已经出现了社会分工，但是农业始终被认为是财富的来源。西周时期虢文公向周宣王进谏时就已经强调农业的地位及其对人民生活的重要影响。这一时期，人们也已经意识到农产品

---

① 黎翔凤撰《管子校注》上，梁运华整理，中华书局，2004，第2页。
② 苏舆：《春秋繁露义证》，钟哲点校，中华书局，1992，第264页。

来源于人们的劳动。春秋战国时期，对于财富的生产，孔子主张"因民之所利而利之"①，但其主张生产财富是"小人"应从事的工作，不提倡儒者或士人阶层直接参加农业生产。荀子同样认为农业是财富的本源，在财富的获取方面，其基本措施可以概括为"强本节用"，也就是说，既要加强农业生产，也要对消费加以节制。《管子》更是扩大了农业的范围，包括农、林、牧、渔等行业，认为发展农业生产，可实现国家"积于不涸之仓""藏于不竭之府"的目的，对人民群众来说，也应通过生产实现生活富裕的目的。秦汉时期，视农业为财富本源的思想得到继承与强化。陆贾认为农业是"本业"。而贾谊更提出"驱民归农"的措施，其目的就是保障农业生产，促进财富的增加。唐宋时期，中国经济发展水平有了大幅提高，人们开始关注劳动和商品交换对财富创造的作用。这一时期商品经济发展很快，从城市发展到了乡村，形成了如"镇市"这样的地方，它们在城市和乡村之间发挥着商品集聚和物资中转的功能。明清时期，农业仍被视为财富的来源，是国民经济的基础。徐光启指出，"君以民为重，民以食为天，食以农为本，农以力为功"，"圣人治天下，必本于农"②，他将粮食和其他具有使用价值的物品看作财富，故发展农业是创造财富和富国富民的主要途径。王夫之提出农产品和手工业产品是国家财富的主要形式，而个人的财富主要体现在私有的土地上。不难看出，在中国古代几千年的封建社会中，农业始终被视为财富的源泉，虽然伴随着商品经济的发展，商业的作用越来越受到肯定，但中国古代商品经济的发展始终以农业为基础。近代中国，自给自足的自然经济逐渐解体，在西方资本主义生产方式及思潮的影响下，出现了农业立国和工业立国的争论。严复认为农业对工商业具有基础性作用，在为《原富》译本所作的按语中指出："农工商贾。固皆相养所必资。而于国为并重。

---

① 金良年撰《论语译注》，上海古籍出版社，2004，第241页。
② （明）徐光启撰《农政全书校注》下，石声汉校注，上海古籍出版社，1979，第44页。

然二者之事，理实有本末之分。古人之言，未尝误也。"① 而由于受西方资本主义思想的影响，一部分人主张大力发展工业，以增加财富。民国时期，孙中山提出工业化方案，体现了他注重工业化的思想。然而，这一时期工业化思想的确立也始终伴随着农业立国和工业立国的争论，如章士钊、梁漱溟等人都主张以农立国。由此可见，在中国传统观念中农业是财富来源的思想基本上占主导地位。

（四）"均贫富"的财富分配思想

创造财富本质上是为了满足人们的生产生活需要，具体在社会成员间如何分配，涉及社会的公平、正义，分配方式会反作用于财富的生产实践活动。"均贫富"成为中国传统财富观的主要表现。春秋战国时期，晏婴最早提出"均贫富"观念，主张对不同社会阶层的财富进行平均，"其取财也，权有无，均贫富，不以养嗜欲"②。

在中国古代，财富分配包括在国家与个人之间进行分配和在个人间的分配。关于个人财富的分配，孔子认为应该"以义为先"，"丘也闻有国有家者，不患寡而患不均，不患贫而患不安。盖均无贫，和无寡，安无倾。夫如是，故远人不服，则修文德以来之。既来之，则安之"③。但其均贫富的手段是使财富在穷人之间分配趋向平均，也即仍然承认穷富之间的等级差别。另外，国家与个人之间的分配主要体现为相应的财政制度。例如，孔子强调国富需要建立在民富的基础之上，如何富民？孔子认为应该对民众征收较少的赋税；而在财政支出方面，孔子提倡统治阶级应坚持节俭的原则，要节约用度，爱护百姓。董仲舒主张限制占田数量，"使富者足以示贵而不至于骄，贫者足以养生而不至于忧。以此为度而调均之"④。与儒家思想不同，韩非子明确反对平均分配的做法，认

---

① 〔英〕亚当·斯密：《原富》，严复译，北京时代华文书局，2014，第 102 页。
② 《晏子春秋》，陈涛译注，中华书局，2016，第 146 页。
③ 杨伯峻译注《论语译注》，中华书局，2015，第 250 页。
④ 曾振宇、傅永聚注《春秋繁露新注》，商务印书馆，2010，第 162 页。

为平均分配是对懒惰者奖励，而对勤劳者处罚，认为这样不利于财富的生产。管子认为"贫富无度则失"①，认为不能进行无差别的绝对平均，适度的贫富差距具有积极作用，而贫富差距过大则会造成不良影响。秦汉时期，由于生产力水平的提高和商品经济的发展，当时社会中出现了相互效仿、竞相攀比的现象，消费体现出穷奢极欲的特点。司马迁在《史记·货殖列传》中描述了地主阶级中形成的"耳目欲极声色之好，口欲穷刍豢之味，身安逸乐，而心夸矜势能之荣使"②的奢侈性社会消费心理和讲排场、争奢侈的行为。明朝时期，受社会经济发展的影响，随着财富占有越发不均等，社会上出现了勤而不俭、即时享乐的消费观念。明朝内阁首辅张居正主张为政贵在节俭，尤其是国家财政支出要节俭，通过节省国家财政，减轻人民负担，"必须量入为出，加意撙节。凡奢侈的用度，冗滥的廪禄，不急的兴作，无名的赏赐都裁省了。只是用其所当用，则财常有余，而不至于匮乏矣"③。清朝时期，思想家将贫富差距较大问题归因于土地兼并，提出了"均田""限田"等方法，以减少无产的游民。近代以来，中国面临着民族革命和民主革命两大任务，各个阶级不断寻求救国救亡的道路，在财富分配方面提出了一些措施，康有为主张财产的分配应合理公平；孙中山主张国家为人民所有，利益为人民共享。

（五）"节用崇俭"的财富消费思想

财富是具有使用价值并且可以满足人的发展需要的东西，财富的消费是财富生产的必然结果。中国传统的财富观也包括对财富消费的探讨，集中表现为"节用崇俭"的思想。

先秦诸子百家普遍主张节俭的思想，墨子更是以节用论作为其经济思想体系的核心。荀子同样主张节用论和开源节流，认为开源节流是国

---

① 黎翔凤撰《管子校注》上，梁运华整理，中华书局，2004，第198页。
② （汉）司马迁：《史记》第10册，中华书局，2013，第3253页。
③ （明）张居正：《张居正讲解〈论语〉》，中国华侨出版社，2009，第4页。

家强盛之根本。荀子还主张通过减少税收而达到"藏富于民"的目标，并且看到了裕民政策的积极影响。汉朝时期，人们在消费行为上提倡节俭，并逐步形成共识，这体现了人们对待财富的态度。淮南王刘安则认为，奢侈品消费源于统治阶级对人民创造财富的横征暴敛，这会导致人民的贫困和社会动荡。董仲舒认为要减少当时社会中的贫富不均现象，就必须约束权贵阶层，限制其与民争利。为此，他提出"人欲之谓情，情非度制不节"①，主张用制度来规范权贵者的欲望，"天子之所宜法以为制，大夫之所当循以为行"②。在对奢侈品的态度上，思想家们认为奢侈品费时、费工、使用价值低，还影响必需品的生产与消费。因此，这一时期的思想家们更倾向于抑制奢侈品的生产活动，倡导保证社会必需品的供给，以确保生产与消费、供给与需求处于平衡状态。唐代白居易提出具有伦理色彩的节用消费观，通过"节"减少开支的数量，通过"用"来论证财富使用的合理性。宋代时期，商品经济发达，传统的"安贫""均富"等思想受到冲击。宋代的李觏主张发展生产和节约消费，他认为除了强本、重视社会分工、重视工商业作用外，还必须大力节用，才能使国家富裕。李觏要求上层统治者以身示范，遵循封建等级制的标准"崇俭"和"节用"，认为封建帝王的生活虽不同于普通百姓，但也应根据国家的财力状况有所调整，"当其有余之时，用之可以盈礼；遇于不足之际，则宜深自菲薄"③。

由此可见，我国上千年的农业文明孕育了伦理色彩浓厚的传统财富思想。尽管近代以来中国经济社会急剧变化，但传统财富思想仍作为不可磨灭的历史基因对新时代共同富裕实践产生影响。

二 中国传统文化中蕴含的"共富"理念

中国传统文化中蕴含着丰富的"共富"理念，其中的大同理想、人

---

① （东汉）班固撰《汉书》，（唐）颜师古注，中华书局，2000，第1913页。
② （东汉）班固撰《汉书》，（唐）颜师古注，中华书局，2000，第1916页。
③ （宋）李觏撰《李觏集》，王国轩点校，中华书局，1981，第139页。

本思想、公正理念及自然主义等都体现了民众对共同富裕的愿景与追求。新时代共同富裕理论离不开中华优秀传统文化中蕴含的"共富"理念的滋养。正如习近平所强调的，"要治理好今天的中国，需要对我国历史和传统文化有深入了解，也需要对我国古代治国理政的探索和智慧进行积极总结"①。

（一）传统文化中的"大同"思想

"大同"反映了中国古人追求天下为公的理想社会，受到众多仁人志士的推崇。早在先秦时期，面对战乱频发、诸侯争霸等混乱的社会现状，思想家们就已初步提出了"大同社会"的理想构想。《礼记·礼运》中最早使用了"大同"的概念，"大同篇"中写道："大道之行也，天下为公，选贤与能，讲信修睦。故人不独亲其亲，不独子其子，使老有所终，壮有所用，幼有所长，矜、寡、孤、独、废、疾者皆有所养，男有分，女有归。货恶其弃于地也，不必藏于己；力恶其不出于身也，不必为己。是故谋闭而不兴，盗窃乱贼而不作，故外户而不闭，是谓大同"②。这里较为具体地描述了大同社会的样子：天下为公，人人平等、相亲相爱且大公无私，社会和谐安宁。之后《论语》以及墨子《尚贤》下篇中也都有对大同社会的描述。这些描述大多涉及财富为公、人人享有、安居乐业等，体现了当时的思想家对未来社会的美好愿望，而对于如何实现大同社会，思想家们基于当时的社会现实并没有提及。再后来，"均贫富""均田"等含有"大同"思想的口号在农民起义中被明确提出，发起者以土地、产品等"均平"的主张来吸引和鼓励农民参与起义。较为典型的是太平天国运动，洪秀全提出了"有田同耕，有饭同食，有衣同穿，有钱同使，无处不均匀，无人不饱暖"③的大同理想。相比于先秦思想家对于大同社会的想象，这时的"大同"思想已经涉及制度的制定与实施等，

---

① 习近平：《牢记历史经验历史教训历史警示 为国家治理能力现代化提供有益借鉴》，《人民日报》2014年10月14日。
② （清）孙希旦撰《礼记集解》中，沈啸寰、王星贤点校，中华书局，1989，第582页。
③ 刘汉俊编著《重民本》，人民出版社，2016，第280页。

并伴有一定实践层面的尝试，虽然最终都是以失败而结束，但已经有了很大的进步。

近代，康有为所著的《大同书》是其大同思想的标志。《大同书》中写道："当太平之世，既无帝王君长，又无官爵科第，人皆平等。"① 康有为的"大同"思想不仅是对传统"大同"思想的继承，也吸收和借鉴了西方科学知识包括空想社会主义学说。康有为关于大同社会的理想是集古今中西有关理想社会的构想于一体，既有一定的西方科学元素又有空想成分。康有为的"大同"思想为当时处于内忧外患中的中国摆脱困境勾画了美好蓝图，对当时中国走出困局具有重要启迪。但是由于受时代和个人思想的局限，康有为虽然写了《大同书》，但"他没有也不可能找到一条到达大同的路"②。

孙中山在吸收借鉴中国传统"大同"思想和西方思想的基础上，描绘了大同社会的蓝图。在孙中山看来，"大同"不仅指"天下大同"还指"社会大同"，即世界上各个国家和谐相处，没有战争，也指在一国之内，能够实现"民有""民享""民治"。为此，他主张以三民主义来实现他所构想的大同社会。"民族主义，即世界人类各族平等，一种族绝不能为他种族所压制""民权主义，即人人平等，同为一族，绝不能以少数人压制多数人。人人有天赋之人权，不能以君主而奴隶臣民也。民生主义，即贫富均等，不能以富等〔者〕压制贫者是也"③。"大同"思想作为孙中山对于理想社会的构想，从政治、经济、道德等层面勾勒出大同社会的雏形。政治上实行民权主义，国家为人民所共有，变"私天下"为"公天下"，权利属于人民。经济上实行民生主义，财物归公，人民共同享有社会财富，"全国之人，无一贫者，同享安乐之幸福"④。道德上，重视道德在调节人与人、人与社会关系中的作用，通过对西方先进道德和中

---

① 康有为：《大同书》，上海古籍出版社，2009，第222页。
② 《毛泽东选集》第4卷，人民出版社，1991，第1471页。
③ 《孙中山选集》下，人民出版社，2011，第526页。
④ 《孙中山全集》第2卷，中华书局，1982，第340页。

国传统道德的继承和改造，培育大同社会的道德；通过财产公有、公平分配等使民众具有博爱等道德。总之，孙中山的"大同"思想更为具体，且已开始由理想向实践转换，对于我们今天进行社会建设具有重要的启示。正如党的十九大报告所说："大道之行，天下为公。站立在九百六十多万平方公里的广袤土地上，吸吮着五千多年中华民族漫长奋斗积累的文化养分，拥有十三亿多中国人民聚合的磅礴之力，我们走中国特色社会主义道路，具有无比广阔的时代舞台，具有无比深厚的历史底蕴，具有无比强大的前进定力。"①

新时代共同富裕正是对传统"大同"思想的扬弃，二者在一定程度上具有一致性。其一，共同富裕坚持以人民为中心，"大同"思想强调"天下为公"，二者都突出强调社会财富属于"公"，属于创造财富的人民。其二，共同富裕注重公平正义，"大同"思想对未来社会的描述强调消灭差异，实现人与人的平等、博爱，二者在价值追求上具有一致性。其三，共同富裕强调共建共富，"大同"思想中有很多关于各尽其能的描述，其实质都是要求民众共同劳动、共同享受劳动成果。其四，共同富裕强调渐进共富，"大同"思想关于未来社会的建构也表现为循序渐进的过程，二者具有实现过程的相似性。

共同富裕对"大同"思想的超越表现为以下几方面。其一，就阶级立场而言，共同富裕具有鲜明的人民立场，其社会基础是社会主义社会；而传统文化中的"大同"思想在描述理想社会时，往往忽略了阶级差异和剥削现象，也未能提出有效应对阶级差异和剥削的方案。其二，就科学性而言，传统"大同"思想虽然具有一定的历史进步性，但由于受当时社会生产力水平的制约，具有难以超越的历史局限性。新时代共同富裕理论立足于新时代中国的现实国情，以马克思主义为指导，不仅吸收了传统"大同"思想的精华，更是马克思主义关于人类社会发展的思想

---

① 习近平：《决胜全面建成小康社会 夺取新时代中国特色社会主义伟大胜利——在中国共产党第十九次全国代表大会上的报告》，人民出版社，2017，第70页。

在中国的延续与发展。其三，就实践性而言，新时代共同富裕是中国共产党立足于国内外环境在我国开展的社会主义现代化建设实践，具有广泛的群众基础和强大的物质根基。

（二）传统文化中的"民本"思想

关注现实的社会生活和现实的人是中国传统文化的重要内容。主张从人的角度考虑问题及关注人的地位和价值是儒释道各家在治理国家方面所特别强调的，不论在治国目标还是在具体治国制度上，其皆以养民、得民心为重。凸显人的价值和尊严、以人为贵、以民为本是中国传统文化中的重要思想。早在上古时期，就出现了"民本"思想的萌芽，《尚书》中就有"皇祖有训：民可近，不可下。民惟邦本，本固邦宁"① 的论述。除此之外，《尚书》中还有很多其他体现"民本"思想的表述，其目的在于把原有的一切由天意主宰的事情变革为由民心来决定，让统治者重视民意、民情。春秋战国时期，孔子通过强调"仁者爱人"，使统治者认识到民心关乎统治，统治者要"爱民""惠民"。孟子则提出"民为贵，社稷次之，君为轻"② 的主张，统治者要施"仁政"，民心的得失直接影响着天下的得失，"得民心者得天下"。《孟子·离娄上》中有言："桀纣之失天下也，失其民也；失其民者，失其心也。得天下有道：得其民，斯得天下矣；得其民有道：得其心，斯得民矣。"③ 荀子则借助舟和水的关系来说明统治者和百姓之间的关系，"君者，舟也；庶人者，水也。水则载舟，水则覆舟"④，告诫统治者要关注民众的利益。秦汉时期，在封建君主专制确立的大背景下，贾谊在《新书·大政上》提出"夫民者，万世之本也，不可欺"⑤ 的主张。明末清初伴随着商业的发展，传统

---

① 李民、王健译注《尚书译注》，上海古籍出版社，2004，第93页。
② 杨伯峻译注《孟子译注》，中华书局，2008，第258页。
③ 杨伯峻译注《孟子译注》，中华书局，2008，第128页。
④ （清）王先谦撰《荀子集解》上，沈啸寰、王星贤点校，中华书局，1988，第152—153页。
⑤ （汉）贾谊撰《新书校注》，阎振益、钟夏校注，中华书局，2000，第341页。

的"民本"思想趋近于近代民主观念。黄宗羲、顾炎武等是这一时期的主要代表。综观不同时期不同思想家的"民本"思想不难发现，其共同点就在于强调民众在国家统治中的地位，统治阶级要想确保统治的长久性就要安民、养民，以民为中心。但从另外一面来看，这种"民本"思想的缺陷也暴露出来，那就是在以君主为核心的封建专制制度下强调人民的核心地位，会出现理想与现实的冲突，即君主和人民双重主体的冲突，这也是传统"民本"思想存在的根本问题。

对共同富裕的追求是传统"民本"思想的重要内容。中国自古是一个农业社会，民众的社会生活具有明显的集群性特征。《荀子·王制》有"力不若牛，走不若马，而牛马为用，何也？曰：人能群，彼不能群也"[①]的论述，意思是说人虽然在力气和走路上都不如牛和马，却能够指挥牛马为人干活，就是因为人能够凝聚在一起。群居性生活的社会现实要求人只能协作生产，共同享有劳动成果，采用共享式的生存方式，只有这样才能维护社会的长久发展。孔子在《论语·季氏》称"有国有家者，不患寡而患不均，不患贫而患不安"[②]，阐述了如果不能共同享有社会资源，社会将产生矛盾或混乱。基于此，传统"民本"思想中包含"共富"的意蕴，倡导以共享式的生存方式来实现公正分配和社会稳定。

传统"民本"思想追求在封建等级森严的阶级社会中人作为人实现最基本的人格平等，且创造社会财富的人拥有平等分得社会财富的权利。实现人格和分配权利基本平等则主要是借助"仁德"，《论语·雍也》指出"己欲立而立人，己欲达而达人"[③]，也就是说自己的"立"与"达"与他人的是一致的，人要成功就要善于与他人共同享有资源等。《论语·颜渊》指出"己所不欲，勿施于人"[④]，也是说不要把自己不喜欢的硬加给他人。

---

① （清）王先谦撰《荀子集解》上，沈啸寰、王星贤点校，中华书局，1988，第164页。
② 《论语》，陈晓芬译注，中华书局，2016，第220页。
③ 《论语》，陈晓芬译注，中华书局，2016，第75页。
④ 《论语》，陈晓芬译注，中华书局，2016，第152页。

管子在《霸言》篇中首次提出了"以人为本","夫霸王之所始也，以人为本。本理则国固，本乱则国危"①，并重视民心、富民，"政之所兴，在顺民心；政之所废，在逆民心"②。近代孙中山先生提出民有、民治、民享的思想，认为"民生主义就是社会主义，又名共产主义，即是大同主义"③。

共同富裕是对传统"民本"思想的继承和发展，是深入挖掘优秀传统文化精华的体现。但新时代共同富裕理论与传统"民本"思想又有着根本的不同。传统"民本"思想的目的在于使封建君主专制制度长久持续下去。而共同富裕的落脚点是广大人民群众，"把以人民为中心的发展思想体现在经济社会发展各个环节，做到老百姓关心什么、期盼什么，改革就要抓住什么、推进什么，通过改革给人民群众带来更多获得感"④。

（三）传统文化中的"公正"思想

在古代汉语中，除了将"公"与"正"连起来组成"公正"一词外，这两个字很多时候是分开使用的。"公"与"私"相对，自先秦以来就有所谓的公私之辨，"公"意味着超越个体性的公共性，而"私"相对而言更多地涉及个体性。所谓公私之辨，主要就是超越个体与关注个体的论争。"正"意味着不偏离，意味着一致，主要指的是合乎当然或者说合乎必然。从认识论的意义上来说，古代思想家讲的"公"往往基于客观的视域。荀子的"以公心辨"就是从公心的角度去分辨，这时"公"就是一种客观的全面的视域，要全面客观地分析事物，不要有偏见或者仅看到一个方面。"正"在认识论上是"合乎、一致"的意思，就是要合乎事实，要名实一致，这和荀子强调的"正名"相一致，在《荀子·正名》中有"故析辞擅作名以乱正名"⑤的论述。名实一致就是"名"与"实"相一致，言论要与事实相符。所谓"以乱正名"就是把"名"跟

---

① 黎翔凤撰《管子校注》上，梁运华整理，中华书局，2004，第472页。
② 黎翔凤撰《管子校注》上，梁运华整理，中华书局，2004，第13页。
③ 《孙中山选集》下，人民出版社，2011，第832页。
④ 《习近平谈治国理政》第2卷，外文出版社，2017，第103页。
⑤ （清）王先谦：《荀子集解》下，沈啸寰、王星贤点校，中华书局，1988，第414页。

"实"之间的指称关系、对象关系完全搞乱了。荀子又说："君子之所谓察者，非能遍察人之所察之谓也：有所正矣"①，就是说当我们说君子善于考察一个对象的时候，并不是说他能够事无巨细，把每一方面都考察到，而是说他考察事物的角度既符合事实也符合事物的内在法则和规律。可见，在认识论意义上"正"强调的是名与实之间的一致，合乎对象的状态。

从价值观上来说，"公"的意思与公共性相近，但二者又不完全一致，"公"强调的是超越个体性或私人性，如"大道之行也，天下为公"②。朱熹有"惟公然后能正，公是个广大无私意，正是个无所偏主处"③ 的论述，这里的"公"也意味着具有一种公共的性质。价值观意义上的"公"还有包容的意思。老子曾说："知常容，容乃公，公能王，王能天，天能道，道能久。"④ 在老子看来，所谓"知常"就是对普遍之道的把握，一旦把握了"道"，就会达到一种包容、开放的境界，进而就会进到一种公的层面，而达到公之后，就会成为王，而王又合乎天，天最终又合乎道。在老子看来，"公"就是达到开放、包容的境界。从价值观的角度来说，"正"是正直、不偏不倚、正当的意思。朱熹认为"正是个无所偏主处"，合乎常理就是"正"。此外，"正"还有约束、规范的意思，所谓正心诚意，"正心"就是对内心观念的端正约束。荀子说："今人之性恶，必将待师法然后正。"⑤ 荀子所说的"正心""正身""正己"也就是从规范、约束的意思上去理解"正"。

将"公"与"正"连接起来的"公正"往往指涉一种价值观。个体作为群体的一分子要得到公正的对待。这里"公正"展现了一种群体的角度，是将个体看作群体的一个组成部分，且个体在群体中得到公平公

---

① （清）王先谦：《荀子集解》上，沈啸寰、王星贤点校，中华书局，1988，第122页。
② （清）孙希旦撰《礼记集解》，沈啸寰、王星贤点校，中华书局，1989，第582页。
③ （宋）黎靖德编《朱子语类》，中华书局，1986，第645页。
④ 朱谦之：《老子校释》，中华书局，1984，第66—67页。
⑤ （清）王先谦：《荀子集解》上，沈啸寰、王星贤点校，中华书局，1988，第435页。

道的对待。这种公平对待在中国古人看来就是要凭天地良心，是一种共同的偏好，也合乎理的要求。朱熹认为"公正"二字包含了"公"和"正"两方面的意思，两者不可分开。"今人多连看'公正'二字，其实公自是公，正自是正，这两个字相少不得。公是心里公，正是好恶得来当理。苟公而不正，则其好恶必不能皆当乎理；正而不公，则切切然于事物之间求其是，而心却不公。此两字不可少一。"① "公正"连用还指代政治运行的方式和原则，就是正当有序、合乎规范。从统治者来说，如果统治者能够做到公正，那么下面的臣民就容易受其约束；如果臣民能够做到公正无私，那么统治者就可以无为而治。这样看来，公正必然与秩序相关，强调了正当而有序。此外，在中国传统文化中，"公正"还常常与"私"相对，即"公正无私"，这里的"私"是指私人利益或个体利益。值得注意的是过于强调"公正无私"·可能会出现忽视个体利益的状况。

整体来说，中国传统文化中的"公正"思想注重个体与群体的关联，以一种群体的视域来看待个体与群体的关系，是积极的。但过于强调群体，往往会忽视对个体权利的维护和尊重。传统文化中的"公正"思想还包含着对秩序的维护与追求，这对于我们今天完善社会治理具有重要的意义。

（四）传统文化中的"自然主义"

中国传统文化中道家的自然主义立足于人与自然的关系来看待世界和阐释人类的思想和行为，勾画了未来理想社会的场景。一方面，自然主义以自然为中心来理解世界，在道德观念上提倡尊重自然，在生活方式上提倡顺其自然。统治者以"自然"为其统治的理想状态，民众以"自然"为其生存的最好状态。另一方面，自然主义强调自然界对人类的决定作用，以此来强调人类要尊重自然，顺应自然。"真者，所以受于天也，自然不可易也。故圣人法天贵真，不拘于俗。愚者反此。"② 因此，

---

① （宋）黎靖德编《朱子语类》，中华书局，1986，第645页。
② 曹础基：《庄子浅注》，中华书局，2000，第470页。

自然主义主张让万事万物回到自然而然的原始状态，自由成长发展，才能达到理想的状态。在治理国家层面，自然主义强调"无为"而治，要"无为无不为"，弘扬"善利万物，又不争"①的思想。自然主义认为水滋养万物而不夺，人应该像水至柔且滋养万物，做上善的人。自然主义不仅把善利万物而不争作为一种美德，还把其作为一种实践能力。在现实生活中，人要有奉献精神且能够为他人考虑，能够与他人共同享有社会财富等。

自然主义内含人类对美好生活的向往，希望人们能够超越所处的社会现实，达到自然而然的生存状态，如《逍遥游》中所描绘的那样，个体摆脱了外界的束缚，在人与自然的融合中获得幸福，处于"不累于俗，不饰于物，不苟于人，不忮于众，愿天下之安宁以活民命，人我之养，毕足而止，以此白心"②的状态。自然主义的社会理想不仅体现了对人与自然关系的反思，也包含对社会发展的反思。一方面，自然主义看到了人与自然之间的实质，主张人顺应自然方能更好地生产生活。"天地与我并生，而万物与我为一""辅万物之自然而不敢为"等都表达了人要尊重自然，不能人为改变自然，自然有自然的法则，自然万物皆有其存在的合理性。人只有认识到并在行动中尊重自然，才能不断从自然界获取生存的物质资源。另一方面，自然主义看到了社会发展的负面影响。物质财富的增加带来便利的同时，也使人与人之间陷入混乱和战争等，这与人的本性追求是相悖的。自然主义看到了这些问题，并希望能够解决这些问题。所以自然主义强调人是自然的一分子，不仅人与人要共同享有资源等，而且人类与其他自然之物也要共同享有。人要少私寡欲，不能贪恋财富、权力、美色等，要顺势而为，自然而然的生活，不要沦为资本、权势等的奴隶。

虽然传统文化中的"自然主义"仍然没有摆脱当时社会发展的历史局限性，不能正视社会发展中出现的问题，而是一味主张退回到"小国

---

① 朱谦之：《老子校释》，中华书局，1984，第31页。
② 曹础基：《庄子浅注》，中华书局，2000，第494页。

寡民"的状态，这是有违社会规律的。但是自然主义中有关人与自然关系和谐等方面的思想对今天的社会发展具有一定的价值。首先，要辩证看待现代社会发展，特别要重视社会发展后出现的社会问题。我们要借鉴自然主义心怀忧患的意识，从哲学的视角来反思现代社会，实现社会持续、健康、绿色发展。其次，自然主义告诫当政者要合理有度地使用自己手中的权力，常怀忧民爱民为民惠民之心。最后，自然主义重视人的自然属性，把人看作自然的一分子，要认识到自然对于人的意义，在生产生活中尊重、顺应自然，方能和谐共生。

第三节　中国化马克思主义关于共同富裕的理论阐述

在马克思主义中国化的历史进程中，中国共产党立足于不同的时代方位与现实基础，在把握不同时期阶段性特征与社会主要矛盾的基础上，坚持把马克思主义基本原理与中国不同阶段的实际相结合，形成了毛泽东思想、邓小平理论、"三个代表"重要思想以及科学发展观等。这些中国化马克思主义理论成果中蕴含着丰富的共同富裕理论，对新时代共同富裕理论与实践具有重要意义和价值。

一　毛泽东思想中关于共同富裕的理论阐述

毛泽东虽然对共同富裕的专门论述并不多，但在其领导革命和建设的实践中，却积累了丰富的关于共同富裕的认识与经验。毛泽东思想中关于共同富裕的理论阐述是以毛泽东同志为主要代表的中国共产党人把马克思恩格斯的共同富裕思想与中国革命和建设的实际相结合的产物。

（一）新中国成立后，初提"共同富裕"

中国共产党在社会主义革命和社会主义早期建设实践中系统深化了对共同富裕内涵和特征的认识。1949年新中国成立，结束了帝国主义列强奴役中国人民的历史。但面对当时民众处于普遍性贫困，社会上又存在着贫富两极分化的现实，党中央将防止两极分化、实现共同富裕同国家发展战略相结合。也是在这个时候，针对当时农村在土改后暴露出来的两极分化问题，1953 年中共中央通过的《关于发展农业生产合作社的决议》指出："党在农村中工作的最根本的任务，就是要善于用明白易懂而为农民所能够接受的道理和办法去教育和促进农民群众逐步联合组织起来，逐步实行农业的社会主义改造，使农业能够由落后的小规模生产的个体经济变为先进的大规模生产的合作经济，以便逐步克服工业和农业这两个经济部门发展不相适应的矛盾，并使农民能够逐步完全摆脱贫困的状况而取得共同富裕和普遍繁荣的生活。"① 这是党的文件中第一次使用"共同富裕"一词，从中不难看出，此时共同富裕是以社会主义改造的目标来提出的。消除土改后在农村出现的新的两极分化现象是毛泽东提出共同富裕的初衷所在。新中国成立初期，土改完成以后，受各种条件的限制，农民所拥有的土地并不完全均等，劳动能力也存在很大差别，这种情况进一步发展就可能会在农村出现新的两极分化。毛泽东敏锐地发现了问题，并指出："在最近几年中间，农村中的资本主义自发势力一天一天地在发展，新富农已经到处出现，许多富裕中农力求把自己变为富农。许多贫农，则因为生产资料不足，仍然处于贫困地位，有些人欠了债，有些人出卖土地，或者出租土地。这种情况如果让它发展下去，农村中向两极分化的现象必然一天一天地严重起来。"② 毛泽东主张"逐步地实现对于整个农业的社会主义的改造，即实行合作化，在农村中消灭富农经济制度和个体经济制度，使全体农村人民共同富裕起来"③。在这里我们可以看出，毛泽东当时是希望通过"合作化"的方式，来化解农村当时潜在或显在的两极分化问题，最终实现农民的共同富裕。

---

① 《毛泽东文集》第 6 卷，人民出版社，1999，第 442 页。
② 《建国以来重要文献选编》第 7 册，中央文献出版社，1993，第 79 页。
③ 《建国以来重要文献选编》第 7 册，中央文献出版社，1993，第 79 页。

在共同富裕实现道路的探索上，我们党当时经历了由农业合作化到人民公社化的转变。在早期的认识当中，毛泽东把农业合作化当成了实现共同富裕的有效途径，并且提出了在全国实现农业合作化的时间表。1958年，人民公社的出现及其带来的初步效应，使毛泽东的思想发生了转变，其认为还是办人民公社好，认为人民公社才应该是实现共同富裕的最理想模式。因为在毛泽东看来，人民公社与农业合作化相比，公有制的规模更大，形式也更高、更纯，消除等级特权与两极分化的效果也会更好。在毛泽东的主张及推动下，全国迅速形成了人民公社化运动的热潮。

（二）把变革旧的生产关系作为共同富裕的根本前提

生产关系主要体现在所有制、分配领域以及人与人之间的关系上。其一，就所有制而言，生产资料私有制是贫富悬殊的根源，共同富裕只能是在公有制条件下才能实现。早在新民主主义革命时期，毛泽东就认识到封建地主阶级土地所有制是农民贫困的根源，特别重视农民对于中国革命的意义，所以提出废除封建地主阶级的土地所有权。1927年4月，毛泽东在国民党中央土地委员会第一次扩大会议上的发言中，明确阐释了现时解决土地问题的三个重要意义："使农民得解放""增加生产""保护革命"[1]。因此，这一时期"打土豪，分田地""土地分配""平均土地"等话语和实践，赋予"共同富裕"以革命意义和革命力量。1931年1月，《目前政治形势及党的中心任务》指出："现在党应以没收一切地主土地、平均分配给贫农中农为中心口号来发动群众。"[2] 把地主的土地分给农民，一方面是为了调动农民革命的积极性；另一方面是因为土地是当时农民改善生活状况的重要依托。毛泽东在《必须注意经济工作》中指出："我们的目的不但要发展生产"，而且要"把革命战争和经济建设

---

[1] 《建党以来重要文献选编（1921—1949）》第4册，中央文献出版社，2011，第168页。
[2] 《建党以来重要文献选编（1921—1949）》第8册，中央文献出版社，2011，第37页。

的物质基础确切地建立起来"。① 新中国成立后，党着力改造农民和手工业者的个体经济为集体经济，并认为农业合作化是实现农民共同富裕的重要途径，且通过对资本主义工商业的改造，变资本主义私有制为社会主义公有制。到 1956 年底，社会主义性质的和基本上属于社会主义性质的经济在国民经济中占了绝大比重，这也说明私有制在我国被消灭，生产资料公有制已经在我国确立，从而为共同富裕在我国具体实践奠定所有制基础。

其二，就分配领域而言，毛泽东主张的是国家、集体、个人三方面兼顾的分配格局，并认为物质利益如果只被某一方所占有的话，就丧失了社会主义的制度属性。"在分配问题上，我们必须兼顾国家利益、集体利益和个人利益。"② 这也反映了在社会主义国家中，国家利益、集体利益和个人利益在本质上是辩证统一的，这三个方面都是以服务和保障人民生活为目的的。此外，以兼顾的方式处理国家、集体和个人之间的利益分配关系也是基于对长远利益与眼前利益、整体利益与局部利益关系的思考。对于一个新生的社会主义国家来说，在分配问题上一方面要确保国家整体实力的提升，另一方面还要不断改善民众的现实生活。以兼顾的方式平衡各方利益，既是对生产、积累、消费的微观平衡，也是对国家未来发展的全局把握。就社会主义具体的分配方式来说，毛泽东主张的是按劳分配，反对平均主义。"在现阶段，在很长的时期内，至少在今后二十年内，人民公社分配的原则还是按劳分配。"③ 毛泽东对按劳分配的认识也有一个逐步深化的过程，由于当时对社会主义与共产主义的认识存在偏差，加之受苏联的影响，毛泽东对于社会主义国家分配原则的认识也在社会主义建设的实践中不断深化。

其三，就人与人之间的关系而言，毛泽东主张人与人之间只有分工

---

① 《建党以来重要文献选编（1921—1949）》第 10 册，中央文献出版社，2011，第 467 页。
② 《毛泽东文集》第 7 卷，人民出版社，1999，第 221 页。
③ 《建国以来重要文献选编》第 13 册，中央文献出版社，1996，第 668 页。

的差别，没有高低贵贱之分，主张打破中国几千年的官本位思想，强调干部也是一个普通的劳动者。"人们的工作有所不同，职务有所不同，但是任何人不论官有多大，在人民中间都要以一个普通劳动者的姿态出现。"① 因而，领导干部和普通劳动者之间也是平等的关系，领导干部要接受人民群众的监督，坚决反对腐败。早在党的七届二中全会上，毛泽东就已经告诫全党，"务必使同志们继续地保持谦虚、谨慎、不骄、不躁的作风，务必使同志们继续地保持艰苦奋斗的作风"②。领导干部要坚守全心全意为人民服务的宗旨，坚决反对官僚主义。后来，又提出"两参一改三结合"的思想，即干部参加劳动，工人参加管理，领导人员、工人和技术人员三结合，改革不合理的规章制度。这样做的根本目的是在生产中建立起干部与群众、体力劳动者与脑力劳动者、管理者与被管理者之间的平等互助关系。

（三）以发展生产力作为共同富裕的根本手段

生产力与生产关系的矛盾运动是社会不断发展的动力。生产关系由生产力决定，生产关系也反作用于生产力。对于如何发展生产力，毛泽东也主要是考虑变革生产关系中束缚生产力的因素：在革命时期推翻旧的封建的社会制度和赶走列强的入侵，为生产力的发展扫除障碍。在新中国成立后，旧的封建的生产关系已经被废除，但社会主义的生产关系并没有完全建立，面对工业化水平低下，社会中还存在着剥削现象的现实，中国共产党提出了"一化三改"，坚持工业化与对农业、手工业和资本主义工商业的改造并举。改造的目的在于变私有制的生产关系为社会主义公有制，以此来推进工业化，推动生产力的发展，为共同富裕的推进奠定基础。之后，在社会主义生产关系确立以后，在关于社会主义社会矛盾问题的相关论述中，毛泽东依然主张生产力与生产关系的矛盾、上层建筑与经济基础的矛盾是社会主义社会中的基本矛盾。基于此，

---

① 《毛泽东文集》第7卷，人民出版社，1999，第355页。
② 《毛泽东选集》第4卷，人民出版社，1991，第1438—1439页。

为了发展生产力，就要不断调整生产关系，故毛泽东提出进行经济体制改革，利用资本主义发展经济，调整分配关系以调动生产积极性等具体措施，开始探索适合我国国情的经济发展之路。此外，毛泽东高度重视工业化对生产力的内在价值，毛泽东曾指出，要使人民摆脱落后贫困的局面，需要工业化，"中国落后的原因，主要的是没有新式工业。……如果我们不能解决经济问题，如果我们不能建立新式工业，如果我们不能发展生产力，老百姓就不一定拥护我们"①。但工业化的推进需要依靠科学技术，要以科技创新推动生产力发展。早在延安时期，毛泽东就强调自然科学的重要性，新中国成立后，面对百废待兴的局面，毛泽东又号召党员干部多学习科学文化知识，指出"现在生产关系是改变了，就要提高生产力。不搞科学技术，生产力无法提高"②。为此，毛泽东要求重视技术革命，主持编制了《1956—1967年科学技术发展远景规划纲要》，来强调学科学、学技术的重要性。毛泽东之所以高度重视科学技术，原因就在于科学技术对生产力具有促进作用，这关系到我国现代化建设的实现问题。"我们国家要建设，就要有技术，就要懂得科学，这是一个很大的革命。没有这样一个革命，单是政治改变了，社会制度改变了，我们国家还是一个穷国，还是一个农业国，还是一个手工业、手工技术的国家。为了这个，我们就要进行一个文化革命。"③

（四）重视社会主义各项制度对共同富裕的作用

在马克思恩格斯的视野中，只在社会主义制度下，共同富裕才可能实现。"我们的目的是要建立社会主义制度，这种制度将给所有的人提供健康而有益的工作，给所有的人提供充裕的物质生活和闲暇时间，给所有的人提供真正的充分的自由。"④ 毛泽东高度赞成马克思恩格斯关于社会根本制度对于共同富裕具有保证作用的论断。其一，在政治制度上，

① 《毛泽东文集》第3卷，人民出版社，1996，第146—147页。
② 《毛泽东文集》第8卷，人民出版社，1999，第351页。
③ 《毛泽东年谱（1949—1976）》第3卷，中央文献出版社，2013，第119页。
④ 《马克思恩格斯全集》第21卷，人民出版社，1965，第570页。

毛泽东认为党领导的人民民主专政制度为共同富裕提供了政治保证。回顾党领导民众革命的实践经历，只有工人阶级领导的以工农联盟为基础的人民民主专政才能使中国走向共同富裕。"康有为写了《大同书》，他没有也不可能找到一条到达大同的路。资产阶级的共和国，外国有过的，中国不能有，因为中国是受帝国主义压迫的国家。唯一的路是经过工人阶级领导的人民共和国。"① 其二，在经济制度上，毛泽东认为社会主义公有制对共同富裕具有前提性作用。私有制下的发展只会导致贫富悬殊、两极分化，共同富裕只有在公有制下才可能实现。毛泽东认为社会主义公有制下的发展是共同的、人人都有份的富裕和强大。建立在公有制基础上的按劳分配规避了一部分人占有另一部分人劳动成果的可能性。这也是对马克思关于未来社会分配思想的继承和发展，马克思认为："这个联合体的总产品是一个社会产品。这个产品的一部分重新用作生产资料。这一部分依旧是社会的。而另一部分则作为生活资料由联合体成员消费。因此，这一部分要在他们之间进行分配。"② 毛泽东在中国具体建设实践中不仅坚持这一思想，而且真正把按劳分配付诸实践。其三，在社会保障制度上，毛泽东高度重视文化教育、医疗等社会保障制度对共同富裕的推动作用。在毛泽东看来，共同富裕不仅仅体现在物质层面，还包括精神层面。在关注民众物质生活改善的同时，要以文化来滋养民众的精神生活，要以文化为民众提供精神的支撑。毛泽东认为，"代表先进阶级的正确思想，一旦被群众掌握，就会变成改造社会、改造世界的物质力量"③，并认为马克思主义就是这个"代表先进阶级"的正确思想。"自从中国人学会了马克思列宁主义以后，中国人在精神上就由被动转入主动。"④ 毛泽东还看到了提高民众的文化水平对于共同富裕的意义。新中国成立后，各类夜校、职业学校、中高等学校陆续开办，对于提高民众

---

① 《毛泽东选集》第4卷，人民出版社，1991，第1471页。
② 《马克思恩格斯全集》第44卷，人民出版社，2001，第96页。
③ 《毛泽东文集》第8卷，人民出版社，1999，第320页。
④ 《毛泽东选集》第4卷，人民出版社，1991，第1516页。

的文化水平，增进其对共同富裕的认识起到了重要作用。毛泽东还把医疗卫生水平的提高作为共同富裕的具体实践，来彰显社会主义的优越性。

（五）强调共同富裕的主体是所有人

在毛泽东看来，共同富裕是各地区、各部门、各民族、社会全体成员的共同富裕，包括城市与农村、沿海与内地、汉族地区与少数民族地区在内的"所有一切人都富裕起来"①，这是对共同富裕主体和覆盖范围的科学回答。其一，共同富裕是农村和城市都富裕。毛泽东特别关注农民的贫困问题，早在七届二中全会时，毛泽东就强调不能忽略农业、农村、农民，要做到城乡兼顾，把工人与农民、城市与农村联系起来。"城乡必须兼顾，必须使城市工作和乡村工作，使工人和农民，使工业和农业，紧密地联系起来"②；后来在《论十大关系》中更是把"重工业和轻工业、农业的关系"作为第一位来强调。1959年在读苏联《政治经济学教科书》时，毛泽东提出"从现在起，我们就要注意这个问题。要防止这一点，就要使农村的生活水平和城市的生活水平大致一样，或者还好一些"③。其二，共同富裕是少数民族和汉族都富裕，是全国各族人民共同富裕。由于历史的原因，少数民族地区的经济水平与汉族存在着一定的差距，针对这一现实问题，新中国成立以后，毛泽东特别重视发挥少数民族地区的优势，调动少数民族地区民众的积极性，使之尽快摆脱贫穷落后，为此，一方面从宪法的高度规定各族人民一律平等，实行民族区域自治制度；另一方面加快推进少数民族地区的发展和繁荣。毛泽东指出："今后，在这一团结基础之上，我们各民族之间，将在各方面，将在政治、经济、文化等一切方面，得到发展和进步。"④ 其三，共同富裕是沿海与内地都富裕。内地与沿海之间发展不平衡直接导致了内地居民与沿海居民之间生活水平的差距，为此，毛泽东提出要加快内地工业发展，

---

① 《建国以来重要文献选编》第11册，中央文献出版社，1995，第612页。
② 《毛泽东选集》第4卷，人民出版社，1991，第1427页。
③ 《毛泽东文集》第8卷，人民出版社，1999，第128页。
④ 《毛泽东文集》第6卷，人民出版社，1999，第168页。

来缩小两地之间的经济差距。在《论十大关系》中，他明确指出："沿海的工业基地必须充分利用，但是，为了平衡工业发展的布局，内地工业必须大力发展。"① 20 世纪 60 年代前期，毛泽东从经济建设和国防建设的战略布局考虑，提出了"三线建设"的主张。"三线建设"本着"备战、备荒、为人民"② 的原则，为加强国防建设和加快相关地区发展发挥了巨大作用，也为改善相关地区民众的生活奠定了物质基础。

二　邓小平理论中关于共同富裕的理论阐述

邓小平在马克思主义共同富裕思想的指导下，在中国共产党人探索实践共同富裕的基础上，结合改革开放的建设实践，阐明了共同富裕与社会主义的关系，以及实现共同富裕的路径等，形成了其关于共同富裕的理论。关于共同富裕的理论阐述是邓小平理论的重要组成部分，是新时代扎实推动共同富裕的思想指南。

（一）共同富裕是社会主义发展的最终目的

邓小平在对什么是社会主义这一问题的探索与追溯中，明确了共同富裕对于社会主义的意义与价值。在总结国内外经验教训的基础上，邓小平通过对什么不是社会主义的分析来提升民众对社会主义的认知水平。一是贫穷不是社会主义。邓小平指出："搞社会主义，一定要使生产力发达，贫穷不是社会主义。我们坚持社会主义，要建设对资本主义具有优越性的社会主义，首先必须摆脱贫穷。"③ 二是发展太慢不是社会主义。"社会主义的优越性归根到底要体现在它的生产力比资本主义发展得更快一些、更高一些，并且在发展生产力的基础上不断改善人民的物质文化生活。"④ 三是两极分化不是社会主义。在邓小平的理论视野中，社会主义是要消灭两极分化的，如果"没有社会主义这个前提，改革开放

---

① 《毛泽东文集》第 7 卷，人民出版社，1999，第 25 页。
② 《毛泽东军事文集》第 6 卷，军事科学出版社、中央文献出版社，1993，第 405 页。
③ 《邓小平文选》第 3 卷，人民出版社，1993，第 225 页。
④ 《邓小平文选》第 3 卷，人民出版社，1993，第 63 页。

就会走向资本主义，比如说两极分化"①。在上述对社会主义有关问题认识的基础上，邓小平就社会主义本质问题作出了科学的判断："社会主义的本质，是解放生产力，发展生产力，消灭剥削，消除两极分化，最终达到共同富裕。"② 社会主义本质论的提出深化了我们党对社会主义的认识，改变了以往人们主要从所有制、分配制度等角度来理解社会主义的片面认识，消除了改革开放以来，部分人因政策的调整而产生的困惑和疑虑，指明要从我国现实国情和社会主义目的出发，全面地看待公有制、按劳分配等。社会主义本质论是把建设社会主义的手段和目的统一起来的更高层次的对社会主义本质的理解，使广大民众能够在更深层次上理解和把握社会主义本质，从而为建设社会主义提供了理论支撑。这一论断一方面把生产力与社会主义相联系，这是在坚持马克思主义理论与中国历史和现实相结合的基础上对社会主义的认识，是对中国国情和时代特征的科学把握，把生产力作为社会主义本质的关键方面，才能突出经济建设的核心地位，才能以发展成就来证明社会主义的优越性；另一方面把共同富裕与社会主义相联系，体现了生产关系层面的社会主义属性，人民富裕不仅是社会主义的体现，也是社会主义的目的。共同富裕作为社会主义本质的目标层面是马克思主义共同富裕思想与中国实际相结合的产物。社会主义本质论揭示了社会主义本质与建设社会主义道路之间的内在逻辑关系，从根本上解答了民众对社会主义的困惑。这不仅澄清了民众对社会主义的认识误区，也为社会主义建设指明了道路和方向，为我们寻找一种从更深层次认识社会主义，在发展与共享中建设社会主义的道路奠定了理论基础。

共同富裕是社会主义的根本原则。1985 年邓小平在全国科技工作会议上首次提出共同富裕是社会主义根本原则之一的思想。他说："一个公

---

① 《邓小平思想年谱（1975—1997）》，中央文献出版社，1998，第 450 页。
② 《邓小平文选》第 3 卷，人民出版社，1993，第 373 页。

有制占主体，一个共同富裕，这是我们所必须坚持的社会主义的根本原则。"① 此后，《在中国共产党全国代表会议上的讲话》中，邓小平再次指出共同富裕是社会主义的根本原则之一，"在改革中，我们始终坚持两条根本原则，一是以社会主义公有制经济为主体，一是共同富裕"②。1986 年，邓小平在接受美国记者迈克·华莱士采访时再次强调："社会主义原则，第一是发展生产，第二是共同致富。"③ 共同富裕是社会主义优于资本主义的标志。资本主义生产资料的私人占有导致了社会生产所创造的财富只能为资本家所有，社会主义生产资料公有制决定了社会发展的成果由全体社会成员共享。所以邓小平说："社会主义与资本主义不同的特点就是共同富裕，不搞两极分化"④，"社会主义最大的优越性就是共同富裕，这是体现社会主义本质的一个东西"⑤。"社会主义的特点不是穷，而是富，但这种富是人民共同富裕。"⑥ 为此，邓小平强调以经济建设为中心，为共同富裕提供物质基础和动力。邓小平指出："社会主义阶段的最根本任务就是发展生产力，社会主义的优越性归根到底要体现在它的生产力比资本主义发展得更快一些、更高一些，并且在发展生产力的基础上不断改善人民的物质文化生活。"⑦ 要把发展生产力，改善人民物质文化生活作为党和国家工作的重心。

（二）社会主义制度是实现共同富裕的制度保障

在社会主义制度下，生产是为了满足人民的生活需要，这是由社会主义的制度属性决定的。在邓小平看来，共同富裕只有在社会主义条件下才可能实现，但还需要社会主义的政治制度、经济制度、文化制度等具体制度来保障。首先，要改革和完善社会主义政治制度，建设高度民

① 《邓小平文选》第3卷，人民出版社，1993，第111页。
② 《邓小平文选》第3卷，人民出版社，1993，第142页。
③ 《邓小平文选》第3卷，人民出版社，1993，第172页。
④ 《邓小平文选》第3卷，人民出版社，1993，第123页。
⑤ 《邓小平文选》第3卷，人民出版社，1993，第364页。
⑥ 《邓小平文选》第3卷，人民出版社，1993，第265页。
⑦ 《邓小平文选》第3卷，人民出版社，1993，第63页。

主的社会主义。社会主义民主是实现共同富裕的政治保障，是调动民众积极性、创造性进行现代化建设的政治动力。他强调："什么是中国人民今天所需要的民主呢？中国人民今天所需要的民主，只能是社会主义民主或称人民民主，而不是资产阶级的个人主义的民主。"① 为此，邓小平强调要坚持中国共产党的领导，推进民主建设的制度化、法律化。"公民在法律和制度面前人人平等，党员在党章和党纪面前人人平等。人人有依法规定的平等权利和义务，谁也不能占便宜，谁也不能犯法。不管谁犯了法，都要由公安机关依法侦查，司法机关依法办理，任何人都不许干扰法律的实施，任何犯了法的人都不能逍遥法外。"② 为了让社会主义民主真正落到实处，邓小平主张积极推进政治体制改革，并阐明了政治体制改革的目的，"进行政治体制改革的目的，总的来讲是要消除官僚主义，发展社会主义民主，调动人民和基层单位的积极性。要通过改革，处理好法治和人治的关系，处理好党和政府的关系"③。

其次，在经济制度上要坚持公有制为主体，这不仅是社会主义制度属性在经济上的体现，也是实现共同富裕的重要前提。生产资料所有制直接决定社会财富的分配，有什么样的经济制度就会有什么样的分配制度。社会财富是由人民创造的和生产资料公有制决定了社会财富在我国只能由全体人民共同享有。生产资料公有制排除了生产成果为极少数人占有的可能，全体人民在生产资料占有面前是平等的，拥有平等的权利与机会创造财富和争取个体利益。实现社会发展成果为全体人民享有，才能够避免两极分化，这赋予共同富裕以物质保障。此外，正是生产资料公有制决定了在分配领域只能实行按劳分配，按劳分配使所有社会成员依据自己的劳动来分配社会财富，也承认由于劳动差异而导致的财富占有的差别，这样既调动了民众积极性，又避免了平均主义。所以

① 《邓小平文选》第2卷，人民出版社，1994，第175页。
② 《邓小平文选》第2卷，人民出版社，1994，第332页。
③ 《邓小平文选》第3卷，人民出版社，1993，第177页。

邓小平指出:"社会主义是共产主义第一阶段,这是一个很长的历史阶段,必须实行按劳分配,必须把国家、集体和个人利益结合起来,才能调动积极性,才能发展社会主义的生产。"① 由于我国处于社会主义初级阶段,生产力不够发达,所以在社会主义经济制度上我们又鼓励多种所有制经济共同发展,来调动各方面发展生产的积极性,以发展生产力,创造更多的物质财富来满足民众的需要。但允许多种所有制经济共同发展的前提是公有制必须始终占主体地位。"我们在改革中坚持了两条,一条是公有制经济始终占主体地位,一条是发展经济要走共同富裕的道路,始终避免两极分化。我们吸收外资,允许个体经济发展,不会影响以公有制经济为主体这一基本点。相反地,吸收外资也好,允许个体经济的存在和发展也好,归根到底,是要更有力地发展生产力,加强公有制经济。只要我国经济中公有制占主体地位,就可以避免两极分化。"② 可见,只有坚持公有制的主体地位,才能保证非公有制经济沿着促进生产发展、增强我国综合国力的良性轨道发展,最终助力共同富裕。

最后,在文化制度上要建设高度发达的社会主义精神文明。共同富裕不仅仅是物质上的富有,还包括精神上的富足。邓小平强调社会主义国家不仅具有高度发达的物质文明,也要有高度发达的精神文明。"我们现在搞两个文明建设,一是物质文明,一是精神文明。"③ 在邓小平看来,物质文明建设和精神文明建设是相辅相成的,如果忽视了精神文明建设,物质文明建设的成功就丧失了意义,反过来还会阻碍物质文明建设。共同富裕要注重社会主义精神文明建设,着力满足民众的精神文化需要,同时保证物质文明建设的正确方向。邓小平说:"不加强精神文明的建设,物质文明的建设也要受破坏,走弯路。光靠物质条件,我们的革命和建设都不可能胜利。"④ 强调精神文明重在建设,要依据精神文明自身

---

① 《邓小平文选》第2卷,人民出版社,1994,第351页。
② 《邓小平文选》第3卷,人民出版社,1993,第149页。
③ 《邓小平文选》第3卷,人民出版社,1993,第156页。
④ 《邓小平文选》第3卷,人民出版社,1993,第144页。

内在的规律，在继承中国传统文化和革命文化优良基因的基础上，重视文化领域的制度建设，以制度的刚性来保证精神文明建设与物质文明建设的平衡。为此，要在生产发展的基础上，进行文化体制改革，加强精神文明建设，并使经济、政治、文化相互配合，形成合力，来促进共同富裕。

（三）先富带动后富是实现共同富裕的有效路径

邓小平主张共同富裕，但反对把共同富裕理解为平均主义。在他看来，平均主义无视个体劳动的差别，必然会挫伤劳动者的积极性，从而导致劳动效率低下，阻碍生产发展。同时他也反对把共同富裕理解成同时富裕、同步富裕，由于历史和现实的因素，我国整体经济发展是不平衡的，地区间差异较大，特别是中西部地区，由于地理条件和历史因素等，发展条件和发展速度都远逊于东部沿海地区。如果不顾现实存在的差距，一味地追求同步、同时，最终只会走向反面。为了提升民众发展生产的积极性，邓小平提出先富带动后富、最后达到共同富裕的思想，并以"三步走"战略来规划未来发展。先富带动后富理论主张在当时的客观条件下，可以让一部分地区和人通过诚实、合法的劳动先富起来，先富带后富，最终实现全体人民共同富裕。先富能够促进生产，提升综合国力，为共同富裕奠定基础；同时，他反复强调"过去搞平均主义，吃'大锅饭'，实际上是共同落后，共同贫穷，我们就是吃了这个亏"[1]。为了避免两极分化，国家通过税收等来调节差距，避免出现财富占有的两极分化；允许和鼓励一部分人通过合法正当的手段先富，其中特别强调手段和途径是合法、正当的。邓小平坚决反对那些为了富起来而不择手段的行为，邓小平说："每个人都应该有他一定的物质利益，但是这决不是提倡各人抛开国家、集体和别人，专门为自己的物质利益奋斗，决不是提倡各人都向'钱'看。要是那样，社会主义和资本主义还有什么区别？"[2]为了整治社会中为了谋取个人私利而不择手段的行为，邓小平

---

[1]　《邓小平文选》第 3 卷，人民出版社，1993，第 155 页。

[2]　《邓小平文选》第 2 卷，人民出版社，1994，第 337 页。

强调:"搞四个现代化一定要有两手,只有一手是不行的。所谓两手,即一手抓建设,一手抓法制。"① 抓建设即是抓经济建设,让部分人先富起来,先富的人带动后富的人;抓法制即是采用法律手段规避和整治各种乱象,推崇合法、正当致富的风尚。

对于如何实现先富带动后富,邓小平提出了"两个大局"的战略构想,即"沿海地区要加快对外开放,使这个拥有两亿人口的广大地带较快地先发展起来,从而带动内地更好地发展,这是一个事关大局的问题。内地要顾全这个大局。反过来,发展到一定的时候,又要求沿海拿出更多力量来帮助内地发展,这也是个大局。那时沿海也要服从这个大局"②。"两个大局"的战略构想实际上是邓小平先富带动后富理论的实际运用。此外,邓小平还提出以"是否有利于提高人民生活水平"作为"三个有利于"的判断标准之一,体现了对人民利益的关注,也体现了中国共产党始终坚持以人民为中心。以人民生活水平的提高作为判断标准,维护的是人民群众的利益,以人民群众为主体对象,要致力于改善人民生活,满足人民群众的生产生活需要。

三 "三个代表"重要思想中关于共同富裕的理论阐述

世纪之交,国际国内形势风云变幻。在领导开创我国改革开放新局面的过程中,江泽民坚持以"三个代表"重要思想为实现共同富裕的思想旗帜,以"发展是党执政兴国的第一要务"为实现共同富裕的根本路径,通过完善生产关系和上层建筑为共同富裕创造更好的条件,以全面建设小康社会为共同富裕的最新阶段目标,在社会主义现代化建设中,进一步推动共同富裕的实践。

(一)以"三个代表"重要思想为指导

党是最广大人民根本利益的代表,要让人民共同享受改革发展的成

---

① 《邓小平文选》第3卷,人民出版社,1993,第154页。
② 《邓小平文选》第3卷,人民出版社,1993,第277—278页。

果。基于对当时世情、国情和党情等的综合考量，江泽民提出了"三个代表"重要思想。这是新世纪新阶段引领党和人民建设中国特色社会主义，追求共同富裕的指南与思想旗帜。中国共产党始终"代表中国先进生产力的发展要求，代表中国先进文化的前进方向，代表中国最广大人民的根本利益"①。"三个代表"重要思想之所以说是党在新世纪带领广大人民实践共同富裕的指导理论与思想旗帜，是因为不论是先进的生产力和先进的文化，还是人民的根本利益，都是共同富裕所必然要求的。共同富裕不是空喊的口号，需要先进的生产力为其提供物质基础，需要先进的文化为指南，而推进共同富裕本身就体现了党代表最广大人民的根本利益的具体要求。为此，首先，要大力发展生产力，把发展作为中国共产党执政兴国的第一要务，在发展中夯实共同富裕的物质根基。江泽民强调，能否迅速提高我国生产力水平"不仅是重大的经济问题，而且是重大的政治问题"②。"能不能抓住机遇，加快发展，是一个国家、一个民族赢得主动、赢得优势的关键所在。"③ 其次，要大力发展先进文化。江泽民说："一个民族，物质上不能贫困，精神上也不能贫困，只有物质和精神都富有，才能成为一个有强大生命力和凝聚力的民族。"④ 先进文化能把全国各族人民紧紧团结在党的周围，为实现现代化建设的目标凝聚力量。最后，要始终从人民的根本利益出发来谋划与落实。在生产不断发展的基础上，满足人民的利益诉求，诚如江泽民所说："制定和贯彻党的方针政策，基本着眼点是要代表最广大人民的根本利益，正确反映和兼顾不同方面群众的利益，使全体人民朝着共同富裕的方向稳步前进。"⑤总之，"三个代表"重要思想从生产力、文化、人民利益三个方面为共同

① 《江泽民文选》第3卷，人民出版社，2006，第280页。
② 《江泽民文选》第1卷，人民出版社，2006，第224页。
③ 《江泽民论有中国特色社会主义（专题摘编）》，中央文献出版社，2002，第93页。
④ 《江泽民论有中国特色社会主义（专题摘编）》，中央文献出版社，2002，第382页。
⑤ 江泽民：《全面建设小康社会　开创中国特色社会主义事业新局面——在中国共产党第十六次全国代表大会上的报告》，人民出版社，2002，第16页。

富裕的实践提供了指向，生产力发展是基础，先进文化是指南，人民利益是归宿，以此来推动共同富裕。

（二）坚持"发展是党执政兴国的第一要务"

坚实的物质基础是实现共同富裕的前提条件。在新的历史时期，面对经济全球化和发展社会主义市场经济带来的各种机遇和挑战，江泽民把发展与中国共产党执政能力相联系，突出了发展对于提高党的执政水平、巩固党的执政地位的重要性。他指出："我们党要承担起推动中国社会发展的历史使命，必须始终紧紧抓住发展这个执政兴国的第一要务，把保持党的先进性和发挥社会主义制度的优越性，落实到发展先进生产力、发展先进文化、维护和实现最广大人民的根本利益上来。"① 这表明中国共产党始终坚持以发展为己任、以兴国为目标。"发展是党执政兴国的第一要务"突出了发展在党执政兴国中的重要位置。虽然党面临的问题日益增多且复杂，但发展是第一要务，其他事务都要与之相配合，而且发展这一要务的解决对其他问题的解决也将起到促进和推动作用。所以，党在管理国家事务的每一环节中都要着眼于发展，围绕发展，以发展为出发点。坚持"发展是党执政兴国的第一要务"就是要始终坚持以经济建设为中心，大力发展生产力，创造出更多的物质财富，在此基础上推动社会全面进步。社会的全面进步是实现共同富裕的具体展开，共同富裕是在经济发展基础上实现经济、政治、文化协调发展。坚持"发展是党执政兴国的第一要务"就要大力满足最广大人民的政治、经济、文化利益，让人民共享社会的全面进步，夯实党的阶级基础，巩固党的执政地位。

围绕"发展是党执政兴国的第一要务"，江泽民强调要根据发展的环境、条件、内容不断调整发展战略。要不断开辟生产力发展的新途径，要继续推进改革，破除阻碍生产力发展的条条框框，要依靠人民发展，集中人民的智慧和力量，来一心一意谋发展。"发展必须相信和依靠人

---

① 《十五大以来重要文献选编》下，人民出版社，2003，第2414页。

民，人民是推动历史前进的动力。要集中全国人民的智慧和力量，聚精会神搞建设，一心一意谋发展。"① 为此，以江泽民同志为主要代表的中国共产党人加快推进经济结构的战略性调整。首先，转变经济增长方式，提高市场机制下生产要素配置的效率，充分发挥现有基础设施的潜力，提高资源利用率。其次，实施可持续发展战略，改变传统的粗放型经济增长方式，保持经济发展与资源环境之间的合理张力。最后，调整和优化经济结构，提高经济整体水平，促进区域经济协调发展。江泽民指出："发展要有新思路。实行经济结构的战略性调整，推动两个根本性转变，保持国民经济持续快速健康发展，这就是新世纪之初中国经济发展的大思路。今后五到十年是我国经济结构调整的重要时期。"② 调整和优化经济结构要在坚持农业的战略地位的基础上调整工业布局和内部结构，要积极发展第三产业，努力实现一、二、三产业协调发展，形成合理的规模和结构，实施西部大开发战略，促进区域经济协调发展。

（三）完善生产关系和上层建筑，为共同富裕创造条件

江泽民在坚持发展生产力是实现共同富裕的前提条件的同时，也强调生产关系和上层建筑在推动共同富裕中的作用，强调完善社会主义的生产关系和上层建筑，为共同富裕创造更好的条件。首先，要坚持和完善公有制为主体、多种所有制经济共同发展的基本经济制度。公有制为主体，可以从根本上克服劳动的社会化和生产资料的私有化之间的矛盾，从而为社会成员共同富裕提供制度保证。多种所有制经济共同发展，不仅能满足生产的多元化需求，也能使一部分人通过合法、正当的经营先富起来，创造更多社会财富的同时，发挥示范带动效应，推动全社会共建共富。其次，效率和公平的平衡问题是广大人民能否共同享有发展成果的核心问题之一。基于当时中国特色社会主义实践中出现的社会现实

---

① 江泽民：《全面建设小康社会　开创中国特色社会主义事业新局面——在中国共产党第十六次全国代表大会上的报告》，人民出版社，2002，第14页。

② 《江泽民论有中国特色社会主义（专题摘编）》，中央文献出版社，2002，第104页。

问题，中国共产党实施了"以按劳分配为主体，其他分配方式为补充，兼顾效率与公平"① 的原则。江泽民认为，效率优先，有助于提高劳动生产率，有利于"诚实劳动的个人先富起来，合理拉开收入差距"②；兼顾公平，则可以"防止两极分化，逐步实现共同富裕"。③ 最后，要采取有力措施防止和解决收入差距过大问题。鼓励的是通过合法、正当的方式先富，但要坚决"取缔非法收入，对侵吞公有财产和用偷税逃税、权钱交易等非法手段牟取利益的，坚决依法惩处"④，从而使收入差距趋向合理。江泽民强调把调节和控制收入差距放在全局的高度，通过行政和法律等手段，确保经济社会发展的成果为人民所共享。通过上述分析可见，我们党通过在社会实践中落实"共享"来推动共同富裕，强调"在整个改革开放和现代化建设的过程中，都要努力使工人、农民、知识分子和其他群众共同享受到经济社会发展的成果"⑤。这说明在经济发展初步取得显著成果的基础上，党和国家对共同富裕的认识也不断深化。

（四）以全面建设小康社会为共同富裕的阶段目标

"小康社会"是邓小平立足于中国处于社会主义初级阶段的基本国情，在实现共同富裕总目标下提出的一个关于中国社会发展阶段和发展目标的重要概念。按照邓小平的设想，到 20 世纪末国民生产总值人均达到八百美元，在中国建立一个小康社会。在邓小平看来，小康社会是一个社会生产力不断发展，且人均国民生产总值和人民生活水平不断提高、经济实力显著增强的社会发展阶段。20 世纪末，在中国共产党的带领下，在中国人民的积极探索和努力下，我国人民生活总体达到了小康水平，正如江泽民在党的十六大报告中所表述的："经过全党和全国各族人民的共同努力，我们胜利实现了现代化建设'三步走'战略的第一步、第二

---

① 《江泽民文选》第 1 卷，人民出版社，2006，第 227 页。
② 《江泽民文选》第 1 卷，人民出版社，2006，第 52 页。
③ 《江泽民文选》第 1 卷，人民出版社，2006，第 227 页。
④ 《江泽民文选》第 2 卷，人民出版社，2006，第 22—23 页。
⑤ 《江泽民文选》第 2 卷，人民出版社，2006，第 262 页。

步目标，人民生活总体上达到小康水平。这是社会主义制度的伟大胜利，是中华民族发展史上一个新的里程碑。"[1] 但当时达到的小康还是低水平的、不全面的、不平衡的小康。生产力还比较落后，工业化、现代化水平还很低，城乡、地区间差距仍有不断扩大的趋势，还有相当数量的人口尚未脱贫，经济社会发展、民主法治、思想道德建设、生态环境等方面还存在着很多没有解决的问题，所以"巩固和提高目前达到的小康水平，还需要进行长时期的艰苦奋斗"[2]。以江泽民同志为主要代表的中国共产党人根据新的情况，适时提出了"全面建设小康社会"的阶段性目标。

全面建设小康社会就是要"全面建设惠及十几亿人口的更高水平的小康社会，使经济更加发展、民主更加健全、科教更加进步、文化更加繁荣、社会更加和谐、人民生活更加殷实"[3]。可见，全面建设小康社会就是要实现小康从低水平向高水平发展，为此，党的十六大报告从经济、政治、社会、文化和生态五个方面做了具体的规定。在经济领域，要优化结构和提高效益，实现国内生产总值 2020 年比 2000 年翻两番，综合国力和国际竞争力明显增强。在政治领域，民主更加完善、法制更加完备。在社会领域，社会保障体系比较健全，社会就业比较充分。在文化领域，全民族的思想道德素质、科学文化素质和健康素质明显提高。在生态领域，可持续发展能力不断增强，生态环境得到改善。由此可见，全面建设小康社会注重小康的全面性，包括经济、政治、社会、文化、生态等领域。正如党的十六大报告所指出的，全面建设小康社会的目标，"是中国特色社会主义经济、政治、文化全面发展的目标，是与加快推进现代

---

① 江泽民：《全面建设小康社会 开创中国特色社会主义事业新局面——在中国共产党第十六次全国代表大会上的报告》，人民出版社，2002，第 18 页。

② 江泽民：《全面建设小康社会 开创中国特色社会主义事业新局面——在中国共产党第十六次全国代表大会上的报告》，人民出版社，2002，第 18 页。

③ 江泽民：《全面建设小康社会 开创中国特色社会主义事业新局面——在中国共产党第十六次全国代表大会上的报告》，人民出版社，2002，第 19 页。

化相统一的目标，符合我国国情和现代化建设的实际，符合人民的愿望，意义十分重大"①。也就是说，全面建设小康社会，既是对中国特色社会主义发展目标和我国实现社会主义现代化奋斗目标的坚持，又是把共同富裕的目标与我国已有发展成就相结合提出的新阶段性目标。当全面建设小康社会的阶段目标实现后，国家更加富强、人民生活更加幸福，社会主义的优越性更加彰显，离共同富裕的目标也会更近。

四　科学发展观中关于共同富裕的理论阐述

改革开放后我国在发展中取得了巨大成就，但诸多的矛盾和问题也在发展中不断暴露出来。特别是进入 21 世纪后，全球化和科技进程加速，国与国在发展上的依存度不断提高。为此，以胡锦涛同志为主要代表的中国共产党人坚持把马克思主义关于发展的思想与当代中国实际和时代特征相结合，总结国内外在发展问题上的经验教训，提出了科学发展观。在科学发展观的指导下，我国紧紧抓住发展的重要战略机遇期，着力推动科学发展、促进社会和谐，推进以改善民生为重点的社会建设，使人民共享改革发展的成果，在新的历史条件下，不断推动共同富裕取得新成就。

（一）科学发展是实现共同富裕的前提

诚如胡锦涛所说："科学发展观总结了二十多年来我国改革开放和现代化建设的成功经验，揭示了经济社会发展的客观规律，反映了我们党对发展问题的新认识。"② 在党的十七大上，胡锦涛对科学发展观的内容进行了全面阐述，指出："科学发展观，第一要义是发展，核心是以人为本，基本要求是全面协调可持续，根本方法是统筹兼顾。"③ 科学发展观

---

① 江泽民：《全面建设小康社会　开创中国特色社会主义事业新局面——在中国共产党第十六次全国代表大会上的报告》，人民出版社，2002，第 20 页。

② 《胡锦涛文选》第 2 卷，人民出版社，2016，第 174 页。

③ 胡锦涛：《高举中国特色社会主义伟大旗帜　为夺取全面建设小康社会新胜利而奋斗——在中国共产党第十七次全国代表大会上的报告》，人民出版社，2007，第 15 页。

的提出，回答了在新的历史时期我国需要怎样的发展理念、为谁发展、怎样发展的问题。胡锦涛在阐述科学发展观的同时强调一定要"始终把实现好、维护好、发展好最广大人民的根本利益作为党和国家一切工作的出发点和落脚点，……做到发展为了人民、发展依靠人民、发展成果由人民共享"①。科学发展观不仅提出了创造财富实现共同富裕的方式，也揭示了科学发展的目的，即发展成果应由人民所共享。

"以人为本"解决的是共同富裕的主体和目的问题，意味着人民是建设的主体，人民不断增加的需要是发展的动力，不断满足人民的需要是发展的目的。"以人为本"不仅是共同富裕的根本价值取向，也是共同富裕的根本要求。按照胡锦涛的要求，"就是要以实现人的全面发展为目标，从人民群众根本利益出发谋发展、促发展，不断满足人民群众日益增长的物质文化需要，切实保障人民群众经济、政治、文化权益，让发展成果惠及全体人民"②。全面、协调、可持续则说明了共同富裕的基本要求。"全面"意味着我们的建设不仅仅要关注经济方面，而且要关注政治、文化建设方面，最终实现经济和社会发展全面进步。"协调"则是指"促进现代化建设各个环节、各个方面相协调，促进生产关系与生产力、上层建筑与经济基础相协调"。③"可持续"是指在建设的过程中既要考虑当代人的利益，也要考虑子孙后代的利益，要促进人与自然和谐，"实现速度和结构质量效益相统一、经济发展与人口资源环境相协调，使人民在良好生态环境中生产生活，实现经济社会永续发展"④。"统筹兼顾"则是实现共同富裕的根本方法，具体来讲，就是要"统筹城乡发展、区域发展、经济社会发展、人与自然和谐发展、国内发展和对外

① 《十七大以来重要文献选编》上，中央文献出版社，2009，第12页。
② 《胡锦涛文选》第2卷，人民出版社，2016，第166—167页。
③ 胡锦涛：《高举中国特色社会主义伟大旗帜　为夺取全面建设小康社会新胜利而奋斗——在中国共产党第十七次全国代表大会上的报告》，人民出版社，2007，第16页。
④ 胡锦涛：《高举中国特色社会主义伟大旗帜　为夺取全面建设小康社会新胜利而奋斗——在中国共产党第十七次全国代表大会上的报告》，人民出版社，2007，第16页。

开放，统筹中央和地方关系，统筹个人利益和集体利益、局部利益和整体利益、当前利益和长远利益"①，充分调动各方面积极性，实现共建共富。总之，人民是发展的主体，也理应是发展的最大受益者，要让广大人民共同享有发展所取得的各方面成果，充分保障人民享有经济、政治、文化、社会、生态方面的合法权益，在促进发展的同时，促进财富创造和财富公平分配相协调，下大力气解决好各种民生问题，使发展成果更多更公平惠及全体人民，朝着共同富裕方向稳步前进。

（二）"和谐社会"赋予共同富裕以丰富的社会特征

在总结以往发展实践经验的基础上，针对当时经济不断发展，社会领域出现的收入差距、区域差距、城乡差距扩大等问题，以胡锦涛同志为主要代表的中国共产党人注重社会领域的建设，提出了社会和谐的新目标。党中央在阐述全面建设小康社会的宏伟目标时，使用了"社会更加和谐"的提法。胡锦涛指出："社会和谐是中国特色社会主义的本质属性。"② 党的十六届四中全会通过的《中共中央关于加强党的执政能力建设的决定》再次强调："要适应我国社会的深刻变化，把和谐社会建设摆在重要位置，注重激发社会活力，促进社会公平和正义。"③ "和谐社会"中，"和"指和睦，有和衷共济的意思；"谐"指相合，有协调、顺和、无抵触、无冲突之意。和谐社会强调的是人与人和谐、人与自然和谐、人与社会和谐，也强调宏观上经济、政治、社会、文化等领域和谐发展，以及微观上各个组织及其成员和谐发展。首先，社会主义和谐社会是经济与社会发展相协调的社会。经济为社会发展提供了前提和基础，社会和谐稳定又是经济发展的目的所在。其次，社会主义和谐社会是城乡发展相协调的社会。虽然国家一直重视"三农"问题，但随着发展的不断推进，城乡之间的差距不断拉大。农村经济发展缓慢，公共服务和社会保障更是滞后于

① 胡锦涛：《高举中国特色社会主义伟大旗帜 为夺取全面建设小康社会新胜利而奋斗——在中国共产党第十七次全国代表大会上的报告》，人民出版社，2007，第16页。
② 《胡锦涛文选》第2卷，人民出版社，2016，第625页。
③ 《中共中央关于加强党的执政能力建设的决定》，人民出版社，2004，第24页。

城市。实现城乡协调发展，解决好农村发展中存在的问题是构建社会主义和谐社会的重要任务。再次，社会主义和谐社会是区域协调发展的社会。中西部和东部地区之间的差距问题是我们在建设社会主义现代化国家中必须正视的现实问题。国家要从政策上扶持欠发达地区，充分发挥各地区的优势，实现共同发展。最后，从微观上讲和谐社会应当是利益协调的社会。市场机制下经济的发展改变了原有的经济社会结构，也使原有的利益关系被打破，利益关系复杂化、利益整合难度加大。和谐社会建构要关注利益关系，化解利益矛盾，实现利益和谐。上述各种关系的协调、社会环境的完善已经内在地包含了向共同富裕目标迈进。从和谐社会提出的背景来看，和谐社会着力于化解社会发展成果占有不均衡所导致的利益群体间的矛盾。从和谐社会的基本内涵来看，以人为本突出了社会发展要以人民群众的根本利益和共同愿望为出发点和落脚点。社会公平正义强调了要使所有社会成员都能够共享经济社会发展的成果。从和谐社会的任务来看，就是要采取各种措施，完善利益分配的社会机制，妥善协调区域、城乡、群体等各种利益关系，促进地区、群体间先富带动后富，进而实现共同富裕。

社会主义和谐社会"是民主法治、公平正义、诚信友爱、充满活力、安定有序、人与自然和谐相处的社会"①。和谐社会这六个方面的总要求从经济、政治、文化等方面描述了共同富裕下的社会特征，是在新的社会条件下对马克思主义共同富裕思想的继承和发展。构建社会主义和谐社会还赋予共同富裕以直接的现实可能性。改革开放之初，面对生产力落后的社会现状，邓小平提出让一部分人和地区先富起来。经过多年的发展，我国经济实力有了大幅提升，但也出现了行业、区域、城乡等贫富差距扩大，社会领域建设滞后于经济发展等问题，和谐社会就是针对上述问题提出来的。建设社会主义和谐社会注重"在促进发展的同时，把维护社会公平放到更加突出的位置，综合运用多种手段，依法逐步建立以权利公平、机会公平、规则公平、分配公平为主要内容的社会公平

---

① 《胡锦涛文选》第2卷，人民出版社，2016，第470页。

保障体系，使全体人民共享改革发展成果，使全体人民朝着共同富裕的方向稳步前进"①。总之，中国共产党提出社会领域的"和谐"目标，旨在为共同富裕提供社会基础，共同富裕与和谐社会不仅不矛盾，而且相互促进。和谐社会的建构需要民众广泛自觉的参与，而只有让民众共享改革成果才能调动其积极性，才能促进和谐社会的建构。

（三）保障和改善民生是实现共同富裕的具体要求

民生作为社会生活的重要内容，反映的是民众的基本生存和生活状态，以及相应的发展机会和权利等。民生与共同富裕密切相关，让"所有人共同享受大家创造出来的福利"②，是社会主义中国致力于民生建设的内在要求和价值旨向。以共同富裕为旨向的民生建设强调权利的平等，认为所有民众都有分享社会经济发展成果的权利，与资本主义社会下少数人对多数人统治的社会福利建设有着本质的不同。以共同富裕为旨向的民生建设强调所有民众都有富裕的机会，国家通过优化社会环境，为所有民众提供均等的发展机会，以此来激发民众的创新活力与个体动能，调动民众追求富裕的主动性与积极性。以共同富裕为旨向的民生建设要在发展中不断推进，具有过程性、多样性和层次性，不是瞬间或同时同步就能实现的。

真正将共同富裕作为民生建设的内在要求和价值旨向的是中国共产党。革命时期，党通过解决农民的土地问题，来切实保障农民的基本生活，体现了民生建设的共同富裕意蕴。改革开放以来，在党的正确领导下，人民群众的生活条件和生活状况有了较大程度的改善，但劳动就业、收入分配、教育卫生、居民住房等关系民众切身利益的方面还存在诸多问题。胡锦涛指出："我们应该坚持以人为本，着力保障和改善民生，建立覆盖全民的社会保障体系，注重解决教育、劳动就业、医疗卫生、养老、住房等民生问题，努力做到发展为了人民、发展依靠人民、发展成果由人民共享。"③ 保

---

① 《胡锦涛文选》第2卷，人民出版社，2016，第291页。
② 《马克思恩格斯文集》第1卷，人民出版社，2009，第689页。
③ 《胡锦涛文选》第3卷，人民出版社，2016，第432页。

障和改善民生就是要使广大民众享有良好的教育、稳定的就业、托底的社会保障等。教育是国家发展的基础，作为一种公共资源，教育理应由全体社会成员共享，为此，必须"坚持教育公益性质，加大财政对教育投入，规范教育收费，扶持贫困地区、民族地区教育，健全学生资助制度，保障经济困难家庭、进城务工人员子女平等接受义务教育"①。在劳动就业方面，坚持积极就业政策，促进多渠道就业，让民众享有公平的就业机会，以及强化对收入分配的监管，以此构建和谐的劳动关系，并利用再分配机制，缩小收入差距。在医疗卫生方面，必须"建设覆盖城乡居民的公共卫生服务体系、医疗服务体系、医疗保障体系、药品供应保障体系，为群众提供安全、有效、方便、价廉的医疗卫生服务"②，突出公共医疗卫生的公益性质，确保人人享有基本医疗卫生服务。在社会保障方面，加快建立覆盖城乡居民的社会保障体系。2007年国家决定在农村建立与城市一致的最低生活保障制度，从制度上保障城乡贫困人口的基本生活。党的十七大提出将最低生活保障制度与基本养老、基本医疗一起作为社会保障体系的三大重点，通过保障这些与民众日常生活相关的领域，来维护民众的切身利益，推动发展所取得的成果能够为民众所共同享有。同时积极加强和创新社会管理，注重解决影响社会稳定的突出问题，在提升政府社会管理能力的同时，积极引导社会组织、民众参与社会管理，形成党委领导、政府负责、社会协同、公众参与的社会管理格局。总之，正如胡锦涛在党的十七大报告中所指出的那样："社会建设与人民幸福安康息息相关。必须在经济发展的基础上，更加注重社会建设，着力保障和改善民生，推进社会体制改革，扩大公共服务，完善社会管理，促进社会公平正义，努力使全体人民学有所教、劳有所得、病有所医、老有所养、住有所居，推动建设和谐社会。"③

---

① 《十七大以来重要文献选编》上，中央文献出版社，2009，第29页。
② 胡锦涛：《高举中国特色社会主义伟大旗帜　为夺取全面建设小康社会新胜利而奋斗——在中国共产党第十七次全国代表大会上的报告》，人民出版社，2007，第40页。
③ 胡锦涛：《高举中国特色社会主义伟大旗帜　为夺取全面建设小康社会新胜利而奋斗——在中国共产党第十七次全国代表大会上的报告》，人民出版社，2007，第37页。

第二章　新时代共同富裕的
基本理论

任何一个理论的提出总是特定历史时代的反映。中国特色社会主义进入新时代是中国共产党运用马克思主义历史时代理论考察和分析中国社会现实后作出的重大判断。只有立足于新时代一系列新观点、新论断、新思想，才能从总体上完整地理解与把握共同富裕相关问题。

第一节　新时代的基本内涵

党的十九大指出："经过长期努力，中国特色社会主义进入了新时代，这是我国发展新的历史方位。"[1] 新时代"是全国各族人民团结奋斗、不断创造美好生活、逐步实现全体人民共同富裕的时代"[2]，一系列历史性成就、历史性变革与社会主要矛盾的转化是中国特色社会主义进入新时代的根据。中国特色社会主义进入新时代，这是以习近平同志为核心的党中央以宽广的视野考察和分析中国特色社会主义现实成就和具体发展进程作出的重大政治判断。

---

[1]　习近平：《决胜全面建成小康社会 夺取新时代中国特色社会主义伟大胜利——在中国共产党第十九次全国代表大会上的报告》，人民出版社，2017，第 10 页。

[2]　习近平：《决胜全面建成小康社会 夺取新时代中国特色社会主义伟大胜利——在中国共产党第十九次全国代表大会上的报告》，人民出版社，2017，第 11 页。

一 进入新时代的根据

中国特色社会主义进入新时代具有历史和现实的必然性，是社会不断发展进步的结果，是中国共产党在坚持马克思主义理论的基础上，领导中国人民不断探索实践的结果。

（一）党和国家事业发生的历史性变革是新时代的客观根据

进入新时代是以在建设中国特色社会主义实践中取得的"历史性成就"、发生的"历史性变革"为现实依据的。其一，就取得的"历史性成就"而言，主要体现在国际地位、国家的面貌、中华民族的面貌有了前所未有的改变。党的十九大报告从经济建设、民主法治建设、思想文化建设、生态文明建设等方面分别阐述了全方位的历史性成就。其二，就发生的"历史性变革"而言，实现了科学社会主义理论、原则和中国社会现实的结合，生成了中国特色社会主义，赋予社会主义以中国特色，在此过程中，中国社会发生了历史性变革。这些历史性变革主要体现在以下方面：价值取向上关注人的发展，坚持以人民为中心；在坚持"三步走"战略目标的基础上，不断细化、具体化，且进行相应的调整升级，以不断实现新的目标；在突出创新对生产力的驱动作用的同时，强调发展的质量；在经济发展中自觉思考"公平正义""共享""共同富裕"等层面的目标，以使人民真正在发展中获益；对治理体系和方式有了新的认识，对于公共权力的运作以及政府与市场的关系有了更为理性的自觉；推进经济与社会等其他领域协调发展，加强和创新社会治理，实现均衡化发展。

新时代的新成就是建立在以往发展基础上的，而不是凭空产生的。进入新时代是客观必然的过程，对新时代的把握和理解不能凭主观想象，要深入到现实生产力的发展状况、社会主要矛盾的变化、面临的国际局势等客观层面来认识，这样才能真正把握新时代的特征。正如马克思所指出的那样："全部社会生活在本质上是实践的。凡是把理论引向神秘主义的神秘东西，都能在人的实践中以及对这种实践的理解中得到合理的解决。"① 中国共产党作出进入新时代的判断，表明党对于中国发展的历史方位、历史阶段的认识和把握水平不断提升。进入新时代表明人民群众社会实践对象呈现新的状态，有了新的目标任务，这些都是客观存在于社会实践之中的。中国特色社会主义事业的新方位、新阶段等是新时代的客体指向，这些客观对象表征着新时代的到来。就主体而言，人民群众不仅是新时代的实践主体也是其价值主体。人民群众生活水平的提高、获得感的提升等体现了发展的新成就，是进入新时代的客观条件。新时代人民对美好生活的向往和追求是新时代社会发展的目标。新时代的中国特色社会主义事业依靠人民群众来完成，发展取得的成果也由人民群众所享有。新时代，主体与客体统一于人民群众建设中国特色社会主义事业的实践中。新时代不仅表征着社会发展的新方位、新机遇，也对党和人民群众提出了新要求、新任务、新目标。

（二）社会主要矛盾的变化是进入新时代的根本依据

全方位的历史性成就和深层次的历史性变革必然带来深远的社会影响，其中社会主要矛盾的转变就是最根本的影响。党作出中国特色社会主义进入新时代的论断，主要是基于我国社会主要矛盾已经从"人民日益增长的物质文化需要同落后的社会生产之间的矛盾"转化为"人民日益增长的美好生活需要和不平衡不充分的发展之间的矛盾"②。我国社会主要矛盾已经发生关系全局的历史性变化。基于深刻的实践根据和时代根源，我国社会主要矛盾的内涵和外延都发生了改变：从"落后的社会生产"到"不平衡不充分的发展"，从满足"物质文化需要"到满足"美好生活需要"。"落后的社会生产"已经不符合我国的客观现实，与这一改变同时而来的是：人民群众日益增长的"物质文化需要"层次更高、内容范围更广，出现了阶段性的新特征。影响人民满足美好生活需要的

① 《马克思恩格斯选集》第1卷，人民出版社，2012，第135—136页。
② 习近平：《决胜全面建成小康社会 夺取新时代中国特色社会主义伟大胜利——在中国共产党第十九次全国代表大会上的报告》，人民出版社，2017，第11页。

因素很多，但主要是发展的不平衡不充分问题。人民群众多方面的美好生活需要如何满足，发展的不平衡不充分问题如何解决成为党和国家下一步所要关注和解决的根本问题。正如党的十九大报告所说："必须认识到，我国社会主要矛盾的变化是关系全局的历史性变化，对党和国家工作提出了许多新要求。我们要在继续推动发展的基础上，着力解决好发展不平衡不充分问题，大力提升发展质量和效益，更好满足人民在经济、政治、文化、社会、生态等方面日益增长的需要，更好推动人的全面发展、社会全面进步。"①

在此需特别指出的是，"我国社会主要矛盾的变化，没有改变我们对我国社会主义所处历史阶段的判断"②。新时代作为中国特色社会主义发展的新阶段，这一判断是立足于整个中国特色社会主义事业以及不同时期中国特色社会主义的发展状况而言的。从中国特色社会主义事业的整体维度来看，新时代只是其中的一个阶段，仍然是量的积累的阶段。新时代是对改革开放和社会主义现代化建设新时期实践的继承和发展，具有承继性。"坚持和发展中国特色社会主义是一篇大文章，邓小平同志为它确定了基本思路和基本原则，以江泽民同志为核心的党的第三代中央领导集体、以胡锦涛同志为总书记的党中央在这篇大文章上都写下了精彩的篇章。现在，我们这一代共产党人的任务，就是继续把这篇大文章写下去。"③ 新时代党和人民会继续坚持中国特色社会主义的理论与道路，推进中国特色社会主义事业。新时代仍然属于社会主义初级阶段，是中国共产党在新发展阶段对如何发展社会主义进行探索与实践。虽然新时代相比于之前的发展阶段有了更好的现实基础，但新时代并不是说社会主义进入更高的阶段，理论和实践上都不能逾越初级阶段的国情。新时

① 习近平：《决胜全面建成小康社会 夺取新时代中国特色社会主义伟大胜利——在中国共产党第十九次全国代表大会上的报告》，人民出版社，2017，第11—12页。
② 习近平：《决胜全面建成小康社会 夺取新时代中国特色社会主义伟大胜利——在中国共产党第十九次全国代表大会上的报告》，人民出版社，2017，第12页。
③ 《习近平谈治国理政》第1卷，外文出版社，2018，第23页。

代"我国仍处于并将长期处于社会主义初级阶段的基本国情没有变,我国是世界最大发展中国家的国际地位没有变。全党要牢牢把握社会主义初级阶段这个基本国情,牢牢立足社会主义初级阶段这个最大实际"①。这是因为新时代虽然生产力有了迅速发展,人民生活也有了巨大改善,但发展不平衡不充分的问题依然存在,人均国内生产总值还不高,社会治理水平还有待提升,这些社会主义初级阶段的问题依然存在。那种认为新时代超越了初级阶段的现实国情,而是一个独立阶段的观点,是违背实事求是原则的。

二 新时代的丰富内涵

内涵作为对概念或者事物本质属性的一种准确把握,是在实践中形成和丰富起来的。党的十九大报告中对新时代核心内涵的概括主要集中在三个"意味着"和五个"是"上。

（一）三个"意味着"阐明了新时代的新开始和深远意义

党的十九大报告从民族复兴、科学社会主义运动、发展中国家现代化三个层面来考察新时代的内涵,来阐释新时代历史方位的"变"。习近平指出,中国特色社会主义进入新时代,"意味着近代以来久经磨难的中华民族迎来了从站起来、富起来到强起来的伟大飞跃,迎来了实现中华民族伟大复兴的光明前景;意味着科学社会主义在二十一世纪的中国焕发出强大生机活力,在世界上高高举起了中国特色社会主义伟大旗帜;意味着中国特色社会主义道路、理论、制度、文化不断发展,拓展了发展中国家走向现代化的途径,给世界上那些既希望加快发展又希望保持自身独立性的国家和民族提供了全新选择,为解决人类问题贡献了中国智慧和中国方案"②。三个"意味着"阐明了历史新方位的新意所

---

① 习近平:《决胜全面建成小康社会 夺取新时代中国特色社会主义伟大胜利——在中国共产党第十九次全国代表大会上的报告》,人民出版社,2017,第12页。

② 习近平:《决胜全面建成小康社会 夺取新时代中国特色社会主义伟大胜利——在中国共产党第十九次全国代表大会上的报告》,人民出版社,2017,第10页。

在，阐明了新时代的核心内涵。中国特色社会主义进入新时代，在中华人民共和国发展史上、中华民族发展史上具有重要意义，在世界社会主义发展史上、人类社会发展史上也具有重大意义。

其一，三个"意味着"阐明了新时代的新开始。第一，新时代是中华民族"强起来"的开始。从历史的分期来看，新中国使中华民族"站起来"，新时期使中华民族"富起来"，在"站""富"的基础上，新时代将使中华民族"强起来"。这体现了历史时期和实现目标一脉相承，又层层递进。第二，科学社会主义与中国实际相结合的中国特色社会主义不仅具有理论上的合法性，更得到实践的证实。中国成为世界第二大经济体，从现实实践上确证了中国特色社会主义的合法性、自主性。新时代中国特色社会主义突出其独立性、世界性的新起点，强调其世界意义和价值。第三，新时代是中国式现代化的新起点。中国式现代化改变过去对于西方现代化的跟从，彰显了具有独立性、自己特色的现代化探索与实践。由于历史原因，中国在现代化的问题上对于西方现代化曾有一定的依附性。新时代，随着我国现代化进程的推进，中国式现代化逐步具有了自己的内生力，为人类的现代化贡献了自己的力量。

其二，三个"意味着"从不同的角度展示了新时代的意义。第一，中华民族从"站"、"富"到"强"意味着我们在实现中华民族伟大复兴的进程中更进一步。不论是从中华民族复兴的历史进程还是从中华人民共和国的发展进程看，进入新时代都具有重要的意义和价值。第二，从科学社会主义发展进程看，中国坚持改革开放、着力推进现代化建设取得了历史性的成就，显示了中国特色社会主义的勃勃生机。中国特色社会主义成为世界社会主义运动的新标识。中国特色社会主义理论和实践的成就使我们更好地理解新时代的理论意义。第三，中国式现代化开辟新的现代化之路，为广大发展中国家提供了现代化的借鉴，也为其实现发展与稳定、开放与自主的平衡提供了参考。

（二）五个"是"多角度阐明了中国特色社会主义新时代的基本内涵

其一，这个新时代，是承前启后、继往开来，在新的历史条件下继续夺取中国特色社会主义伟大胜利的时代。从历史脉络上看，中国特色社会主义进入新时代，既继承了中国共产党领导中国人民历经100多年革命、建设、改革探索取得的历史性成就，同时又结合新的时代特征和现实要求，创新发展理念和发展布局，开辟了中国特色社会主义发展新境界，具有继承与创新相统一的发展性特征。新时代呼唤并催生新思想，新思想指导并引领新时代。从理论上看，以习近平同志为核心的党中央继承和发展了马列主义、毛泽东思想、邓小平理论、"三个代表"重要思想、科学发展观，紧密结合新时代的理论和实践要求，实现了马克思主义中国化的新飞跃，创立了习近平新时代中国特色社会主义思想这一当代中国马克思主义。中国特色社会主义进入新时代，从根本上说源于实践的发展。从实践上看，"十八大以来的五年，是党和国家发展进程中极不平凡的五年。面对世界经济复苏乏力、局部冲突和动荡频发、全球性问题加剧的外部环境，面对我国经济发展进入新常态等一系列深刻变化，我们坚持稳中求进工作总基调，迎难而上，开拓进取，取得了改革开放和社会主义现代化建设的历史性成就"①。这些历史性成就为党和国家提出和贯彻新发展理念，创新和完善发展布局，提出一系列新战略、新举措提供了可能性。

其二，这个新时代是决胜全面建成小康社会，进而全面建设社会主义现代化强国的时代。从实践任务来看，中国特色社会主义进入新时代，意味着要在全面建成小康社会，实现第一个百年奋斗目标的基础上，开启全面建设社会主义现代化强国的新征程，向第二个百年奋斗目标进军。在这个过程中，现实是严峻而复杂的，但也是充满机遇和无限可能的，呈现挑战与机遇并存的复杂性特征。一方面，全面建设社会主义现代化

---

① 习近平：《决胜全面建成小康社会 夺取新时代中国特色社会主义伟大胜利——在中国共产党第十九次全国代表大会上的报告》，人民出版社，2017，第2页。

强国面临巨大挑战。改革开放四十多年我国取得了巨大的发展成就，但是经济转型、法治建设、社会民生、生态环境等方面的矛盾与问题依然客观存在。仅就人民日益增长的美好生活需要和不平衡不充分的发展之间的矛盾而言，"美好生活需要"不仅对物质文化生活提出了更高的要求，而且对民主、法治、公平、正义、安全、生态等领域的要求也日益提高，这是一种更高级、更多元、更复杂的需要。"不平衡不充分的发展"涉及城乡、区域、行业等，而且这些领域相互影响，会使解决问题、化解矛盾的难度不断加大。另一方面，全面建设社会主义现代化强国面临多重机遇。从国内来看，中国特色社会主义进入新时代，用客观事实证明了中国特色社会主义道路的正确性，我们党将领导人民立足"五位一体"总体布局，抓住全面深化改革的契机，把我国建设成为富强民主文明和谐美丽的社会主义现代化强国。从国际来看，和平与发展依旧是当今世界的主题，世界经济更加融合开放、世界政治更加互信深入、世界文化更加包容多样、世界信息化趋势更加明显，这些都为中国逐步走近世界舞台中央提供了战略契机。

其三，这个新时代是全国各族人民团结奋斗、不断创造美好生活、逐步实现全体人民共同富裕的时代。从人民性来看，新时代要把不断满足人民对美好生活的需要作为根本目的，不仅要国家富强而且要人民幸福，在解决人民"从无到有"的需求后，注重解决"从有到优"的需求，朝着创造美好生活、共同富裕的目标前进。这就从理论和实践上回答了如何满足人民美好生活需要的问题，体现了中国特色社会主义新时代的价值立场和价值取向。首先，人民对美好生活的向往是中国特色社会主义在新时代的发展目标。其次，新时代中国特色社会主义要坚持以人民为中心，尊重人民主体地位，人民是中国特色社会主义事业发展的力量源泉。再次，坚持共同富裕的目标，更加注重公平正义，确保全体人民在更大范围、更高层次上共建共享美好生活。最后，坚持以人民是否真正得到实惠、人民生活是否真正得到改善、人民权益是否真正得到保障来检验党的工作成效，确保党和国家事业发展经得起历史、实践和人民的检验。

其四，这个新时代是全体中华儿女勠力同心、奋力实现中华民族伟大复兴中国梦的时代。从民族性来看，中国特色社会主义进入新时代，意味着近代以来久经磨难的中华民族迎来了从站起来、富起来到强起来的伟大飞跃。新时代中华民族要实现强起来的宏伟目标，需要凝聚全体中华儿女的力量。中国特色社会主义新时代处于具体的现实的历史阶段中，包含三个层层推进的阶段：从全面建成小康社会的决胜阶段到基本实现现代化的阶段，再到把我国建设成富强民主文明和谐美丽的社会主义现代化强国阶段。第一个阶段为第二个阶段、第三个阶段奠定基础，第二个阶段又为第三个阶段做好充分准备，每一个阶段在实现中华民族伟大复兴中国梦的过程中都具有阶段性战略意义，体现了中国特色社会主义新时代砥砺追梦奠基未来的阶段性特征。

其五，这个新时代是我国日益走近世界舞台中央、不断为人类做出更大贡献的时代。从世界性来看，中华民族的伟大复兴需要世界和平发展的国际环境。新时代的中国以更加坚定的战略自信、更加宽广的视野加强同世界其他国家的交流合作，为人类繁荣与进步做出新的更大贡献。一方面，倡导构建人类命运共同体、推动共建"一带一路"、推动构建新型国际关系、主动抵制逆全球化等新时代中国特色社会主义的国际方略，以其开放、包容、和平、共享、绿色的发展理念，使中国活跃在世界舞台上，引领科学社会主义在 21 世纪获得新发展。另一方面，中国特色社会主义进入新时代，"意味着中国特色社会主义道路、理论、制度、文化不断发展，拓展了发展中国家走向现代化的途径，给世界上那些既希望加快发展又希望保持自身独立性的国家和民族提供了全新选择，为解决人类问题贡献了中国智慧和中国方案"①。

---

① 习近平：《决胜全面建成小康社会 夺取新时代中国特色社会主义伟大胜利——在中国共产党第十九次全国代表大会上的报告》，人民出版社，2017，第 10 页。

三　新时代的意义及价值

（一）新时代的意义

新时代同社会主义制度在中国确立后各个时期的实践具有同质性，仍是社会主义初级阶段的组成部分。新时代中国特色社会主义的理论和实践仍然受社会主义初级阶段的基本国情的制约，并没有超越社会主义初级阶段。但进入新时代的判断是中国共产党在新的历史方位、完成新的历史使命、解答新的时代课题、理解新的思想内涵、把握新的战略规划的基础上作出的。其一，作出进入新时代的重大政治判断有助于更好地理解和把握中国共产党的使命和担当。党的使命和担当在不同的历史阶段会有不同的具体表现，随着我国全面建成小康社会，在"强起来"的目标指引下，党和全国各族人民需要有更强的使命和担当意识。要在坚持中国特色社会主义道路的基础上，发扬伟大斗争精神，加强党的建设，以提高党的领导能力，实现新时代的目标。其二，作出进入新时代的重大政治判断有助于解答重大时代课题。"十八大以来，国内外形势变化和我国各项事业发展都给我们提出了一个重大时代课题，这就是必须从理论和实践结合上系统回答新时代坚持和发展什么样的中国特色社会主义、怎样坚持和发展中国特色社会主义。"① 虽然中国特色社会主义是改革开放以来中国社会发展的主题，但在不同阶段又具有不同的意义和内涵。作出进入新时代的判断，有助于在新的历史方位审视中国特色社会主义的发展战略、发展理念、世界意义等，坚定中国特色社会主义道路、理论、制度和文化自信。其三，作出进入新时代的重大政治判断，有助于更准确地理解和领会习近平新时代中国特色社会主义思想。新的历史方位、新的历史实践是新时代形成的客观环境，理解习近平新时代中国特色社会主义思想的内涵与方略需要立足于新的客观现实。其四，

---

① 习近平：《决胜全面建成小康社会 夺取新时代中国特色社会主义伟大胜利——在中国共产党第十九次全国代表大会上的报告》，人民出版社，2017，第18页。

作出进入新时代的重大政治判断有助于制定和理解现代化发展战略。现代化是世界上所有国家都致力于推动的大事，在推动现代化进程中不同国家立足于不同的国情制定出符合自己的策略。作为人民的党，中国共产党一直注重现代化的战略谋划，也基于此，我们取得了巨大的成就。党的十九大对于全面建设社会主义现代化国家的谋划基于中国特色社会主义取得的巨大成就，是以全面建成现代化强国为目标的新的战略安排。其五，作出进入新时代的重大政治判断有助于理解中国对世界的贡献。经过多年的发展，中国与世界的关系呈现出新的有机互动的局面。中国对世界经济的贡献率不断提高，有了国际话语权，一些重大外交举措也取得良好效果，得到国际社会的肯定。新时代中国特色社会主义"给世界上那些既希望加快发展又希望保持自身独立性的国家和民族提供了全新选择，为解决人类问题贡献了中国智慧和中国方案"①，即是凸显新时代中国将站在世界舞台的中央，为推动世界和平发展做出更大贡献。

（二）新时代中国特色社会主义的价值

中国特色社会主义是由道路、理论、制度、文化组成的有机统一体，进入新时代，中国特色社会主义提出并实践了一系列具有创造性的新理念、新策略，是人类文明的新形态，具有丰富的新文明价值。习近平在庆祝中国共产党成立100周年大会上的讲话中指出："中国特色社会主义是党和人民历经千辛万苦、付出巨大代价取得的根本成就，是实现中华民族伟大复兴的正确道路。我们坚持和发展中国特色社会主义，推动物质文明、政治文明、精神文明、社会文明、生态文明协调发展，创造了中国式现代化新道路，创造了人类文明新形态。"②

就现代化而言，改革开放以来，中国通过"三步走"战略开启了现代化之路，并取得了辉煌成就。中国特色社会主义在新的历史方位通过

---

① 习近平：《决胜全面建成小康社会 夺取新时代中国特色社会主义伟大胜利——在中国共产党第十九次全国代表大会上的报告》，人民出版社，2017，第10页。
② 习近平：《在庆祝中国共产党成立100周年大会上的讲话》，人民出版社，2021，第13—14页。

精准扶贫、"四个全面"等开启了全面建设社会主义现代化国家的新征程。在此过程中，中国式现代化趋于全面、丰富、完整。中国式现代化作为一种独立的社会主义国家的现代化模式，与西方式现代化有着本质的不同，不仅丰富了实现现代化的方式，也为世界上其他国家的现代化提供了借鉴，增加了其选择的路径。

就生产力而言，按照人类社会发展的客观规律，生产力是衡量社会文明状况的物质基础，新时代中国特色社会主义必须实现生产力的新发展。在中国特色社会主义事业开启之时，中国共产党人就已经认识到发展生产力的重要意义，突出将"解放生产力，发展生产力"作为社会主义本质的内在规定。新时代面对国内外环境的新变化、新矛盾、新挑战，为更好地解放和发展生产力，党提出要全面深化改革。全面深化改革是改革目标的总体性和改革领域的全面性以及改革机制的系统性的有机统一。以全面深化改革来建构国家治理体系和推动治理能力现代化，破除束缚生产力发展的障碍，推动中国特色社会主义事业迈向更高阶段。基于此，新时代中国特色社会主义彰显了生产力发展的新文明价值。

就人民主体而言，突出发展的人民主体性是中国特色社会主义有别于资本主义的根本所在，也是唯物史观的重要内容。人是社会历史发展的主体，社会历史是由无数个体汇集的人民创造的。中国特色社会主义坚持以人民为主体，并将之贯穿于各项方针和政策中，使这一思想不断现实化和具体化。新时代中国特色社会主义在坚持发展经济的同时，突出以人民为中心，切实解决人民生活中的现实难题，致力于满足人民的美好生活需要，在不断发展中提升民众的获得感和幸福感。基于此，新时代中国特色社会主义进一步彰显了人民主体的价值立场。

就发展的平衡性而言，在不同的阶段，基于满足需要的不同，人们对发展的理解有很大的差异。资本主义社会虽然创造了一定的文明成果，但以物质财富的增长为单一的衡量指标，最终造成了普遍物化的现实以及精神的匮乏与异化。随着科学技术的发展，人们对自然的介入越来越深、越来越广，与此同时，全球范围的生态问题以及人与自然的矛盾也不断凸显。纵然多重因素导致上述问题出现，但发展的不平衡是重要的原因之一，"它的这种发展状态，不是向着一个相互平衡的、相互融合的道路上行走，而是朝一个极端的、失衡的道路上前进"①。中国特色社会主义在发展中不断调整，以实现发展的系统性与整体性，从"两手抓，两手都要硬"到做出涵盖生态文明的"五位一体"总布局。新时代中国特色社会主义不仅以协调为发展理念之一，而且坚持辩证发展、整体发展，以破解发展不平衡不充分的矛盾，推进物质富足、精神富有。正如党的二十大报告所指出的："物质富足、精神富有是社会主义现代化的根本要求。物质贫困不是社会主义，精神贫乏也不是社会主义。"② 这些不仅为中国未来的发展指明了方向，为破解世界性的发展困境提供了方案，也是对时代之问的中国回答。

就发展道路的选择而言，中国特色社会主义是在中国共产党的领导下，坚持科学社会主义的理论与原则，中国人民探索出的一条适合自己的独立自主的和平发展之路。这与资本主义对内剥削民众和对外殖民掠夺的发展之路有着根本的不同。正如党的二十大报告指出的那样："我国不走一些国家通过战争、殖民、掠夺等方式实现现代化的老路，那种损人利己、充满血腥罪恶的老路给广大发展中国家人民带来深重苦难。我们坚定站在历史正确的一边、站在人类文明进步的一边，高举和平、发展、合作、共赢旗帜，在坚定维护世界和平与发展中谋求自身发展，又以自身发展更好维护世界和平与发展。"③ 新时代中国特色社会主义坚持推动世界不同文明包容、交流与借鉴，在和平与发展中倡导构建人类命运共同体。

---

① 费孝通：《文化的生与死》，上海人民出版社，2009，第 151 页。
② 习近平：《高举中国特色社会主义伟大旗帜　为全面建设社会主义现代化国家而团结奋斗——在中国共产党第二十次全国代表大会上的报告》，人民出版社，2022，第 22—23 页。
③ 习近平：《高举中国特色社会主义伟大旗帜　为全面建设社会主义现代化国家而团结奋斗——在中国共产党第二十次全国代表大会上的报告》，人民出版社，2022，第 23 页。

第二节　共同富裕的内涵与特征

实现共同富裕是社会主义的本质要求，是中国共产党的奋斗目标。马克思恩格斯在揭示人类社会发展规律的基础上，以唯物史观论证了共同富裕的物质基础、实现路径等，科学揭示了实现共同富裕的历史必然性，反映了人类对理想社会的向往和追求。新时代共同富裕是中国共产党领导人民坚持马克思主义原则和方法的重大实践，也是新时代坚持和发展中国特色社会主义的重大课题。

一　共同富裕的内涵

任何理论内涵的发展都有一个从绝对抽象到相对具体的过程，这是人类对某一个事物或者概念认知发展的必然过程。共同富裕作为社会主义的本质要求，其内涵兼具一般性和特殊性。新时代共同富裕基于新的历史发展阶段，立足于新时代的客观现实，是全面建成社会主义现代化强国的价值诉求和明确价值目标。

（一）共同富裕的一般内涵

"共同富裕"是由"共同"与"富裕"组成。《说文解字》中对"共"的解释是："共，同也。"[1] "共"还可以做副词，是共同或一起的意思，如《商君书·修权》中写道："法者，君臣之所共操也。"[2] 而在现代汉语中，"同"字主要有相同、共同、统一、赞同等意思。基于此，"共同"就是大家一起拥有、享有或承担。"富裕"中的"富"字，主要有三层意思。一是指完备，多而全。如《周易·系辞上》有"富有之谓大业，日新之谓盛德"[3] 的表述，大业是指广大无所不有。二是指财富、财物。三

---

[1]　转引自郑春兰编著《汉字由来》，四川辞书出版社，2012，第84页。

[2]　转引自周林英主编《古汉语词典》，延边人民出版社，2000，第236页。

[3]　《周易》，熊春锦校勘，国际文化出版公司，2007，第212—213页。

是使富足、富裕。《史记·孟子荀卿列传》中有"秦用商君，富国强兵"① 的论述。"裕"字主要有丰富、富足等意思。《荀子·富国》中提到"足国之道，节用裕民而善臧其余。节用以礼，裕民以政"②，阐述了如何使国家富强，目的在于让民众富足、富裕起来。通过对"共同富裕"一词作词源学层面的分析，不难发现在汉语中"共同富裕"一词主要强调的是大家共同占有财富或共同使用财物，侧重于经济上的宽裕和富足。因而，就共同富裕的一般规定来看，物质的富足肯定是第一位的，可用社会财富的总量、城镇化、教育医疗水平等指标来衡量或判断物质生活富裕的状况。这也与马克思关于未来社会的设想中"物质财富极大丰富"相吻合。除了物质财富的丰富，精神生活的富足也是共同富裕的内在规定，在共同富裕的社会中，民众的精神境界将极大提高，最终指向人的自由全面发展。

实现共同富裕是中国共产党践行全心全意为人民服务这一宗旨的必然要求，是建立在生产力和生产关系基础上所要努力实现的目标，要求社会发展的过程和最终达到的目标相一致。从过程来看，共同富裕意味着生产力不断发展、社会财富不断积累；从结果来看，共同富裕是民众财富占有和社会权利极大增加，是生产力和生产关系发展所要达到的目标。共同富裕作为社会主义本质的落脚点，具有终极价值指向性；但终极价值目标的实现是建立在具体阶段性价值目标实现的基础上的，这就需要在实现共同富裕的过程中，秉持公平、正义的价值理念，充分调动民众的积极性，共同努力。"共同致富，我们从改革一开始就讲，将来总有一天要成为中心课题。社会主义不是少数人富起来、大多数人穷，不是那个样子。社会主义最大的优越性就是共同富裕，这是体现社会主义本质的一个东西。"③ 共同富裕体现了发展生产力和变革生产关系的统一，

---

① 转引自周林英主编《古汉语词典》，延边人民出版社，2000，第 207 页。

② （清）王先谦：《荀子集解》上，沈啸寰、王星贤点校，中华书局，1988，第 177 页。

③ 《邓小平文选》第 3 卷，人民出版社，1993，第 364 页。

体现了社会主义的发展过程与最终目的的统一，具有持久吸引力。共同富裕必须以坚持社会主义制度为前提，必须坚持走中国特色社会主义道路，同现代化建设的历史进程相统一。共同富裕是社会主义物质富裕和精神富裕有机统一，综合反映了社会的文明程度，是在不断消灭剥削、消除两极分化基础上实现全体社会成员全面发展。此外，共同富裕不是一蹴而就的，表现为动态的渐进式的发展过程，总是与不同阶段的生产力水平相一致。在不同时期，都应该有不同的阶段性目标，需要克服前进道路中出现的各种问题。

（二）新时代共同富裕的核心内涵

除了一般内涵外，共同富裕在中国式现代化的语境下，还有其核心内涵。习近平在中央财经委员会第十次会议中强调："共同富裕是全体人民的富裕，是人民群众物质生活和精神生活都富裕，不是少数人的富裕，也不是整齐划一的平均主义，要分阶段促进共同富裕。"① 新时代共同富裕的核心内涵主要体现在全民富裕、全面富裕、共建富裕、渐进富裕等层面。

1. 全民富裕

全民富裕强调了全体人民是共同富裕的主体，包含着不同的社会群体，要人人享有，各得其所，普遍受益，不是一部分人或群体富裕，更不是建立在多数人利益受损之上的少数人富裕。习近平指出，要"使全体人民朝着共同富裕方向稳步前进，绝不能出现'富者累巨万，而贫者食糟糠'的现象"②。马克思在《1857—1858 年经济学手稿》中指出"生产将以所有的人富裕为目的"③。恩格斯强调要让"所有人共同享受大家创造出来的福利"④。列宁认为社会主义要能让"所有劳动者过最美好的、

---

① 《习近平主持召开中央财经委员会第十次会议 强调在高质量发展中促进共同富裕 统筹做好重大金融风险防范化解工作》，《人民日报》2021 年 8 月 18 日。
② 《十八大以来重要文献选编》中，中央文献出版社，2016，第 827 页。
③ 《马克思恩格斯选集》第 2 卷，人民出版社，2012，第 787 页。
④ 《马克思恩格斯选集》第 1 卷，人民出版社，2012，第 308 页。

最幸福的生活"①。习近平指出："我们追求的发展是造福人民的发展，我们追求的富裕是全体人民共同富裕。"②"全体人民"是共同富裕的主体，体现了质和量的统一。全民富裕是对马克思主义人民主体思想的具体实践，实现了人民主体地位和价值权利的有机统一，其价值旨归在于为人民谋利益，把人民主体地位落到实处。马克思主义经典作家的人民主体思想和中国共产党全心全意为人民服务的理念是全民富裕的理论基础。全民富裕不是绝对平均享有，而是着力于实现全体社会成员相对公平受益，既体现在分配领域，也体现为有共同的机遇、成长的机会等，实现社会整体利益和个体利益的统一。全民富裕并不是要完全消灭贫富差距，就目前中国的国情而言，完全消灭贫富差距的客观条件还不具备。全民富裕是包含着可控贫富差距的富裕。党和政府在努力把"蛋糕"做大来夯实共同富裕物质根基的基础上，不断健全社会保障体系，保障和改善民生，缩小城乡、区域、行业收入差距，公正分配，形成全体社会成员共享的分配格局，来扎实推动全体人民共同富裕。

2. 全面富裕

全面富裕强调了共同富裕的覆盖领域，是保障全面发展的富裕，是物质富裕和精神富裕的统一。"我们说的共同富裕是全体人民共同富裕，是人民群众物质生活和精神生活都富裕。"③ 实现人的全面发展是马克思主义关于未来社会的价值归旨。共产主义社会所实现的人的全面发展，使人自身个性的发展达到一个极高的境界，人不仅完全摆脱自然界的奴役，创造出高度发达的社会生产力，成为自然界的主人，而且成为社会的主人和自身的主人，实现了真正的发展。作为人类社会的理想和目标，人的全面发展体现了事实判断和价值判断的统一，内在地包含了真、善、美的统一："真"体现在人的全面发展上，它是社会发展和个人发展的必

---

① 《列宁选集》第3卷，人民出版社，2012，第546页。
② 《习近平关于社会主义社会建设论述摘编》，中央文献出版社，2017，第35页。
③ 《习近平谈治国理政》第4卷，外文出版社，2022，第142页。

然要求，来源于人的内心追求；"善"体现在它是人的发展状态的最高价值取向和原则；"美"体现在对人与外部世界关系破缺与失衡的否定和批判上，包含着人与自然、人与社会、人与自身的协调统一，也就是"通过社会化生产，不仅可能保证一切社会成员有富足的和一天比一天充裕的物质生活，而且还可能保证他们的体力和智力获得充分的自由的发展和运用"①。此外，从人类历史发展的规律来看，虽然经济状况是决定性因素，是基础，但其并不是唯一因素，推动社会发展的还包括精神文化、社会等多种因素的相互作用。因此，全面富裕既是物质的极大富裕，也是精神的极大富裕，是精神和物质相统一的富裕，是全面、均衡和充分的富裕，是包括经济、政治、文化、社会、生态等方面全面发展的富裕。"只有物质文明建设和精神文明建设都搞好，国家物质力量和精神力量都增强，全国各族人民物质生活和精神生活都改善，中国特色社会主义事业才能顺利向前推进。"② 全面富裕主要体现在社会发展的领域和社会发展的环节方面。从社会发展的领域来看，经济、政治、文化、社会、生态五位一体一个都不能少，其中经济领域是最重要和最基本的方面；从社会发展的环节来看，全面富裕体现在社会发展权利、发展机会和发展成果的各个环节。

3. 共建富裕

共建富裕从生产力层面揭示了共同富裕的实现动力。共建的本质是特定群体作为主体见之于客体的协作性实践活动，是为推动共同富裕创造物质基础。共建富裕强调了共同富裕的实现途径，是全体人民共同参与，人人尽力。恩格斯指出："在人人都必须劳动的条件下，人人也都将同等地、愈益丰富地得到生活资料、享受资料、发展和表现一切体力和智力所需的资料。"③ 共同富裕不是一种基于道德原则的良心发现和情感

---

① 《马克思恩格斯选集》第3卷，人民出版社，2012，第670页。
② 《习近平谈治国理政》第1卷，外文出版社，2018，第153页。
③ 《马克思恩格斯选集》第1卷，人民出版社，2012，第326页。

怜悯，不是"均贫富""平均主义""大锅饭"，而是基于生产力法则的动力保障与主体彰显。只有在发展过程中做到人人都参与、人人都尽力，才可能在发展成果上人人可享有。习近平指出："共建才能共享，共建的过程也是共享的过程。要充分发扬民主，广泛汇聚民智，最大激发民力，形成人人参与、人人尽力、人人都有成就感的生动局面。"① 利益主体依法共存是共建富裕的基础，"人类合作之所以能够存在，主要是基于以下两个基本共识：一是主体间物质生活的互惠性；二是主体间共享的基本伦理"②，也即在保护利益主体地位合法性的前提下促进各主体间交往合作。共建富裕把发展动力和发展目的相统一，是一种强调在和谐社会氛围中，全民齐心协力共创辉煌局面的新型社会利益建构模式。共建富裕强调个体在充分认识自我权益的基础上，通过践行自我的义务来实现自我的权益。推动共同富裕关键是要确保人民是共建的主体力量，人民对中国社会发展有发言权、有参与权、有主动权、能够推动经济、政治、文化、社会、生态文明建设五位一体共同发展。那么如何调动起民众共建的积极性呢？具体方法在于努力解决民众最关心、最直接、最现实的民生需求。共建富裕还强调了作为社会成员一分子的个体的责任和担当。在共建富裕中，只有每个个体都有自我的责任意识和责任担当，才能确保发展的高质量。马克思强调："只有在共同体中，个人才能获得全面发展其才能的手段，也就是说，只有在共同体中才可能有个人自由。"③ 作为社会一分子的个体在享受社会财富的同时，要承担相应的责任和使命，实现个人与社会"互为"。一方面，个体要承担相应的社会发展义务，积极进行生产实践，不断创造社会财富；另一方面，对于现代化进程中日益扩张的风险，要有自觉承担风险的意识和规避风险的行动，实现财富共享和风险共担的统一。习近平强调："幸福生活都是奋斗出来的，共同

---

① 《习近平谈治国理政》第 2 卷，外文出版社，2017，第 215—216 页。
② 郭梓林：《隐规则：企业中的真实对局》，朝华出版社，2004，第 217 页。
③ 《马克思恩格斯选集》第 1 卷，人民出版社，2012，第 199 页。

富裕要靠勤劳智慧来创造……要防止社会阶层固化，畅通向上流动通道，给更多人创造致富机会，形成人人参与的发展环境，避免'内卷'、'躺平'。"① 总之，新时代共同富裕的推动需要全体人民共同创造，在人人参与、人人尽力的基础上实现人人享有。

4. 渐进富裕

渐进富裕强调了共同富裕的推进过程，实现共同富裕不可能一蹴而就，而是有一个从低级到高级、从不充分到充分、从不均衡到均衡的过程。"共同富裕是一个长远目标，需要一个过程，不可能一蹴而就，对其长期性、艰巨性、复杂性要有充分估计，办好这件事，等不得，也急不得。"② 其一，从时间的维度来看，共同富裕不可能同一时间内完全实现，需要在动态发展中分阶段实现。由于各地区的地理位置、社会资源等外在条件，以及不同主体的能力禀赋、努力程度等内在条件存在差异，不可能所有地区、所有主体都能同时实现共同富裕。就中国的现实而言，东南沿海地区的发展明显快于中西部地区，城市发展的进程也是快于农村的。所以在共同富裕的实现时间上必然有先有后、有快有慢。其二，从实现程度上看，共同富裕具有非同等性，承认合理的差距，共同富裕绝不是搞"同等化""平均主义"，不同地区富裕程度还会存在一定差异，不同人群富裕程度有高有低。对于中国传统文化中的"共富"理念，要辩证来看，对于其中的"平均主义"色彩，要坚决摒弃，否则只能阻碍推动共同富裕的进程。新时代共同富裕是效率和公平相一致的富裕。效率与公平相统一客观上要求既要坚持按劳分配为主体、多种分配方式并存的基本分配制度，确保提供劳动、资本、土地、知识、技术、管理等生产要素的个体或组织能够根据各自的贡献得到回报，同时又要发挥税收、社保、转移支付等调节手段的作用，加快推进基础性、普惠性、兜底性民生保障建设。总之，"不是所有人都同时富裕，也不是所有地区同

---

① 《习近平谈治国理政》第 4 卷，外文出版社，2022，第 142 页。
② 《习近平谈治国理政》第 4 卷，外文出版社，2022，第 143 页。

时达到一个富裕水准，不同人群不仅实现富裕的程度有高有低，时间上也会有先有后，不同地区富裕程度还会存在一定差异，不可能齐头并进。这是一个在动态中向前发展的过程"①。其三，渐进富裕体现了发展的渐进性和发展的飞跃性的统一。从渐进性来看，过程性是事物发展的必然体现，大到国家的发展、小到个人的成长都是一步步走出来的。在推动共同富裕的过程中，要实事求是，发展的速度、改革的力度、社会的可承受程度都应给予充分权衡，要量力而行、循序渐进、逐步推进各项工作，确保民生的保障与改善和经济发展的状况相一致。从飞跃性来看，就是经过一定量的积累后，应审时度势，促进质的飞跃。"随时随刻倾听人民呼声、回应人民期待，保证人民平等参与、平等发展权利，维护社会公平正义，在学有所教、劳有所得、病有所医、老有所养、住有所居上持续取得新进展，不断实现好、维护好、发展好最广大人民根本利益，使发展成果更多更公平惠及全体人民，在经济社会不断发展的基础上，朝着共同富裕方向稳步前进。"② 渐进富裕体现了发展的渐进性是飞跃性的基础，发展的飞跃性是渐进性的必然结果，二者是一个无限发展的动态过程，并且每实现一次飞跃，离共同富裕的目标就更进一步。

二 共同富裕的特征

新时代共同富裕呈现出动态发展性、全面性、系统性和正义性的基本特征，正是这些理论特质赋予共同富裕思想以新时代的意义和价值。

（一）动态发展性

共同富裕是连续性与阶段性相统一的渐进过程，是共富范围和程度不断扩大和提升的过程。换言之，共同富裕既不是遥不可及的，也不会是一蹴而就的，而是与具体的社会发展状况相联系。共同富裕的广度、

---

① 《习近平谈治国理政》第4卷，外文出版社，2022，第147页。
② 习近平：《在十二届全国人民代表大会第一次会议上的讲话》，人民出版社，2013，第6页。

深度、水平等要与社会生产力发展水平相协调，会随着生产力的发展不断向着更高的层次发展。随着社会生产能力的提高，社会资源和财富不断丰富，以及国家从制度层面对共同富裕的把握与规划，共同富裕越发具有实现的可能性和现实性。基于个体作为社会成员的一分子以及个体在社会基本结构中的主体性地位，个体具备共享公共财产和公共权益的资格。基于平等的社会地位和政治身份，每个社会成员都能够从社会中获得并平等享有公共财产和公共权益。"人的社会应得是社会基本制度的结果，而不是个人幸运或者不幸的结果，分配正义意味着人在社会经济意义上得其应得，而不只是在个人偶然运气上得其所得。"① 但共同富裕的实现仍然是一个渐进过程。改革开放以来，我国经济总量不断增加，各个地区、各个社会群体的收入水平都有了普遍的提高，但人均财富占有量仍然不高，发展的不平衡不充分客观存在，收入差距较大、分配不公问题依然存在，发展成果共享不够，贫困人口脱贫成了全面建成小康社会的短板。"必须清醒认识到，我国发展不平衡不充分问题仍然突出，城乡区域发展和收入分配差距较大。新一轮科技革命和产业变革有力推动了经济发展，也对就业和收入分配带来深刻影响，包括一些负面影响，需要有效应对和解决。"② 因而，在共同富裕的道路上，必然会有先有后，有快有慢，不能整齐划一。

共同富裕不是整齐划一、同时同步，而是有一个趋于平衡的过程。共同性"意味着某事物被共同拥有，并由集体管理"③，共同并不排斥或限制他人，它表示全体社会成员都可以享有，社会成员可以均等分享社会资源。虽然共同富裕的共同性也强调对弱势群体的关照，但共同并不是平均主义。共同富裕并不否认差距，而是把差距控制在合理范围内，是有差

---

① 张国清：《分配正义与社会应得》，《中国社会科学》2015 年第 5 期。
② 《习近平谈治国理政》第 4 卷，外文出版社，2022，第 142 页。
③ 〔美〕杰里米·里夫金：《零边际成本社会》，赛迪研究院专家组译，中信出版社，2014，第 195—196 页。

距的富裕。"共同富裕是一个长远目标，需要一个过程"①，体现了目标与过程的统一。党的二十大再次强调"共同富裕是中国特色社会主义的本质要求，也是一个长期的历史过程"②。要在总体上把握共同富裕目标的基础上，在中国式现代化建设的过程中，分阶段全过程推进共同富裕。

此外，共同富裕具有历史性，在不同的发展阶段，共同富裕的水平是不一样的。它受到社会历史条件（社会制度、生产力状况）的制约，必须与经济发展水平相适应，既不能超前，也不能滞后，要与现实经济社会发展的状况相一致。马克思指出："权利决不能超出社会的经济结构以及由经济结构制约的社会的文化发展。"③ 当前我国所能实现的共同富裕还是较低层次的，更多地在于保障社会成员基本的生存和生活权利。随着经济发展水平的不断提高和社会各项制度的不断完善，共同富裕的对象范围会扩大、层次会提高、程度会加深，整体的共同富裕水平会与社会同步提升。

（二）全面性

共同富裕具有全面性，主要体现在实现主体和覆盖面上，是全体人民的整体富裕和全面富裕。就实现主体而言，全体人民是共同富裕的主体，体现了中国社会发展的价值目标，彰显了全体人民是财富的创造者和享有者，是全体人民都享有而不是一部分人享有。这里的"人民"既是从事具体生产的现实中的个体，也包括由相互联系的个体构成的组织化整体，要正确把握整体与个体的关系。一是要处理好财富占有群体与相对贫困群体之间、区域之间财富占有的不均衡，避免社会群体之间贫富悬殊以及区域之间贫富明显不均衡。要充分尊重每个个体的权利、尊严和自由，保护和实现个体的利益和价值，特别是弱势群体的利益和价

---

① 《习近平谈治国理政》第 4 卷，外文出版社，2022，第 143 页。
② 习近平：《高举中国特色社会主义伟大旗帜　为全面建设社会主义现代化国家而团结奋斗——在中国共产党第二十次全国代表大会上的报告》，人民出版社，2022，第 22 页。
③ 《马克思恩格斯选集》第 3 卷，人民出版社，2012，第 364 页。

值。"生活在我们伟大祖国和伟大时代的中国人民，共同享有人生出彩的机会，共同享有梦想成真的机会，共同享有同祖国和时代一起成长与进步的机会。"① 针对弱势群体和贫困人员而采取的精准扶贫和精准脱贫举措，充分体现了共同富裕的全面性特征。在此需要说明的是要避免过于强调共同富裕的全面性，而忽视个体之间的差别。共同富裕不是平均主义，不是"杀富济贫"，更不是"均贫富"。共同富裕关注社会发展的全面、公正、和谐、有序，强调的是全体人民享有而非社会中"多数"或"某个人"富裕，将人民群众的整体利益和真实获得感作为衡量社会发展的尺度。共同富裕是全体人民共建共富，不是"等靠要"，是以人民作为财富创造和享受的主体。人民是社会发展的主体，是社会财富的缔造者，历史的最终结果不是某个人意志的产物，而是合力作用的结果。要把社会发展目标与个人追求相融合，充分发挥人民积极性，以创造出更多的财富。

就覆盖范围而言，共同富裕是全面富裕，是物质富裕和精神富裕的统一，是"一个都不能少"的共富，表现为"普遍达到生活富裕富足、精神自信自强、环境宜居宜业、社会和谐和睦、公共服务普及普惠"② 的状态。全面富裕使人民除了关注外在的物质富裕，也关注实现自我价值的需要，实现自我的满足与精神富裕。在新中国成立之后很长时间的国家建设中，基于中国的客观实际，人民群众对于富裕的理解大多局限于物质生活富裕。新时代共同富裕不仅强调物质生活，也包括精神生活，是政治民主、社会和谐、环境良好的同步共进。正如习近平所指出的："我们的人民热爱生活，期盼有更好的教育、更稳定的工作、更满意的收入、更可靠的社会保障、更高水平的医疗卫生服务、更舒适的居住条件、更优美的环境，期盼孩子们能成长得更好、工作得更好、生活得更好。"③

---

① 《习近平总书记系列重要讲话读本》，学习出版社、人民出版社，2014，第32页。
② 《既要"富口袋"也要"富脑袋"》，《人民日报》2021年10月13日。
③ 《习近平总书记系列重要讲话读本》，学习出版社、人民出版社，2014，第108页。

　　全面性是共同富裕的重要特征，意味着全体人民都能够公正合理地享有发展成果，如权利、机会、过程和结果等。全面性并不是对当前存在的利益和价值冲突进行压制，而是通过宽容与妥协，通过彼此利益的让渡来使社会成员之间达成一定程度的共识。共同富裕的全面性特征客观要求通过利益的调整，使利益分配能够满足大多数人的需求与期待，以更好地满足民众对美好生活的向往，更好地推动社会进步。总之，在发展主体上，全面性体现在尊重他者、包容弱势群体；在发展领域上，是涵盖经济、政治、文化、社会、生态五位一体的多领域发展，以实现经济社会协调发展和可持续发展；在发展价值上，是在承认主体差异和文化多样性，承认存在不同社会阶层、知识背景不同、个人禀赋不同的基础上，实现公平分配、机会平等、利益共享，注重保护弱势群体。

　　（三）系统性

　　共同富裕是一个"目标明、过程实、结果佳"即全方位的增量与提质并举的系统性、总体性工程。其一，要在总体把握共同富裕目标的基础上，在中国式现代化建设的过程中，分阶段全过程推进共同富裕，既要通过经济发展创造出共同富裕的物质基础等，又要"把不断做大的'蛋糕'分好，让社会主义制度的优越性得到更充分体现，让人民群众有更多获得感"①。更多的获得感主要体现在收入差距小、基本公共服务均等等方面。就收入差距而言，改革开放四十多年，收入差距扩大的同时，财产差距也在扩大，二者又相互作用，最终导致贫富差距扩大。就基本公共服务而言，主要体现公共服务的覆盖面和内容上，随着脱贫攻坚战的胜利，我国完成了基本公共服务全覆盖的目标，但不同地区、行业、城乡所享受的公共服务的内容、水平却有明显的差别。而要缩小收入差距、实现在内容和水平上公共服务的均等，必然会带来不同群体利益关系的调整以及公共资源相关制度的完善，这些都是长期系统的工程。其二，共同富裕是经济权利与政治平等的良性互动。"实现共同富裕不仅是

---

① 《习近平谈治国理政》第2卷，外文出版社，2017，第216页。

经济问题，而且是关系党的执政基础的重大政治问题。"① 经济与政治的共生与互动造成了社会的变化，也反映了特定社会的发展样态。新时代共同富裕需要实现经济权利与政治平等之间的共生与互动。一方面，社会成员要认识到在生产资料公有制下发展生产力以追求共同富裕的必然性。先富如何带动后富是新时代国家治理中着力解决的关键问题，支持个体在合法、合理条件下实现自我经济利益的最大化。另一方面，社会成员要正确理解"权力"与"权利"的关系，正确认识在共同富裕中坚持党的领导的重要性以及社会主义制度优势的彰显，引导社会成员平等地占有社会资源，均衡分配公共利益、公平分担公共风险。其三，共同富裕是人与自然和谐共生。良好的生态环境、人与自然和谐共生是共同富裕的必然要求。不仅生态共同富裕是共同富裕大系统的重要组成部分，而且人与自然也是密不可分的有机系统。习近平强调指出："既要创造更多物质财富和精神财富以满足人民日益增长的美好生活需要，也要提供更多优质生态产品以满足人民日益增长的优美生态环境需要。"②

此外，推动共同富裕需要发展理念、发展模式、分配方式等的调整与变动，需要推动更深层次的改革。改革的涉及面和层次都能反映出改革任务的艰巨性与复杂性。要"把不断做大的'蛋糕'分好"，就要推进分配制度改革，构建与共同富裕相适应的分配制度，不论在初次分配中处理政府、组织、个体间的分配关系还是推进劳动力、资本、土地等生产要素参与分配，都意味着不同主体利益关系的变革，这些都会牵涉多个层面。其他诸如户籍制度改革以及与户籍相关的就业、社会保障等领域的改革等，都是与实现共同富裕直接相关的问题。

（四）正义性

共同富裕蕴含了正义的价值诉求，是全面建成社会主义现代化强国

---

① 习近平：《论把握新发展阶段、贯彻新发展理念、构建新发展格局》，中央文献出版社，2021，第480页。

② 《习近平谈治国理政》第3卷，外文出版社，2020，第39页。

的鲜明价值诉求。从古至今，在人类社会发展历程中人们对正义的追求
从未停止，作为人们公共意愿的表达，正义大多是以"应得"的形式被
表述出来。正义是共同富裕的价值诉求，政治系统要保证全体社会成员
享有维持基本生存发展需要的物质资料，且具有基本相当的安全、教育、
就业等社会权利。全体人民是共同富裕的主体，物质财富及权利、机会
等是共同富裕的客体。政治权利和社会权利是社会成员共享的公共福利，
强调了共同富裕的正义性。按照社会应得理论，"在对于社会基本资源的
分享上，每个人皆应有其社会应有，得其社会应得。在分配正义上，社
会应得是可能的"①。共同富裕所涵盖的正义诉求指向物质财富、社会财
富以及生产这些财富背后的相关资源和要素的价值分配，呈现内涵丰富、
范围广的特点，不仅包括财富分配正义，更是自由、机会、权利等"善"
的分配正义，是人类在社会活动中所创造的社会成果和社会责任、风险
的分配正义，既包括社会成果的共享也包括社会风险的共担。共同富裕
所涵盖的正义诉求依托共同富裕的人民性立场。"共同富裕是社会主义的
本质要求，是人民群众的共同期盼。我们推动经济社会发展，归根结底
是要实现全体人民共同富裕。"② 共同富裕的人民性立场是马克思主义正
义理论的批判精神和无产阶级立场在中国的体现。马克思恩格斯主张消
灭资本主义私人占有制，以改变"劳动产品和劳动本身的分离"造成的
财富的资产阶级占有及贫富的悬殊，来实现"生产资料由社会占有"。共
同富裕所彰显的正义克服了资产阶级正义的阶级和历史局限性，从现实
的物质生活出发，是具有客观现实性的真正的正义。"各地区发展极不平
衡、城乡发展差异较大、相对困难人群仍占一定比例、居民收入基尼系
数较高等"③ 是我国在推动共同富裕过程中需要正视的挑战。如何继续发
展，缩小不平衡不充分发展造成的地区、人群之间占有财富的差距，实

① 张国清：《分配正义与社会应得》，《中国社会科学》2015 年第 5 期。
② 《习近平谈治国理政》第 4 卷，外文出版社，2022，第 116 页。
③ 胡鞍钢、周绍杰：《2035 中国：迈向共同富裕》，《北京工业大学学报》（社会科学版）
  2022 年第 1 期。

现经济、政治、文化、社会、生态之间的共生与互动，形成培育和践行社会公正的良好氛围，是当前推动共同富裕需要解决的现实问题。

共同富裕所涵盖的正义诉求具有鲜明的实践性特征，在不同的历史阶段具有不同的形式和内容，且具有逻辑上的连贯性和目标上的一致性。从 1953 年《关于发展农业生产合作社的决议》中第一次使用"共同富裕"一词，到"先富带后富"，到新时代"扎实推进共同富裕"，无不体现了马克思主义正义理论的实践性特征。马克思主义正义理论植根于现实，具有鲜明的历时性特征，对正义价值内涵的把握和理解植根于特定历史时期的生产力水平和生产关系的客观实践中。共同富裕所内蕴的正义价值与社会主义现代化建设的现实条件以及历时性的阶段性目标相关，且在形式和内容上不断深入。辩证看待不同历史时期党的共同富裕的政策与实践以及其所呈现的历史性特征，才能在全面建设社会主义现代化国家的新征程上更深刻地把握共同富裕所涵盖的正义诉求。

第三节　新时代共同富裕的核心内容

面对社会发展取得的新成就，新时代注重以新发展理念来推动共同富裕，强调做大"蛋糕"与分好"蛋糕"对推动共同富裕的重要性。

一　以共享发展推动共同富裕

《中共中央关于制定国民经济和社会发展第十三个五年规划的建议》指出："使全体人民在共建共享发展中有更多获得感，增强发展动力，增进人民团结，朝着共同富裕方向稳步前进"[①]，在此鲜明地指出了共享发展理念与共同富裕的关系。共享发展是对共同富裕目标下发展方式的变革，是在新时代语境下对共同富裕的践行。

---

① 《中共中央关于制定国民经济和社会发展第十三个五年规划的建议》，人民出版社，2015，第 9 页。

（一）共享发展是对共同富裕目标下发展方式的变革

作为发展理念的共享，其追求的是共享式的发展方式，以实现发展方式的变革，提升发展的效果，这是中国共产党在新时代背景下巩固党的执政地位的客观要求。作为发展理念的共享体现了中国共产党在共同富裕目标下对发展问题和发展规律的再认识，是对共同富裕理论基于客观实践的丰富和发展，承载着理解共同富裕目标的诸多功能和意蕴。共同富裕是社会主义的根本目标和本质体现，体现了马克思主义的社会理想与当代中国具体实际的结合。共同富裕作为目标昭示了社会发展的未来可能性，是社会发展的动力，具有明确的现实指向性，故对发展问题的探讨是不能离开共同富裕的发展目标的。要把共同富裕的目标与不同时代的发展现实相联系，不断形成新的发展动力和理念。回顾党的百年奋斗历程，我们党之所以不断取得新的发展成就，就是在制定发展理念时能够始终以共同富裕目标为归旨，来规定和约束、引领发展方式、发展速度和发展质量等，以此不断接近共同富裕的目标。

"朝着共同富裕方向稳步前进"是共享发展的内在规定和要求。共享发展是以共同富裕为目标指向的，是对新时代的发展问题特别是财富、资源等占有不平衡问题的积极回应，是在新的时代条件下对共同富裕的认识与实践。共享发展和共同富裕都突出人民作为"共"的主体，以实现和维护人民利益为目的，体现了马克思主义的价值立场，并且还具有共享、共富对象的全面性以及实现过程的渐进性等特征。但共同富裕是对发展目标的规划，共享是对发展方式的设计。目标规定了方式的选择，方式促进目标的实现。作为发展方式的共享是中国共产党根据新时代的发展现实，创造出的符合其内在规定并能促进自我实现的新发展方式，是在共同富裕目标下对原有发展理念总结反思的结果。在共同富裕目标的指引下，我国的现代化建设事业取得了辉煌成就，人民生活水平显著提高。但随着发展的不断推进，发展过程中的问题也不断暴露。经济发展中的问题以及由此而产生的社会问题、环境问题都在一定程度上制约着发展的进一步推进。解决社会问题、消解社会矛盾，使民众在合理差距范围内共处与包容，就需要转变发展理念，以人民为主体来纠正原有发展中的问题，实现发展的均衡性、可持续性。作为共同富裕目标与新时代发展现实共同作用的产物，共享发展理念突出了人民在发展中的地位，强调由人民共建共享，来解决原有发展方式所导致的矛盾或问题，不断"朝着共同富裕方向稳步前进"。

共享发展也是对先富带动后富理论的发展。先富带动后富是党和国家立足于当时我国生产力水平低下、社会发展落后的社会现实提出来的。让一部分人和地区先富起来，以此来调动人们的积极性，促进社会发展，进而带动整个社会富裕。先富带动后富理论既体现了社会主义的国家性质，又反映了我国生产力水平落后的社会现实，是符合我国社会性质和发展现实的理论。经过多年的实践，在先富带动后富理论的指导下，我国经济发展迅速，为推进共同富裕奠定了物质基础，但同时也造成了"先富"群体与"后富"群体之间财富、资源、机会等占有的悬殊，特别是贫富差距扩大的趋势日益显现。我们党需着力化解这些问题，让"后富"群体也能有充分的发展空间，实现"先富"与"后富"有效互动，使全体人民都成为社会发展主体。共享发展就是对现实中"先富"和"后富"问题的反思，以共享来有效整合"先富"和"后富"的差距，强调两者都是发展成果的享有者，致力于推动"先富"带"后富"，最终实现共同富裕。从受益对象上看，共享发展强调全民共享，使受益对象从原来的一部分人扩大到全体人民，确证了人民至上的价值理念。从覆盖范围上看，共享发展强调全面共享，不是局部或片面的享有，是不论在内容上还是在发展方式上社会发展成果实现全方位覆盖，覆盖范围从原来的物质财富扩展到发展权利、机会、环境等层面，从经济领域扩展到政治、文化、社会、生态等领域。从发挥作用上看，关注解决社会公正问题是共享发展提出的目的。共享发展强调共建共享，突出权利、机会均等，财富的公平分配，注重提高效率，激发活力，由注重创造物质财富转变为注重社会公平正义。从实施举措上看，先富带动后富主要通过经济政策的倾斜来实施，邓小平说，"在经济政策上，我认为要允许一部分地区、一部分企业、一部分工人农民，由于辛勤努力成绩大而收入先多一些，生活先好起来"①。

（二）共享发展内在地包含着对共同富裕的具体理解

其一，共同富裕不仅是目标，也是具体的现实过程。实现共同富裕的目标不能脱离中国的现实，这种现实既是指中国具体生产力的水平，也是指现实的社会问题等。共享发展以当下中国的客观现实为出发点，以有效的制度安排强调全体人民共享发展成果，拥有更多获得感，这就使落实共享发展的具体过程内在地包含着对共同富裕的现实理解。其二，共同富裕具有历史过程性，而且人们对共同富裕的理解和认识也有一个发展过程。不同的历史阶段具有不同的阶段性目标和任务，当社会发展过程进入新的阶段，出现新矛盾、新特点、新情况，我们就必须更新思想观念，反映新的实际，形成新的理念，指导新的实践。正如毛泽东所说："社会实践中的发生、发展和消灭的过程是无穷的，人的认识的发生、发展和消灭的过程也是无穷的。根据于一定的思想、理论、计划、方案以从事于变革客观现实的实践，一次又一次地向前，人们对于客观现实的认识也就一次又一次地深化。客观现实世界的变化运动永远没有完结。"② 共同富裕的实现是一个历史过程，需要通过若干阶段的具体目标，有步骤、分阶段地向前推进，在每个不同的发展阶段，都需要提出符合实际的理念、策略，形成阶段性的目标。如果忽略了共同富裕的历史现实性特征，超越社会发展的现实，人为加快进度，其结果只能是适得其反。共享发展作为推动共同富裕的方式，就是立足于发展取得的成就和发展中存在的问题，在新的发展环境中，对新时代发展规律予以理解与把握，是在新时代对共同富裕的现实性理解和推进。其三，共同富

---

① 《邓小平文选》第2卷，人民出版社，1994，第152页。
② 《毛泽东选集》第1卷，人民出版社，1991，第295—296页。

裕的目标是一个整体，不仅需要了解各个组成部分，还要把握各个部分之间的相互关系。推进共同富裕要有整体系统性思维，不能仅仅立足于一个层面、一个环节，这样才能少走弯路，才能发现背后的规律，才能制定出有效的规划，采取切实可行的措施，才能扎实推动共同富裕。共享发展是共同富裕大系统中的一个阶段，共享发展本身就是一个小的系统，是以全体人民为共享主体，强调全面、共建、渐进相统一，是发展主体、动力、过程的有机统一。

　　共享发展与共同富裕在内容上具有一致性。二者在具体内容上的相通性使共享发展不仅具有指向当下的现实操作性，又具有面向未来的前瞻性，体现了现实与未来之间的时空张力。其一，共享发展与共同富裕在生产力发展上具有相通性。生产力发展创造出丰富的物质财富是共同富裕的前提。一方面，作为一种价值目标，由生产力决定的具体客观的利益关系决定着共同富裕；另一方面，作为一种现实的分配关系，生产力水平决定着共同富裕的实现程度。马克思恩格斯高度重视生产力的这种基础性作用。"只有随着生产力的这种普遍发展，人们的普遍交往才能建立起来。"[①] 中国特色社会主义事业牢牢抓住经济建设这一中心，使得生产力迅速发展。共同富裕理论以马克思主义生产力理论为基础，物质生产丰富不仅是其内在规定也是其内在要求。共享发展作为新时代的发展理念内在地包含了共同富裕目标所要求的生产力的发展。共享发展是共享与发展的统一，强调实行共享式的发展方式，也包含共享式分配，体现了社会的公平正义，是做大"蛋糕"与分好"蛋糕"的统一。

　　其二，共享发展与共同富裕在人的主体性的彰显上具有一致性。实现人的解放是马克思主义关于未来社会人的发展的终极目标，这也是共同富裕所要实现的根本目标。人的主体性得以充分发挥、人能够把握自己的选择，这也是共同富裕的重要体现。共同富裕消解了因物质对人的控制而产生的异化状态，使生产的根本目的在于满足人的全面、多样化

---

① 《马克思恩格斯选集》第 1 卷，人民出版社，2012，第 166 页。

的需要。共同富裕目标下人的状态就是"富有的人同时就是需要有人的生命表现的完整性的人，在这样的人的身上，他自己的实现作为内在的必然性、作为需要而存在"①。共享发展是对共同富裕下人的主体性的坚持，使人在共建共享中增强获得感。共享发展内含共享价值观的意蕴，共享发展追求的是人的和谐、平等、自由式的发展，将人的主体性的彰显和平等、自由等权利的实现纳入发展的过程，以此来评判发展的效果，不断向共同富裕目标下人的自由全面发展靠近。总之，共享发展以共享的方式，在社会发展中不断彰显人的主体性，以全民、全面共享等来规避发展中存在的问题，在共建共享中朝着共同富裕的目标不断迈进。

其三，共享发展与共同富裕在社会价值上具有一致性。共同富裕不仅仅是指物质层面的富裕，也内蕴人民价值层面的平等与正义。"实现共同富裕不仅是物质经济利益的分配格局的重构，而且是社会正义的追求，彰显着唯物史观视域中的生产正义、分配正义和人的全面发展正义等社会价值。"② 我们把共同富裕作为目标就是在解放和发展生产力中不断消除非正义，以不断凸显发展的社会主义属性。显然，正义的价值理念已经内化在共同富裕之中。共享发展以社会发展的成果由人民共享为表征，反对个人利益至上的私享，也使经济发展更关注社会公平正义，关注人的自由全面发展。共享发展所强调的共享不仅是一种发展理念，也是一种价值观念，一种内蕴公平正义的价值观念。

总之，共享发展理念的提出是对共同富裕的坚持和推进，是新时代语境下对共同富裕的理论表达和现实践行，二者在理论继承和现实发展层面都具有一致性。从共同富裕到共享发展，是中国特色社会主义客观实践逻辑演进的结果，彰显了中国共产党对共同富裕的认识和实践不断深化。共享发展理念和共同富裕目标共同构成统一的有机整体，统一于

① 《马克思恩格斯文集》第 1 卷，人民出版社，2009，第 194 页。
② 吴昊天、袁洪亮：《唯物史观视域中共同富裕对正义的彰显》，《学术研究》2023 年第 2 期。

坚持和发展中国特色社会主义的客观实践中，统一于中国特色社会主义道路、理论、制度和文化中，统一于中国式现代化建设的实践、中华民族伟大复兴的中国梦中。

二　在做大"蛋糕"与分好"蛋糕"中推动共同富裕

理念的提出只是提供了理论、政策上的指向，只有付诸实践，才会推动共同富裕的进程。习近平指出："落实共享发展理念，'十三五'时期的任务和措施有很多，归结起来就是两个层面的事。一是充分调动人民群众的积极性、主动性、创造性，举全民之力推进中国特色社会主义事业，不断把'蛋糕'做大。二是把不断做大的'蛋糕'分好，让社会主义制度的优越性得到更充分体现，让人民群众有更多获得感。"[①] 这展现了共同富裕的两个最基本的层面：一是发展生产力为共同富裕奠定坚实的物质基础，二是发展取得的成果应公平公正分配。

（一）做大"蛋糕"，夯实共同富裕的物质基础

做大"蛋糕"强调推动共同富裕需要实现生产力可持续发展。在社会基本矛盾中，生产力与生产关系的矛盾是社会发展的动力。在社会主义社会中，需要发展生产力创造出物质财富，才能为实现人的全面发展奠定现实基础，没有充足的物质基础便无法满足人的全面发展的需要。生产力发展迅速彰显了社会主义相比于资本主义的优越性。只有注重生产力发展，"才能为一个更高级的、以每一个个人的全面而自由的发展为基本原则的社会形式建立现实基础"[②]。中国共产党人很早就认识到发展生产力对于社会主义的重要性。新中国成立初期，面对一穷二白落后农业国的现实，如何让中国变成一个先进的工业国是党和国家首要解决的问题。为此，在过渡时期的总路线中，坚持把工业化作为主体，坚持走发展生产力与变革生产关系同时进行的路线。改革开放后邓小平重视经

---

① 《习近平谈治国理政》第 2 卷，外文出版社，2017，第 216 页。
② 《马克思恩格斯全集》第 44 卷，人民出版社，2001，第 683 页。

济建设，发展生产力，并将生产力纳入社会主义本质的分析中。在加强党的建设中，江泽民强调发展生产力是党执政兴国的首要任务，在发展中提升党的执政能力和执政水平，只有发展了，才能彰显党的初心，才能不断靠近中华民族复兴的目标。在我国发展已经取得一定成就的基础上，胡锦涛在准确把握世界发展趋势，总结我国发展经验的基础上，着力解决新矛盾和新问题，提出了科学发展观。胡锦涛指出："发展是解决中国一切问题的'总钥匙'，发展对于全面建设小康社会、加快推进社会主义现代化，对于开创中国特色社会主义事业新局面、实现中华民族伟大复兴，具有决定性意义。"① 党的十八大以来，以习近平同志为主要代表的中国共产党人强调要接力探索生产力的发展问题，这是共产党人的使命，也是共产党人先进品格的体现；就生产力发展水平而言，提出"推动我国社会生产力水平实现整体跃升"②，更加注重生产力发展的质量，注重遵循经济规律来发展生产力。"推动高质量发展，是保持经济持续健康发展的必然要求，是适应我国社会主要矛盾变化和全面建成小康社会、全面建设社会主义现代化国家的必然要求，是遵循经济规律发展的必然要求。"③

生产力水平直接关系到可供分享的社会财富总量，对共同富裕的实现程度有着直接的影响。只有在生产力相对发达的条件下，才能创造出满足劳动者基本生存需要之外的剩余产品，此时实现共同富裕才成为可能。生产力发展创造出一定的物质财富构成实现共同富裕的必要条件。改革开放以来，我国逐步改变了过去的贫穷面貌，经济社会发展创造了中国奇迹，国家面貌发生了历史性变化。这些发展成就为共同富裕提供了物质支撑，我国已经初步具备了共同富裕的基础条件。但在与发达国家的横向对比中，"我国仍处于并将长期处于社会主义初级阶段的基本国

---

① 胡锦涛：《在全党深入学习实践科学发展观活动动员大会暨省部级主要领导干部专题研讨班上的讲话》，人民出版社，2009，第15页。
② 《习近平关于社会主义经济建设论述摘编》，中央文献出版社，2017，第87页。
③ 《中央经济工作会议在北京举行》，《光明日报》2017年12月21日。

情没有变，我国是世界最大发展中国家的国际地位没有变"①。这决定了我们的共同富裕是共建富裕与渐进富裕，共同富裕的范围和程度都有一定的限制，仍然要加快发展，做大"蛋糕"。"我们必须紧紧抓住经济建设这个中心，推动经济持续健康发展，进一步把'蛋糕'做大，为保障社会公平正义奠定更加坚实物质基础。"② 推动共同富裕要聚焦发展生产力，"要通过深化改革、创新驱动，提高经济发展质量和效益，生产出更多更好的物质精神产品，不断满足人民日益增长的物质文化需要"③。

（二）分好"蛋糕"，保证共同富裕的层次和范围

发展生产力做大"蛋糕"只是为共同富裕提供了物质条件。把做大的"蛋糕"公平正义地分好，是推动共同富裕的重要一环。邓小平指出："富裕起来以后财富怎样分配，这都是大问题。题目已经出来了，解决这个问题比解决发展起来的问题还困难。分配的问题大得很。"④ 公平正义作为维系现代社会秩序的原则和价值是人类永恒的追求和理想。进入资本主义社会后，人的主体地位相比以往得到彰显，但由于受资本主义制度属性的限制，公平正义对无产阶级来说，只是形式上的，是根本不可能实现的"空头支票"，或者说只有少数有产者才能享有。发展成果的创造者并没有享受到自己创造的劳动成果，最终导致了生产的不断扩大与无产阶级消费能力的不断降低。据此，马克思恩格斯认为在社会主义社会中，财富的创造者也就是财富的享有者，"同等地、愈益丰富地得到生活资料、享受资料、发展和表现一切体力和智力所需的资料"⑤。马克思恩格斯所论述的财富创造者也即财富享有者，其实质就是实现分配正义。分配正义强调在财富、权利、机会等的分配中能够无差别地对待民众。

① 习近平：《决胜全面建成小康社会　夺取新时代中国特色社会主义伟大胜利——在中国共产党第十九次全国代表大会上的报告》，人民出版社，2017，第12页。

② 《习近平谈治国理政》第1卷，外文出版社，2018，第96页。

③ 《习近平谈治国理政》第2卷，外文出版社，2017，第214页。

④ 《邓小平年谱》（1975—1997）下，中央文献出版社，2004，第1364页。

⑤ 《马克思恩格斯选集》第1卷，人民出版社，2012，第326页。

当下中国正面临分配正义的挑战。"中国现代化、城市化和城镇化所造成的城乡二元分化格局、居民收入基尼系数的官方统计数据和国内重点城市义务教育改革等相关报道，呈现了这种挑战的严峻性。"① 推动共同富裕是社会分配正义在新时代中国的具体表达，其核心在于社会资源的分配问题，也就是以共享的方式实现社会资源在全体社会成员间公平正义分配。全体社会成员是社会分配正义的主体，要使社会资源在全体社会成员间合理分配、有序流动，来规避社会资源占有不均而导致的资本、权力等对民众的控制与支配。"一定的分配关系只是历史地规定的生产关系的表现"②，分配关系在本质上是由现实的生产状况决定的。在生产力不发达的阶段实现分配正义只能首先不断发展生产，也即保证有资源可供分配，否则分配正义也是空洞的，没有现实根基的。

分好"蛋糕"需要借助公正有效的制度。以制度来分好"蛋糕"，最主要体现在基本经济制度与分配制度两个方面。首先，要推动共同富裕，在生产资料所有制上必须坚持公有制为主体，生产资料由劳动者共同占有。在马克思看来，生产资料的资本家私人占有只会导致生产成果的资本家私有，进而导致社会资源占有的悬殊、贫富差距的扩大、价值理念上利己主义盛行。共同富裕就是要求生产资料归绝大多数民众享有，以此来规避个别人独占生产资料和生产成果，最终生产资料和生产成果由民众共同所有，其实质在于实现生产资料公有。其次，需要有公正的分配制度，且能与时俱进地完善分配机制。需要将制度设计与制度执行相结合，平衡初次分配、再分配、第三次分配之间的侧重点。市场机制和效率导向是初次分配关注的重点；公平正义和平衡地区、群体等之间的收入差距是政府主导的再分配的侧重点；第三次分配倡导以慈善公益方式来对社会资源和社会财富进行分配，以实现社会财富在不同群体、成员间分布。最后，还需要完善社会保障体系。在推动共同富裕过程中，

① 张国清：《分配正义在中国：问题与解决》，《国际社会科学杂志》2015 年第 1 期。
② 《马克思恩格斯全集》第 46 卷，人民出版社，2003，第 998 页。

要以保障和改善民生为重点，消除贫困，建设和完善社会保障体系，不断提升全体人民的获得感。我国贫困人口脱贫的问题是共同富裕的重点，要让全体人民更快脱贫，让人民更有尊严地生活。尽快缩小贫富差距，能够增进人民群众对党的信任与支持，有利于各民族的大团结。在推进共同富裕的过程中，弱势群体是需要重点关注的对象，要在教育、医疗、就业等方面对弱势群体给予特殊的政策倾斜，拓宽其劳动收入和财产性收入渠道，帮助他们摆脱现状，以调动其积极性，增加对社会主义现代化建设的热情。总体来看，这些都离不开社会保障体系的介入。作为现代的公共权利保障机制，社会保障体系的目的就在于通过各种保障措施的介入来弥补社会分配的不足，保障社会成员的基本权利，特别是社会中的弱势群体，以此来维护社会公平正义，不断提升广大人民群众的幸福感、获得感、归属感、认同感，让最广大人民群众能够享受到发展的成就，这才是推进共同富裕的目的。

总之，推动共同富裕需要将做大"蛋糕"与分好"蛋糕"有机结合。在做大"蛋糕"中为共同富裕奠定坚实的物质基础，否则共同富裕就是无米之炊、无根之木；在有效、公正的制度保障中分好"蛋糕"，使付出与收获相匹配。做大"蛋糕"与分好"蛋糕"两者相辅相成，并行不悖。分好"蛋糕"可提升社会成员的获得感，能够使社会成员更加积极主动地参与到经济社会建设之中。

三　在创新、协调、绿色、开放发展中推动共同富裕

"创新、协调、绿色、开放、共享"五大发展理念的提出，彰显了在社会主义建设实践中，中国共产党对我国发展实际和发展规律的认识和把握不断深化。相比于以往的发展认知，五大发展理念是一个系统，是各个理念相互联动，既重视发展的速度，又重视发展的质量，是社会发展和个体进步的统一。我们注重的发展不是追求单一化、个人化的发展，而是强调社会和社会成员作为一个组织整体共同发展。共同富裕作为我

国社会发展的目的，需要在创新、协调、绿色、开放发展理念的支撑中实现发展的目的性与价值性的统一。

（一）创新发展是推动共同富裕的动力

"创新是发展的基点，是发展的驱动，是国家发展全局的核心。"① 创新发展在本质上回答了发展的动力问题，体现了对社会发展动力的新认识，也是对发展规律新的理解与把握。创新为社会实现更高水平的物质文明与精神文明提供不竭的动力源泉。虽然相比于从前，我国经济有了新的发展，但整体来说，创新能力不强，科技对发展的贡献率不高。当前要破解我国发展动力不足的难题，突破自身发展的瓶颈，只能依靠以科技创新为核心的全面创新，也只有把创新作为发展的动力，形成促进创新的体制机制，才能有更高质量的发展。党的十八大指出："要始终把改革创新精神贯彻到治国理政各个环节，坚持社会主义市场经济的改革方向，坚持对外开放的基本国策，不断推进理论创新、制度创新、科技创新、文化创新以及其他各方面创新，不断推进我国社会主义制度自我完善和发展。"② 坚持创新发展，就要把创新作为引领社会发展、进步的第一动力，把人才作为支撑发展的第一资源，突出创新在国家发展中的地位，完善促进创新的相关制度，提升创新在发展中的分量。创新是一个涵盖内容与形式的全方位工程。从形式上看，创新以新为特色和目的，通过对新的关系、属性等的挖掘，促使人们提升认识世界和改造世界的能力。创新过程与效果会带来社会、经济领域各种要素的调整与变革。理论创新是先导，是各类创新活动的基础源泉。制度创新强调的是随着社会客观实践的改变，通过创建新的规范体系来保障发展的持续进行。制度创新是持续创新的保障，制度创新会涉及经济、政治、文化、社会、生态等方面，但国家治理创新是核心，目的在于从国家层面形成

① 《把创新摆在国家发展全局核心位置——深入贯彻落实五中全会精神之一》，《光明日报》2015年10月31日。
② 《十八大以来重要文献选编》上，中央文献出版社，2014，第11页。

有利于创新发展的体制机制，以使社会创新的活力得到有效释放。科技创新是指新知识、新技术的开发应用，由此带来生产方式、管理方式的革新。科技创新是全面创新的重中之重，是社会经济发展的原动力。把创新作为国家发展理念，其目的在于改变传统经济增长方式，调整经济结构，突出创新对于经济的动力作用，以此来提高发展的质量，推动生产力实现新的跃升。中国的创新发展必须立足于中国的社会现实与制度属性。首先，创新发展意味着发展方式的改变，从过去主要依赖劳动力、土地、资源转向以科学、知识、技术等来提升发展效率。其次，创新发展意味着个体创造力的彰显，以创新为驱动要求主体具有更高的主动性、更强的活力、更好的协调力，不仅要求主体自身力量的增强，也要求主体协调自我与自然环境、社会环境关系能力的提升。主体的智力资源和新的信息智能资源是重要的依托。主体在创新发展中具有重要的作用，这客观上要求党和国家高度重视创新者的地位，注重提高他们创新的积极性。再次，创新发展意味着与发展相关的体制机制的变革。激发创新的活力需要相应的制度、规则等配套机制的保障，市场机制、技术转化机制、分配机制等融合支撑。最后，创新发展意味着思维方式的变革。以创新为五大发展理念之首，本身就是中国共产党对中国发展规律深化认识的结果，创新发展的落地实施需要国家和社会成员转变思想。充分认识才能真正落实，而创新发展带来科技、经济、社会领域的变革，也推动着社会成员的认知、思维方式的改变。总之，以创新来驱动经济结构调整，促进经济发展，能够为共同富裕提供物质前提与保障。基于此，创新发展不仅是共同富裕的动力，也为实现共同富裕提供了做大"蛋糕"的可能性。

（二）协调发展是推动共同富裕的内在要求

发展的区域、群体、城乡等的不均衡问题是制约我国经济持续发展的重要因素。协调发展强调要关注发展布局以及发展的整体性、健康性、平衡性等。协调发展通过对影响发展的关系、领域的调整，来促进区域、城乡、群体、产业间以及经济与社会、文化等的协调，以此推动工业化、城镇化、信息化的整体发展，也使国家实力不仅体现为硬实力，也包括软实力，最终实现国家总体平衡发展。协调发展是化解矛盾和冲突的重要方式。共同富裕是全面富裕，客观要求发展数量与发展质量之间、城乡区域之间、物质文明与其他文明之间、经济发展与社会等领域之间保持有效的张力。协调发展正是对共同富裕本质的确认与延伸，是发展手段、途径等与发展成果协调统一。当前，我国区域、城乡、经济与社会、物质文明与精神文明、经济与国防之间都存在着相当程度的不协调。坚持协调发展就是使区域、群体、城乡等在发展速度、规模等方面程度和水平相当，且能在有序的状态下共同发展。协调不是整齐划一、无差别。习近平强调："协调既是发展手段又是发展目标，同时还是评价发展的标准和尺度……是发展两点论和重点论的统一……是发展平衡和不平衡的统一……是发展短板和潜力的统一。"[1] 为了实现我国经济社会发展的协调和平衡，首先，要补齐短板，要补齐贫困群体在财富占有、公共服务等方面的短板；其次，要坚持结构性改革，在消费、投资、创新等要素中寻找新的经济增长点，在经济与文化、区域、城乡、群体协调中，强化弱势群体的发展，来提升发展的后劲，实现经济持续健康发展。

（三）绿色发展是推动共同富裕的生态保障

自然界作为人的生命支撑系统，对人类的生存和发展产生重要影响。绿色发展关注人类生存发展的环境承载能力，将生态视为社会发展的重要内在要素之一，倡导一种共生、持续的社会发展新方式。绿色发展确证、内蕴共同富裕的生态底色和环境条件，要求社会主义生产力是以社会消耗最少、经济效益最大的方式发展，强调要注重发展的质量和形态，以解决发展的永续性问题。当前我国经济发展与生态环境、人与自然之间的矛盾较为突出，理性反思这些矛盾与问题，在发展上必须关注发展

---

[1] 《习近平著作选读》第 1 卷，人民出版社，2023，第 430 页。

与自然环境的内在关联，使生产发展与生态环境相协调，努力实现二者相互成就下的双赢，把发展的代价降到最低，做到既要"金山银山"，又要"绿水青山"。首先，要倡导绿色经济发展方式。绿色经济发展方式强调在尊重我国经济社会发展规律的基础上，在环境承受力许可的范围内，实现发展的可持续。在资源能源的利用上，要从传统的重视交换价值转向重视使用价值，要优化产业布局，调整三大产业间的结构与比重，通过经济结构的调整，形成符合生态建设要求的发展方式。其次，要加快绿色发展技术创新。"要全方位整合现有绿色技术创新要素，建立面向人才、研发、产品、市场的绿色支撑体系，形成围绕绿色经济、绿色发展，集聚、释放创新潜能和活力的联动体系，让创新驱动在绿色转型中成为持久的推动力。"[1] 最后，要完善生态文明制度体系。习近平指出："只有实行最严格的制度、最严密的法治，才能为生态文明建设提供可靠保障。"[2] 要完善相关的考核、责任追究等方面的法律法规和政策。良好的生态环境是最普惠的民生福祉，不仅为共同富裕的实现提供生态动力，也有助于推动共同富裕，有利于"从少数人的富裕——个别的人，个别的企业或社会——慢慢地走向全人类的富裕，财富将会更为公平与广泛的分布"[3]。

（四）开放发展是推动共同富裕的外在支撑

开放发展着眼于发展的环境和空间，注重的是内外联动、互利共赢和参与全球经济治理，建构广泛的利益共同体。开放能够促进发展，但并不是任何开放都能发挥促进发展的作用，这就关涉如何开放的问题。开放是实现共同富裕的外在支撑，要通过主动开放、双向开放、公平开放、全面开放、共赢开放等措施来更大范围、更高层次、更高质量地提

---

① 赵建军：《"新常态"视域下的生态文明建设解读》，《中国党政干部论坛》2014年第12期。

② 《习近平谈治国理政》第1卷，外文出版社，2018，第210页。

③ 〔德〕赫尔曼·舍尔：《阳光经济：生态的现代战略》，黄凤祝、巴黑译，生活·读书·新知三联书店，2000，第340页。

高我国开放式经济的水平，实现我国经济持续繁荣发展。在经济全球化背景下，我国将"顺应中国经济深度融入世界经济的趋势，奉行互利共赢的开放战略，发展更高层次的开放型经济"①。我国实行改革开放政策以来，虽然基本实现了从封闭到全方位开放的历史转变，但整体来说，对外开放的水平还有待提高，对国际市场和国外资源的利用度还不够。在本国资源短缺问题不断凸显的情况下，能否积极开展国际资源市场上的互利合作，已经是关系到我国经济能否持续发展的重大战略问题。开放发展强调以自觉与自信的态度，在可能条件下积极参与国际交往，实现发展的内外结合与互动，为本国经济的发展寻找外在机遇，最终在国内外两个市场、两种资源中实现本国经济健康可持续发展。开放发展注重以开放促发展，在更高层次、更宽领域的开放中推动发展，在与世界各国合作中发展经济。

第四节　新时代共同富裕的价值意蕴

新时代共同富裕应坚持以人民为中心和公平正义的价值理念，以此来处理发展与共享、公平与效率、先富与后富等的关系，以彰显社会主义的本质和优越性。

一　坚持以人民为中心

"坚持以人民为中心。人民是历史的创造者，是决定党和国家前途命运的根本力量。"② 这不仅是对中国传统"人本"思想的吸收与借鉴，更是中国共产党为人民服务宗旨进入新时代呈现的新境界。

---

① 《习近平会见基辛格等中美"二轨"高层对话美方代表》，《人民日报》2015年11月3日。
② 习近平：《决胜全面建成小康社会　夺取新时代中国特色社会主义伟大胜利——在中国共产党第十九次全国代表大会上的报告》，人民出版社，2017，第21页。

（一）以人为本是推动共同富裕的价值原则

以人为本之中的"本"就是"根据""根本"。"以人为本"四个字最早出现在《管子·霸言》中，《贞观政要》有"国以人为本""国以民为本"的记载。古代的"民本"思想强调统治者为了"固邦"要重视"民"的力量。这与我们所要阐释的以人为本作为共同富裕的价值原则有着根本的不同。作为共同富裕价值原则的"以人为本"中的人，首先是生活在一定时空中具体、现实的人，是具有自觉意识和主观能动性的人。以人为本强调作为主体的人在改造自然的实践活动中要肯定作为客体的自然界的优先地位，在尊重自然界客观规律的基础上，突出人对自然界以及对人类自身认识与改造的决定性力量。其次是群体意义上人的聚合体。人所生活的社会是具体现实的，是由人的现实活动构成的统一体。在社会实践活动中，人结成一定的关系，利用社会的力量实现自身的生存和发展。人在发展中不断否定、超越原来的自己，由此，人的主体性得以提升，社会得以发展，这是内聚在发展含义之中的人文价值的体现。

以人为本的价值原则彰显了人在共同富裕中的主体地位，人不仅是共同富裕的目标主体、价值主体，还是共同富裕的动力主体、责任主体。首先，以人为本彰显了人是共同富裕的目标主体。人是社会创造活动的主体，是社会发展的主角。社会发展的落脚点和目的是把人当作真正的人。人的状态与活动是衡量和评价社会发展成效的最终尺度。其次，以人为本使人成为共同富裕的价值主体。以人为本彰显了共同富裕所内含的价值向度和人文意蕴。在发展中共同享有，发展成为人实现自我价值和社会价值的自觉活动，成为人的自我生成的价值实现过程。再次，以人为本凸显了人是共同富裕的动力主体，是共同富裕的创造者、享有者。共同富裕强调发展是社会成员积极、主动追求和创造自身价值和社会价值的过程。共同富裕强调人是实现自身价值和利益的主体，正是人的这种创造性活动使社会不断向前发展。正如马克思所说："历史什么事情也没有做，它'不拥有任何惊人的丰富性'，它'没有在进行任何战斗'！

其实，正是人，现实的、活生生的人在创造这一切，拥有这一切并且进行战斗。"① 最后，以人为本使人真正成为共同富裕的责任主体。以人为本强调在社会发展中，人不再是受某种外在权威左右的被动客体，人在享有共同富裕成果的同时也要担负起应对风险和挑战的责任，实现成果共享与风险共担的统一。人在改造、利用自然的实践活动中，要自我协调、自我控制，走全面、协调、可持续的发展之路。总之，以人为本作为共同富裕的价值理念，强调以人的自由为核心，以人的权益为载体，以人的全面发展为最终目的。

以人为本作为共同富裕的价值原则，体现了对人权的保障。人权是指人之为人应该享有的基本权利，是人人自由、平等地生存和发展的权利。所谓共同富裕，即"结束牺牲一些人的利益来满足另一些人的需要的状况"，"所有人共同享受大家创造出的福利，通过城乡的融合，使社会全体成员的才能得到全面发展"。② 共同富裕就是全体社会成员在各方面都能享有社会发展成果，各方面的权益都能得到保障。共同富裕充分体现了社会主义人权的基本要求，是维护和实现最广大人民人权的重要保障。虽然改革开放带来了经济的发展，人民生活水平有了大幅度的提升，但发展的不平衡、不充分造成了贫富差距、行业差距、地区差距扩大等问题。利益分化、阶层固化等导致了不同阶层之间权利不均衡。这使得社会矛盾激增，突发事件、群体事件的出现，影响了社会的稳定，在一定程度上也阻碍了经济的发展。共同富裕以实现社会公平正义为己任，共同富裕的"共"不是一部分人、少数人、多数人享有，而是每一个社会成员都能够享有。"我们必须坚持发展为了人民、发展依靠人民、发展成果由人民共享，作出更有效的制度安排，使全体人民朝着共同富裕方向稳步前进，绝不能出现'富者累巨万，而贫者食糟糠'的

---

① 《马克思恩格斯文集》第 1 卷，人民出版社，2009，第 295 页。
② 《马克思恩格斯选集》第 1 卷，人民出版社，2012，第 308—309 页。

现象。"① 处于生存和发展危机中的弱势群体是当下社会各群体中最需要人权尊重和保障的群体。共同富裕是每一个社会成员的富裕,对于弱势群体要给予特殊的照顾与保障,使他们也能享有相对均等的财富、机会、权利等。使人民享有公平的人权,让全体社会成员公正、平等地分享经济社会发展的成果是共同富裕的旨趣所在。它意味着全体社会成员不分民族、性别、年龄、职业、财产状况、教育程度等,都应该依据自我的付出享有各方面权益。共同的物质保障是人权真实性的重要体现。马克思指出:"权利决不能超出社会的经济结构以及由经济结构制约的社会的文化发展。"② 共同富裕在发展生产力的基础上来保障社会成员的经济权利,经济权利是其他权利得到保障的前提和基础。共同富裕不仅能够化解需要与发展之间的矛盾,还能以改善民生为着力点,使社会成员享有真正的人权。

总之,共同富裕所强调的以人为本与封建主义和资本主义强调的"民本""人本"是根本不同的,后两者对人的理解是抽象、狭隘的,企图以抽象的"民本""人本"口号来掩盖现实的、由社会制度造成的人与人事实上的不平等。其对"人本"的强调只是统治阶级维护统治的工具。共同富裕中的以人为本主要体现为提高所有社会成员的生活水平,满足其美好生活需要。

（二）坚持人民主体地位

人民主体思想是马克思主义的核心价值向度,体现了马克思主义科学性与革命性的有机统一。人民主体思想是无产阶级政党领导人民认识世界、改造世界时表现出来的诸如能动性、创造性、自觉性等特质,它诉诸实践又服务于实践,并在改造世界的实践中历史地"反馈"理论自身。由于"人是一个历史发展的过程,人的主体性的澄明也是一个历史的过程,因而对人作为主体以及人的主体性的认识,就因具体的历史条

---

① 《习近平谈治国理政》第 2 卷,外文出版社,2017,第 200 页。
② 《马克思恩格斯选集》第 3 卷,人民出版社,2012,第 364 页。

件的不同而不同"①，以广大劳动者为主体的人民群众创造了历史，是推动社会发展的决定力量。坚持人民主体地位体现在社会生活的各个层面，也体现在社会成果的创造、占有上，这是人民群众全方位主体地位的彰显。"根据共产主义原则组织起来的社会，将使自己的成员能够全面发挥他们的得到全面发展的才能。"②

社会主义有别于以往社会的根本点在于在社会主义社会中人民是社会主体，共产党实现和维护的是人民的根本利益。中国共产党的初心和使命与社会主义的制度属性决定了中国特色社会主义事业必须尊重人民历史地位，充分发挥人民主体作用。这是总结中国共产党百年奋斗历史经验得出的重要结论。中国共产党百年奋斗史是领导人民团结奋斗、与人民同甘共苦的历史。新民主主义革命时期，党坚持和贯彻群众路线，团结群众、依靠群众，把党的正确主张变为群众的自觉行动，最终取得了革命的胜利；社会主义革命和建设时期的成就是党带领人民群众艰苦奋斗得来的；改革开放以来取得的成就更是人民群众集体智慧的结晶；新时代的伟大变革更是人民群众不懈奋斗的结果。正如习近平指出的那样："从建党的开天辟地，到新中国成立的改天换地，到改革开放的翻天覆地，再到党的十八大以来党和国家事业取得历史性成就、发生历史性变革，根本原因就在于我们党始终坚守了为中国人民谋幸福、为中华民族谋复兴的初心和使命。"③

坚持以人民为中心的发展思想，强调实现共同富裕，是社会主义的本质要求。共同富裕是以人民为主体的全民富裕，人民在共建富裕中实现自我价值和利益，最终实现人与社会的良性运转。基于此，坚持人民主体地位是共同富裕以人为本价值原则在我国现代化建设实践中的具体化，是共同富裕的价值指向。坚持人民主体地位进一步表明了中国共产

---

① 李楠明：《价值主体性——主体性研究的新视域》，社会科学文献出版社，2005，第1页。
② 《马克思恩格斯选集》第1卷，人民出版社，2012，第308页。
③ 《习近平著作选读》第2卷，人民出版社，2023，第391页。

党不忘初心，坚守使命，以此带领人民走向共同富裕。人民是实践共同富裕的主体力量。人民主体性中的人民不是抽象的、孤立的，是在社会历史生产实践中形成的社会群体，是由多种交往关系（生产关系和各种社会关系）形成的，是现实的人类社会实践和社会关系的体现。"扎实推动共同富裕"是中国共产党在理性反思客观现实，寻求化解社会矛盾和问题的基础上，在人民群众的热切期盼中提出来的。人民是实践共同富裕的认知主体。人民只有认可以往的发展成绩、认同和拥护中国共产党，才会对共同富裕形成客观、正确的认识，才能在思想上认同共同富裕理论，在行为上投身于共同富裕实践之中。人民是共同富裕的实践主体。人民群众的实践活动是人类社会不断发展的基础，共同富裕也需要从人民的实践活动中汲取智慧和力量。要坚持人民主体地位，把满足人民日益增长的美好生活需要作为发展的目的，把解决与人民生活密切相关的经济、政治、社会等方面的问题作为共同富裕的主战场。

为此，要践行群众路线，恪守执政为民的宗旨。群众路线作为中国共产党的生命线和根本工作路线，是党在长期的实践斗争中，深刻把握实践与认识的辩证关系，自觉地把马克思主义人民主体思想同我国革命、建设和改革实践相结合的创造性产物，体现了人民主体思想的价值观与认识论的有机统一。在党的具体工作中，党的领导干部与人民群众之间彰显"依靠谁""相信谁""为了谁""我是谁"的关系，这是党的群众路线的根本体现。党的群众路线是坚持和落实人民主体思想的集中体现。党员干部要深入群众生活，倾听群众的意见，化解群众生活中的现实问题，始终与广大人民群众一起，强化自身责任担当。

为此，要推进全面依法治国，保障人民根本权益。依法治国是党领导人民治理国家的基本方略。在总结我国社会主义法治建设成功经验和深刻教训的基础上，中国共产党强调走中国特色社会主义法治道路必须坚持人民主体地位。"我国社会主义制度保证了人民当家作主的主体地位，也保证了人民在全面推进依法治国中的主体地位。这是我们的制度优势，也是中国特色社会主义法治区别于资本主义法治的根本所在。"① 党的十八届四中全会指出："必须坚持法治建设为了人民、依靠人民、造福人民、保护人民，以保障人民根本权益为出发点和落脚点。"② 第一，坚持人民在法治建设中的主体地位。全面依法治国下以宪法为核心的中国特色社会主义法治体系的完善为巩固和保障人民主体地位提供了法律上的制度保障。正如法学家哈罗德·J. 伯尔曼所言："一种不可能唤起民众对法律不可动摇的忠诚的东西，怎么可能又有能力使民众普遍愿意遵从法律？"③ 全面依法治国的目的是通过科学合理的制度安排和制度运作，从保护人民利益的角度对政治资源进行合理配置，以确保在党的领导下人民群众合法利益得到保障。在实践全面依法治国的过程中，要始终做到保障人民利益、反映人民意愿、维护人民权益、增进人民福祉。要让人民群众认识到法律不仅是必须遵循的行为规范，更是保障人民群众权益的有效武器。第二，坚持人民在法律实施中的主体地位。法律实施是全面依法治国的重要环节。人民是法律实施的主体，在法律实施的全过程都要彰显人民的主体地位，不允许有任何超越宪法和法律的特权行为存在。此外，还要强化人民群众对宪法和法律的实施监督，自觉有效抵制各种违法行为，积极配合各级组织的执法工作。要通过在人民群众中普及和推广法律知识，不断提高人民群众的法治素养，增强法治意识，为保障人民主体地位提供智力支持和群众基础。

（三）重视人民利益

从事历史活动的现实的人总是离不开一定物质资料的支撑，个体利益是把人和社会连接起来的纽带，对个体利益的高度关注是马克思主义利益思想的鲜明特征。如恩格斯在谈到阶级斗争时指出："首先是为了经

---

① 《习近平著作选读》第 1 卷，人民出版社，2023，第 299 页。
② 《中共中央关于全面推进依法治国若干重大问题的决定》，《人民日报》2014 年 10 月 29 日。
③ 〔美〕哈罗德·J. 伯尔曼：《法律与宗教》，梁治平译，生活·读书·新知三联书店，1991，第 43 页。

济利益而进行的，政治权力不过是用来实现经济利益的手段。"① 依照共建富裕的原则，人民群众不仅是财富的创造者，也理应是社会财富的享有者，也即人民群众只有拥有了财富的所有权，才是财富的真正主人。在社会实践活动中，社会成员创造财富的过程也是其实现利益和享有利益的过程。追求个体利益是使社会成员行动起来的根本动机。社会成员个体利益的相互作用、整合与融合成了推动历史前进的动力。社会成员的利益是否得到有效的实现、维护和发展是衡量社会是否发展的重要标志之一。习近平指出："检验我们一切工作的成效，最终都要看人民是否真正得到了实惠，人民生活是否真正得到了改善，人民权益是否真正得到了保障。"②

　　当然，社会成员对利益的追求也是一个动态的过程，会随着生产力水平的提升在时间和空间上不断拓展与开放，会趋于多元。人民的共同利益和普遍需求在不同的阶段有不同的表现。现阶段，人民的共同利益和普遍需求已经不再仅仅是物质等数量上的增长，更多地体现在需求品质的不断提升上。发展的目标要紧跟人民需求的提升，解决好人民普遍关心的政治、社会、生态环境等问题。在对不同群体具体利益的维护上，强调共同富裕的主体要全面，不能缺位，重点关注低收入群体的生产和生活，帮助他们走上富裕之路。"如果只实现了增长目标，而解决好人民群众普遍关心的突出问题没有进展，即使到时候我们宣布全面建成了小康社会，人民群众也不会认同。"③ 这是中国共产党人的初心和使命在新时代的具体体现。共同富裕坚持和发展了中国共产党的人民利益思想，体现了中国共产党始终把人民利益摆在至高无上的位置，坚持以人民为中心，将其贯彻落实于治国理政的各个方面。

　　民生是利益的具体表现，而利益是民生的本质所在。共同富裕对于社会成员利益的维护，主要体现在对民生的关注上。马克思曾指出："一

---

① 《马克思恩格斯选集》第4卷，人民出版社，2012，第257页。
② 《十八大以来重要文献选编》上，中央文献出版社，2014，第698页。
③ 《习近平关于社会主义经济建设论述摘编》，中央文献出版社，2017，第47页。

切人类生存的第一个前提，也就是一切历史的第一个前提，这个前提是：人们为了能够'创造历史'，必须能够生活。"① 民生问题是当前中国社会发展面临的重要问题之一，是衡量党和政府工作的重要指标，民生问题的解决关系到社会的稳定和经济的发展。党的二十大报告指出："维护人民根本利益，增进民生福祉，不断实现发展为了人民、发展依靠人民、发展成果由人民共享，让现代化建设成果更多更公平惠及全体人民。"② 保障和改善民生，满足基本民生需求，不仅能够有效地调动起人民群众进行现代化建设的积极性，而且还能不断激发人民群众的消费潜力，释放消费需求，以此催生新的经济增长点，为经济发展提供强大内生动力和活力。民生问题的解决是以持续发展为前提的，持续发展为民生问题的解决提供了坚实的物质基础。因而，"必须坚持在发展中保障和改善民生，鼓励共同奋斗创造美好生活，不断实现人民对美好生活的向往"③。为此，要把经济体制改革作为全面深化改革的重点，以此促进社会发展，努力解决群众生产和生活的困难，以维护人民群众的经济利益。人民群众经济利益的实现，也离不开公有制经济与非公有制经济、第一二三产业等的协调发展，这样才能真正把维护社会各阶层人民的利益落到实处。因此，基于共同富裕而兼顾社会公共利益和个体利益既实现了对利益价值的肯定、利益表达的输入、利益绩效的增长，也实现了利益分配的合理，也使社会成员的获得感不断提升。

重视人民利益不仅仅关注并实现人民群众的眼前利益，而且通过抓住不同时期社会主要矛盾对经济社会发展提出更高要求，以更好地满足和实现人民的长远利益。"扎实推动共同富裕"的提出与社会主要矛盾紧密相关。实践证明对于社会主要矛盾的认识与把握是中国共产党确立发

---

① 《马克思恩格斯选集》第 1 卷，人民出版社，2012，第 158 页。
② 习近平：《高举中国特色社会主义伟大旗帜　为全面建设社会主义现代化国家而团结奋斗——在中国共产党第二十次全国代表大会上的报告》，人民出版社，2022，第 27 页。
③ 习近平：《高举中国特色社会主义伟大旗帜　为全面建设社会主义现代化国家而团结奋斗——在中国共产党第二十次全国代表大会上的报告》，人民出版社，2022，第 46 页。

展理念、制定发展战略的关键，更是关系到人民群众利益的维护与实现。人民利益在不同阶段和时代背景下会有具体的不同的表现形式，总体上是以人民不断增加的需要表现出来。面对中国"发展起来"的客观现实，人民日益增长的美好生活需要既包括诸如教育、就业、收入、社会保障、医疗卫生服务、居住条件等方面的"硬需求"，也包括渴求公平正义以及希望增强幸福感、获得感、安全感等"软需求"。而现实是我国还存在着行业之间、地区之间、城乡之间等发展不平衡、不充分的状况。我国社会主要矛盾的转变影响全局，客观上要求诸多领域随之做出改变。为此，要继续坚持以经济建设为中心，在已有发展成果的基础上，扬弃过去的发展方式，确立新的发展理念，把工作的重心放在解决好发展不平衡不充分的问题上，以满足人民日益增长的美好生活需要。

二　体现社会的公平正义

共同富裕凝结了全体中国人民追求公平正义的价值诉求，体现了社会正义的公平原则，是中国特色社会主义正义观的集中体现。

（一）公正是推动共同富裕的价值保障

人们最早主要是从"善"和"德"等伦理道德的角度来理解和使用"公正"一词。不管是中国古代的思想家还是古希腊的先哲们都把"公正"看作最高的"善"和处理人与人之间关系的基本准则。苏格拉底提出了"正义四原则"，柏拉图则认为正义是绝对命令。中国古代思想家则把公正理解为理想社会的"至德"。近代，随着以平等为追求的自然法理论的传入和相关制度的革新，人们更多从权利和制度意义上去理解公正。洛克、休谟、卢梭等都是在自由和平等的意义上理解公正概念的，认为一个自由和平等的社会就是公正的社会。二战后，越来越多的国家注重通过社会政策来促进社会公正，公正成了一个社会政策和社会发展意义上的概念，公正程度成了衡量社会发展水平的重要标志之一。现代社会往往把公正置于社会发展的背景下来思考，期待实现公正与发展的统一。

如罗尔斯的"差异原则"搭起了公正与社会发展的桥梁,通过交叠共识的标准达成公正与发展的统一。马克思恩格斯从社会现实的客观实际出发来阐发他们的公正思想。在他们看来,公正是由社会经济利益关系决定的。因而他们认为只有从现实经济生产生活中寻找公正的钥匙,才能使公正为现实的个人所拥有。离开现实个人的具体生活环境,对公正的论述只能是远离生活的"空中楼阁"。在现代社会,公正作为一种价值调节原则,是自由与平等的统一。公正与平等有关,公正承认每个人都是平等的,具有平等的权利,都能够平等地通过自己的努力获得成功,但公正又承认差异,认为人们之间存在着事实的不平等。公正也与自由内在相关,公正承认每个人都有自由追求自我成功的权利。但是每个人都坚持自由的权利,又会导致竞争与冲突。公正作为自由和平等的统一体,一方面为了平等而适当地限制自由,另一方面为了自由而适当地允许不平等的存在。

作为一种价值理念和原则,公正是对现实社会关系合理性与正当性的反映。"对我们来说,正义的主要问题是社会的基本结构,或更准确地说,是社会主要制度分配基本权利和义务,决定由社会合作产生的利益之划分的方式。所谓主要制度,我的理解是政治结构和主要的经济和社会安排。"[1] 第一,公正内蕴着对弱势群体的关注。但在现实生活实践中,即使有公正制度的保障,弱势群体在和强势群体博弈时,也很难有优势。基于此,罗尔斯强调对弱势群体的倾斜,依照"最少受惠者有利"的原则来进行制度的设计与安排。"为了平等的对待所有人,提供真正的同等的机会,社会必须更多地注意那些天赋较低和出生于较不利的社会地位的人们。这个观念就是要按平等的方向补偿由偶然因素造成的倾斜。"[2]要确保每一社会成员的公正,就要差别地对待他们,在制度设计与安排上向他们倾斜,以此来平衡社会成员对社会资源的占有。第二,公正意

---

[1] 〔美〕约翰·罗尔斯:《正义论》,何怀宏、何包钢、廖申白译,中国社会科学出版社,1988,第5页。

[2] 〔美〕约翰·罗尔斯:《正义论》,何怀宏、何包钢、廖申白译,中国社会科学出版社,1988,第96页。

味着制度的无歧视，对公正价值理念的追求并不是说一定能在实践中实现公正。制度设计与执行中体现和做到公正是维护公平正义的重要体现。要通过公正的制度来保障社会成员在交往中的公正地位，制度设计不能存在对任何人的歧视性规定，需保障所有社会成员的权利与尊严。公正的制度是公共权力合理配置的保障。公共权力的配置直接关系到社会资源的分配，通过公正的制度来确保公共资源在所有社会成员间平等分配，来限制和约束公共权力异化导致的社会不公正。可见，公正在社会成员那里表现为一种客观价值准则和价值标准。

公正作为基本理念和行为准则，反映了人与人、人与社会的关系，渗透在人类社会生活的各个领域。"社会公正会使得社会成员产生心理感受上的公平感，从而会间接导致一种对于社会特别是政治的认同意识，于是就有利于促进社会稳定。"[1] 公正不仅是政治系统维持其统治秩序的重要准则，也是社会成员评价、衡量政治系统的重要标准。"如果没有正义，社会必然立即解体，而每一个人必然会陷于野蛮和孤立的状态，那种状态比起我们所能设想到的社会中最坏的情况来，要坏过万倍。"[2] 习近平指出："公平正义是我们党追求的一个非常崇高的价值，全心全意为人民服务的宗旨决定了我们必须追求公平正义，保护人民权益、伸张正义。"[3]

社会公正是坚持共同富裕、实现社会良性运转的价值保障。共同富裕以社会成员共享为价值取向，追求共同发展、共享成果。公正强调全体社会成员都能够享有同等的发展条件和机会，能够得到平等的对待，自我的劳动创造能力能够得到最大限度的发挥。在利益分配时能够公平地惠及所有利益主体，所有社会成员能够根据自己的付出得到应有的回报，同时也要关注对弱势群体利益的保护，这样才能有助于社会公正的实现，维护社会的持续发展。社会公正是助力共同富裕，实现社会持续

---

① 桑玉成：《利益分化的政治时代》，学林出版社，2002，第169页。
② 〔英〕大卫·休谟：《人性论》，关文运译，商务印书馆，1980，第538页。
③ 《习近平关于全面依法治国论述摘编》，中央文献出版社，2015，第38页。

稳定发展的重要基础。共同富裕通过共享来协调不同社会成员和阶层之间的关系，以互惠、互利来增进互信，化解矛盾和冲突。就发展所提供的机会而言，公正能够确保社会成员平等地参与社会发展和拥有实现自我发展的权利和机会；就发展所取得成果的分配而言，公正确保所有社会成员共同享有发展成果，维持人与人之间相互关爱、扶贫济弱的关系。从这个角度来讲，公正理应内化于共同富裕之中，是社会有序稳定运作的准则和价值精神。

（二）共同富裕是对公平正义的彰显

发展作为一个现代社会的概念，与现代化直接相关。中国的现代化是"在前现代、现代和后现代，封建主义、资本主义和社会主义，人对人的依赖、人对物的依赖和人的自由个性等诸多'时空压缩'复杂境遇下开展"①。这意味着前现代、现代和后现代的不同社会问题会共时呈现在中国社会发展之中。经济增长和成果分配如"第一现代性和第二现代性"一样以历史浓缩的形式，压缩在当前中国的发展中，由此引发了复杂且艰巨的发展问题，客观上要求中国同时解决经济增长和发展成果分配的问题。"发展成果的分配关系到发展的合法性问题，是规范和调节人与他人、人与社会相互关系的重要方面，即发展对'我'的意义问题。"② 正如习近平所指出的那样："我国经济发展的'蛋糕'不断做大，但分配不公问题比较突出，收入差距、城乡区域公共服务水平差距较大。"③ 这使得新时代共同富裕对于回应当前存在的公平正义问题而言具有独特的价值。在中国式现代化进程中，实现经济发展与社会公正共融，实现生产发展的经济目标与公平正义的社会目标的统一，是新时代我们党被赋予的历史重任。

从主体来看，全体社会成员是共同富裕的主体，要考虑权益、责任如何在社会成员间、社会阶层间、各地区间进行合理有效的划分，确保

---

① 张艳涛：《历史唯物主义视域下的"中国现代性"建构》，《哲学研究》2015 年第 6 期。
② 张彦、洪佳智：《论发展伦理在共享发展成果问题上的"出场"》，《哲学研究》2016 年第 4 期。
③ 《习近平谈治国理政》第 2 卷，人民出版社，2017，第 200 页。

人人能够劳有应得。要特别关注弱势阶层在财富与机会分配中的公正性，对弱势群体基本经济生活、社会福利保障、发展机会和发展条件等给予特殊的关照，帮助他们渡过难关，努力减少最低物质生活标准下人口的数量和社会群体间收入与财产的差别。共同富裕的主体是自主的、多元化的，相互之间是平等关系，要确保全体社会成员有平等的参与和发展的机会，最终使社会成员不仅拥有收入和财富，也拥有权利和机会。要通过社会资源在全体社会成员间公正有序分配，来规避财富集中占有导致的资本对他人和社会的支配与控制。基于此，覆盖全体人民的共同富裕能够化解因受众范围片面而导致的公平正义问题。当然，全民富裕不是平均主义，不是没有差异，而是发展成果相对公平分配，发展机会、权利等相对公平，是在合理差距范围内实现公共利益和个体利益的统一。要把财富占有的差距控制在合理范围内，使付出与收获相匹配，人民群众才会有积极性，才能增强发展的后劲，也才能维持社会的和平与稳定。整体来说，共同富裕不仅是一个经济领域中的分配问题，更是一个关系社会稳定的政治问题。

从内容来看，全面富裕是在更广范围内实现人民共同富裕，是社会权利、财富、机会等内容的多维综合，表现为"五位一体"下物质财富的增加、政治权利的保障、精神文化生活的满足、社会机会公正、绿色福利的分享。社会发展中取得的所有层面的成果都是共富的对象，契合了马克思关于社会发展和人的发展是内在一致的观点。"社会也是由人生产的。活动和享受，无论就其内容或就其存在方式来说，都是社会的活动和社会的享受。"① 社会发展领域的全面性和社会发展过程的连续性造就了作为社会主体的人的需要的多领域、多层次。这也规定了满足需要的共同富裕也应具有全面性的特征。当前存在的社会公平正义问题，就是由于在经济、政治、文化、社会等领域，社会成员在权利、机会、成果等方面占有不均衡，全面富裕从内容上把社会发展的所有领域和环节都包含在内。

---

① 《马克思恩格斯文集》第 1 卷，人民出版社，2009，第 187 页。

从过程来看，共同富裕强调共建共富。社会成员间要开展互助合作，在发展生产中不断把"蛋糕"做大，再基于社会现实和一定的制度规范把"蛋糕"分好。但就当前社会存在的不公平不正义的社会问题而言，一方面，一部分人只想共富不想共建，只想坐享其成，而且现实中确实有一部分人不劳而获；另一方面，一部分人付出了劳动，为生产做出了贡献，却在权利、机会、成果等的分配中没有得到与其付出相匹配的利益，从而出现财富、资源占有的不平衡。"由于我国还处于社会主义初级阶段，在这个阶段中，必然会存在先富和共富的问题，政治权利的实现程度以及是否均衡的问题，不同的人群在改革的不同阶段享有的权利和承担的义务会不匹配的问题，权利和义务出现历史错位等问题，因此特别需要对此加以补偿。"① 而共建富裕通过确保社会成员在共建中的理性预期与现实得到的成果、机会、权利相一致，来调动民众的积极性和主动性，进而推动社会开放式向前发展。可见，共同富裕所具有的内在要求为化解当下存在的公平正义问题提供了思路。

从实现的条件来看，不同时期的生产力状况直接影响共同富裕的可能与实现程度。共同富裕的水平受制于以生产力为标志的社会发展程度。由现有的生产力决定的生产关系是确定分配关系的前提。只有以大力发展生产力为根本前提，社会分配才可能实现应有的公平和正义。而且就共同富裕实现的程度而言，均等性是共同富裕的首要性质，但均等不是大规模同质化的集体共富，而是异质化的个体间的共富。

总之，在共同富裕的社会里，社会成员均等共享的社会资源不仅包括可量化的物质资源，还包括发展的机会等。要借助制度等为社会成员公正地分配社会财富和资源提供最大的可能性。公正不仅体现为财富共享，还包括社会权利、机会平等以及风险共担等。共同富裕是全体社会成员以自我所做贡献为依据的共同富裕，是有差别的共同富裕而不是平均主义，但共同富裕也会关注对所有社会成员之作为社会人基本权利的保障。

---

① 张贤明、陈权：《论改革发展成果共享的三项原则》，《理论探讨》2014 年第 5 期。

第三章　新时代共同富裕的现实考量

新时代不仅是中华民族将迎来强起来的时代，也是全国各族人民不断创造美好生活逐步实现共同富裕的时代。我国在经济、政治、社会等领域取得的巨大成就为新时代扎实推动共同富裕提供了现实可能性。新时代共同富裕的目标又对党和国家的现代化发展不断提出新的要求，赋予其新的内涵。本部分主要从宏观和微观层面全面呈现新时代我国共同富裕的现实图景。

第一节　新时代推动共同富裕的现实可能性

经济总量的稳定增长与民众获得感的提升、国家治理现代化与执政理念的创新、脱贫攻坚的完成与公共服务体系的健全等，为在民族复兴中推动共同富裕提供了现实可能性。

共同富裕的经济基础：经济总量的增长与民众获得感的提升

在中国共产党的正确领导下，在党的相关政策的正确指引下，中国在 2010 年已经是世界第二大经济体，整个国家的经济总量有了很大增长。经济总量的增长、物质财富的增加，为人民生活的改善奠定更加坚实的物质基础。同样，人民生活的改善、福祉的增加，不仅能够有效增强民众获得感，还能调动民众发展生产和消费的积极性，催生新的经济增长点，促进经济发展。总之，经济总量的增长和民众获得感的增强是辩证统一的，要实现人民生活改善与财富增长之间的有效对接、良性循环。

（一）经济总量的增长

改革开放之初，为了逐步改变传统的计划经济体制和偏向平均的分配模式，调动劳动者的积极性，解放生产力和发展生产力，解决民众的基本温饱问题，党开始在农村实行家庭联产承包责任制，来鼓励有能力的地区和群体先富裕起来；在取得初步成效和总结经验教训的基础上，党又把承包经营责任制推广到城市，之后，又逐步引入市场经济的运行体制。同时，改革开放加强了我国与国外的联系，特别是沿海地区通过引进国外资金、先进技术、管理经验等，在现代化进程中率先迈出了一步。党的十八大以来，面对错综复杂的国内外经济形势，党中央审时度势，提出了一系列关系我国经济发展全局的重大判断和论断，成功驾驭我国经济发展大局，经济建设有了更进一步的发展。总之，经过四十多年的高速发展，社会生产力水平有了极大提高，我国的财富总量总体上经历了一个高速增长期，从而为民生领域相关保障措施的实施以及社会整体的和谐稳定奠定了物质基础。相关数据显示，2013—2016 年，国内生产总值年均增长 7.2%，高于同期世界 2.5% 和发展中经济体 4% 的平均增长水平，我国对世界经济增长的平均贡献率达到 30% 以上，超过美国、欧元区和日本贡献率的总和，居世界第一位。[①] 根据 2023 年的政府工作报告，"经济发展再上新台阶。国内生产总值增加到 121 万亿元，五年年均增长 5.2%，十年增加近 70 万亿元、年均增长 6.2%，在高基数基础上实现了中高速增长、迈向高质量发展。财政收入增加到 20.4 万亿元。粮食产量连年稳定在 1.3 万亿斤以上。工业增加值突破 40 万亿元。城镇新增就业年均 1270 多万人。外汇储备稳定在 3 万亿美元以上。我国经济实力明显提升"[②]。党的二十大报告指出："国内生产总值从五十四万亿元增

① 《九组数字，读懂党的十八大以来的这五年》，《文汇报》2017 年 8 月 12 日。
② 李克强：《政府工作报告——2023 年 3 月 5 日在第十四届全国人民代表大会第一次会议上》，人民出版社，2023，第 7 页。

长到一百一十四万亿元，我国经济总量占世界经济的比重达百分之十八点五，提高七点二个百分点，稳居世界第二位；人均国内生产总值从三万九千八百元增加到八万一千元"。① 经济总量的增长为新时代共同富裕的推动奠定了物质基础。

经济总量增长的同时，产业结构不断调整、优化，产业结构间的协同性明显增强，农业基础地位巩固，第二产业的生产能力不断提升，第三产业有了新的发展。由于我国过去较为重视工业发展，一定程度上忽视了服务业的发展，第二产业在国内生产总值中所占比重过高。随着改革开放的深入，市场多样化服务性消费需求持续扩大和鼓励服务业发展的政策力度加大，我国服务业有了新的发展，所占比重不断提升。"2012年，第三产业增加值比重为45.5%，首次超过第二产业，成为国民经济第一大产业；2015年第三产业增加值占国内生产总值比重首次超过50%，达到50.8%；2019年达到53.9%。"② 服务业在经济发展中的比重快速提高，不仅标志着服务业对经济发展的支撑度和贡献率提升，更标志着我国经济正由工业主导向服务业主导转变。

与此同时，党的十八大以来，在党的正确领导下，城市建设和发展有了新的突破，城镇化进程不断加快，城市发展质量明显提升。"2022年末，我国城镇常住人口达到92071万人，比2021年增加646万人；乡村常住人口49104万人，减少731万人。常住人口城镇化率为65.22%，比2021年提高0.50个百分点。城镇化空间布局持续优化，新型城镇化质量稳步提高。"③ 大中小城市和小城镇都得到发展，城镇基础设施得到明显改善，交通出行更加便利。不仅城市硬件设施有了很大进步，而且城市

---

① 习近平：《高举中国特色社会主义伟大旗帜 为全面建设社会主义现代化国家而团结奋斗——在中国共产党第二十次全国代表大会上的报告》，人民出版社，2022，第8页。
② 《什么是结构分析法》，国家统计局，https://www.stats.gov.cn/zs/tjws/tjfx/202301/t2023 01011_1903760.html。
③ 王萍萍：《人口总量略有下降 城镇化水平继续提高》，国家统计局，https://www.stats.gov.cn/sj/sjjd/202302/t20230202_1896742.html。

文化建设也取得了新的成就，物质文明和精神文明建设相互促进。

（二）民众获得感提升

获得感强调的是民众在利益得到满足之后而产生的一种满足感，这种满足感不仅涉及经济领域还包括政治、文化、社会建设等领域。习近平指出："把改革方案的含金量充分展示出来，让人民群众有更多获得感。"[①] 党在全面深化改革中突出民众的获得感，不仅让民众在物质上共同享有改革发展成果，也高度关注民生，注重提升社会供给的质量，满足民众不断增长的需要，使民众的切身感受与社会发展得以"链接"。这样获得感在社会改革发展与民生福祉间起到了调节的作用。获得感是衡量社会发展满足民众需求状态的重要指标，也是评估共同富裕的指标之一。获得感是一个内蕴民众生活水平提高、公平正义等的多维概念，是民众对物质生活水平、精神文化、政治权利等综合体验的结果。其中，物质生活水平的提升仍然是基础。

在经济发展不断取得新成效的基础上，提高民众的整体生活水平，满足人民多样化的需要，是党和国家各项工作的出发点和目的。新时代，以人民为中心的发展坚持发展为了人民，由人民共享发展的成果，让人民在实实在在的体验中增强获得感、幸福感、安全感。习近平强调指出："以人民为中心的发展思想，不是一个抽象的、玄奥的概念，不能只停留在口头上、止步于思想环节，而要体现在经济社会发展各个环节。"[②] 我国人民生活水平不断迈上新台阶，党的二十大指出："人民生活全方位改善。人均预期寿命增长到七十八点二岁。居民人均可支配收入从一万六千五百元增加到三万五千一百元。城镇新增就业年均一千三百万人以上"。[③]

---

① 《科学统筹突出重点对准焦距 让人民对改革有更多获得感》，《光明日报》2015 年 2 月 28 日。
② 《习近平关于社会主义社会建设论述摘编》，中央文献出版社，2017，第 13 页。
③ 习近平：《高举中国特色社会主义伟大旗帜 为全面建设社会主义现代化国家而团结奋斗——在中国共产党第二十次全国代表大会上的报告》，人民出版社，2022，第 10—11 页。

2023 年的政府工作报告指出："人民生活水平不断提高。居民收入增长与经济增长基本同步……居民消费价格年均上涨 2.1%。新增劳动力平均受教育年限从 13.5 年提高到 14 年。基本养老保险参保人数增加 1.4 亿、覆盖 10.5 亿人，基本医保水平稳步提高。多年累计改造棚户区住房 4200 多万套，上亿人出棚进楼、实现安居。"①

其一，居民可支配收入大幅增加。城镇居民人均可支配收入在 1978 年是 343.4 元，农村居民人均纯收入在 1978 年是 133.6 元，"2021 年居民人均可支配收入 35128 元，比 2012 年的 16510 元增加 18618 元，累计名义增长 112.8%，年均名义增长 8.8%，扣除价格因素，累计实际增长 78.0%，年均实际增长 6.6%"②。在各种生产要素参与分配机制不断完善的情况下，居民收入来源趋于多样化，且保持较快增长。"2021 年人均工资性收入 19629 元，比 2012 年增长 109.3%，年均增长 8.6%；人均经营净收入 5893 元，比 2012 年增长 85.8%，年均增长 7.1%。"③ 可见，不管是城市还是农村，居民收入都有了大幅度的提升。"城乡居民收入增速超过经济增速，中等收入群体持续扩大"④，社会财富基数不断扩大，为实现共同富裕提供了坚实的物质基础。

其二，居民收入差距继续缩小。在党和国家持续推进收入分配制度各项改革的作用下，城乡和区域之间的收入差距都在不断缩小。就城乡而言，"2021 年城镇居民人均可支配收入 47412 元，比 2012 年增长 96.5%；农村居民人均可支配收入 18931 元，比 2012 年增长 125.7%。2013—2021 年，农村居民年均收入增速比城镇居民快 1.7 个百分点。

---

① 李克强：《政府工作报告——2023 年 3 月 5 日在第十四届全国人民代表大会第一次会议上》，人民出版社，2023，第 9 页。

② 《居民收入水平较快增长 生活质量取得显著提高》，国家统计局，http://www.stats.gov.cn/xxgk/jd/sjjd2020/202210/t20221011_1889192.html。

③ 《居民收入水平较快增长 生活质量取得显著提高》，国家统计局，http://www.stats.gov.cn/xxgk/jd/sjjd2020/202210/t20221011_1889192.html。

④ 习近平：《决胜全面建成小康社会 夺取新时代中国特色社会主义伟大胜利——在中国共产党第十九次全国代表大会上的报告》，人民出版社，2017，第 5 页。

2021 年城乡居民人均可支配收入之比为 2.50（农村居民收入 = 1），比 2012 年下降 0.38，城乡居民收入相对差距持续缩小"①。就区域而言，中西部地区人均可支配收入增速较快，区域间居民收入的相对差距在不断缩小。就 2021 年国家统计局的相关数据来看，东部地区居民人均可支配收入为 44980 元，相比 2012 年累计增长 110.1%；中部地区居民人均可支配收入为 29650 元，相比 2012 年累计增长 116.2%；西部地区居民人均可支配收入为 27798 元，相比 2012 年累计增长 123.5%；东北地区人均可支配收入为 30518 元，相比 2012 年累计增长 89.5%。② 虽然中西部地区居民之间的收入差距依然存在，但从上述增长的速度来看，中西部地区居民人均可支配收入的增速明显高于其他地区。

其三，居民消费支出增长较快。居民消费状况是衡量居民生活质量的重要指标，近年来，居民的消费水平和消费结构都不断优化。从 2021 年国家统计局公布的数据来看，相比于 2012 年的 12054 元，2021 年全国居民人均消费支出为 24100 元，增加了 12046 元，扣除价格因素累计实际增长 67.4%，年均实际增长 5.9%；其中，城镇居民人均消费支出扣除价格因素比 2012 年累计增长 47.9%，平均年实际增长 4.4%，实际人均消费支出为 30307 元；农村居民人均消费支出与 2012 年相比，扣除价格因素，累计实际增长 99.7%，年均增长 8.0%，实际人均消费支出为 15916 元。③ 恩格尔系数（居民食品支出占消费支出的比重）的高低是衡量居民消费支出的通用指标。恩格尔系数越低说明居民生活水平越高。2021 年全国居民人均食品烟酒支出 7178 元，恩格尔系数从 2012 年的 33.0% 下降至 2021 年的 29.8%，下降 3.2 个百分点。其中，城镇居民人均食品烟酒

---

① 《居民收入水平较快增长 生活质量取得显著提高》，国家统计局，http://www.stats.gov.cn/xxgk/jd/sjjd2020/202210/t20221011_1889192.html。

② 《居民收入水平较快增长 生活质量取得显著提高》，国家统计局，http://www.stats.gov.cn/xxgk/jd/sjjd2020/202210/t20221011_1889192.html。

③ 《居民收入水平较快增长 生活质量取得显著提高》，国家统计局，http://www.stats.gov.cn/xxgk/jd/sjjd2020/202210/t20221011_1889192.html。

支出 8678 元，比 2012 年增长 58.6%，年均增长 5.3%；城镇居民恩格尔系数从 2012 年的 32.0% 下降至 2021 年的 28.6%，下降 3.4 个百分点。农村居民人均食品烟酒支出 5200 元，比 2012 年增长 117.2%，年均增长 9.0%；农村居民恩格尔系数从 2012 年的 35.9% 下降至 2021 年的 32.7%，下降 3.2 个百分点。① 与此同时，在居民所有消费支出中，2021 年全国居民人均服务性消费支出占人均消费支出的比重为 44.2%，比 2013 年提高 4.5 个百分点。可见，在居民个体可支配收入不断增加的基础上，相较于过去，我国人民的消费理念、消费取向和消费结构等都有了重大改变。消费不再单单是吃、穿、住、用，还包括对音乐欣赏、健身等心理愉悦的追求，人文因素在消费中所占比重提升了，且消费取向趋于多元化，特别是精神需求增多，人们追求自我解放和个性发展；生活用品消费选择日益智能化，并且家政服务性消费占比不断提高，人们更多关注精神愉悦层面的消费。这与新时代的社会现实相一致，也即民众在物质生活需求得到满足以后，有了更高的生活追求，这种更高的生活追求反映在日常生活消费中，就是消费理念、项目等的改变。如党的二十大报告所述："人民群众获得感、幸福感、安全感更加充实、更有保障、更可持续，共同富裕取得新成效。"②

获得感一方面反映了一个国家经济社会发展的实际情况，另一方面反映了民众的实际受益状况，即民众在经济迅速发展下对政治体系、国家的认同状况。以获得感作为衡量改革发展的指标反映了评价方向的转变，以民众的需求满足程度作为标准，这也是党和政府制定目标和政策的出发点。把党和国家的各项政策转变为民众能够感受到的切切实实的利益，不仅体现了我们党以人民为中心的发展思想，也突出了人民是党和国家各项工作的评判者。可见，民众的获得感，不仅体现了共同富裕

---

① 《居民收入水平较快增长 生活质量取得显著提高》，国家统计局，http://www.stats.gov.cn/xxgk/jd/sjjd2020/202210/t20221011_1889192.html。

② 习近平：《高举中国特色社会主义伟大旗帜 为全面建设社会主义现代化国家而团结奋斗——在中国共产党第二十次全国代表大会上的报告》，人民出版社，2022，第 11 页。

的程度，也影响改革的走向。

人民群众生活水平不断提高，有了更多的获得感。其一，能够有效凝聚民心，提升民众的信心，获得民众的信任。社会发展中出现的收入差距扩大、阶层固化、社会不和谐等问题，以及政治层面的权力寻租等现象都会削弱民众的获得感。这种情况下，要在保障民生中加快发展，来提高民众生活的品质，使民众在良好的生活环境、较高的生活水平中不断增强获得感、幸福感，这样有助于提升党的凝聚力和感召力。其二，有助于坚定民众对中国特色社会主义道路的信心。人民群众对于中国特色社会主义道路的认知是建立在他们的经济、政治、文化等利益的实现状况上的。只有不断提高民众的经济收入、维护其合法政治权益、确保其拥有丰富的精神文化生活、完善其社会保障，民众对中国特色社会主义道路才能拥有真实感受，这样才能抵制现实中存在的贫富悬殊问题，同时避免西方势力刻意夸大中国社会现实问题，才能坚定人民群众走中国特色社会主义道路的信心。其三，有助于培育民众健康向上的社会心态。党的十九大报告指出："加强社会心理服务体系建设，培育自尊自信、理性平和、积极向上的社会心态。"[①] 民众的社会心态是社会现实在民众心中的反映。随着改革进程的加速，在社会心态上民众的佛系、焦虑、悲观、信任感缺乏等通过一些群体事件不断暴露出来，特别是随着互联网的普及，民众的这些负面心态更容易被放大。这些负面心态问题如果处理不当，就可能成为重大事件的导火线。为此，要认识到这些负面心态问题实质上是现实社会中的权利机会非均等化以及党员干部腐败等问题的折射。要通过全面深化改革，改革分配制度、完善社会保障制度，从民生角度保障民众的切实利益，以使民众拥有充实且持续的获得感，优化民众的社会心态，防范由此可能导致的社会问题。

---

① 习近平：《决胜全面建成小康社会　夺取新时代中国特色社会主义伟大胜利——在中国共产党第十九次全国代表大会上的报告》，人民出版社，2017，第49页。

二　共同富裕的政治基础：国家治理现代化与执政理念的创新

党的十八届三中全会明确提出"全面深化改革的总目标是完善和发展中国特色社会主义制度，推进国家治理体系和治理能力现代化"[①]，由此明确了改革的鲜明指向和时代要求，那就是要通过改革进一步增强中国特色社会主义制度的活力，把制度优势转化为国家治理效能。中国共产党是中国特色社会主义事业的领导核心，其建构和秉持的执政理念对共同富裕的推进具有重要作用。

国家治理现代化推动了中国共产党执政理念的创新，同时执政理念的创新是实现国家治理现代化的保障。在国家治理现代化不断取得新成就的同时，党的执政理念也实现了由"管理"向"治理"的转变，政府治理的边界日益明晰。

（一）国家治理现代化

推进国家治理体系和治理能力现代化，是完善和发展中国特色社会主义制度的必然要求，是实现社会主义现代化的题中应有之义。"这既是党的国家制度观的时代性提升，也是党的国家治理理念的时代性提升，还是党的现代化理念的时代性提升，是党的国家制度观、国家治理观和现代化观相交汇而产生的整体性和革命性提升。"[②] 在"国家治理现代化"这一命题中，国家是覆盖经济、政治、文化等各个领域及各个层次的概念；现代化的内涵更为丰富，不是一个纯粹的时间概念，而是表现为科技、工业、理性、法治等与传统社会不同的一种社会状态。国家治理现代化是中国共产党的国家制度观、国家治理理念的时代性提升，要在中国式现代化中不断实现理论和实践的创新。

1. 国家治理现代化的实践历程

中国特色的国家制度和治理体系是中国共产党在民族复兴历史进程

---

① 《中共中央关于全面深化改革若干重大问题的决定》，人民出版社，2013，第3页。
② 欧阳康：《中国式现代化视域中的国家制度和国家治理现代化》，《中国社会科学》2023年第4期。

中逐步酝酿、建立和发展起来的。立足于不同阶段的现实国情，中国共产党在理论和实践上经历了一个不断认识和深化的过程——从确立国家根本制度到制度体系的全面建构，再到推进国家治理体系和治理能力现代化。首先，建构国家根本制度。进行新民主主义革命以推翻帝国主义、封建主义、官僚资本主义的统治，建立无产阶级领导的、以工农联盟为基础的、各革命阶级联合专政的国家政权，为国家根本制度的建构奠定政治基础。为此，毛泽东在《新民主主义论》中明确提出要"建设一个中华民族的新社会和新国家"①，在《论人民民主专政》中再次强调"总结我们的经验，集中到一点，就是工人阶级（经过共产党）领导的以工农联盟为基础的人民民主专政"②。毛泽东的这些论述为新中国成立后国家制度的建构提供了理论准备。在新中国成立前夕召开的中国人民政治协商会议第一届全体会议上通过的《中国人民政治协商会议共同纲领》，明确规定了新中国"实行工人阶级领导的、以工农联盟为基础的、团结各民主阶级和国内各民族的人民民主专政"③。"国家政权属于人民。人民行使国家政权的机关为各级人民代表大会和各级人民政府。"④ 1954年通过的《中华人民共和国宪法》又以国家最高法的形式明确了国家的国体、政体等，这样国家根本制度的建构在新中国成立后得以完成。其次，加强国家制度体系建设。虽然根本的政治、经济、文化制度为新中国的发展提供了重要支撑，但之后在探索如何建设社会主义问题上出现的曲折，客观上要求进一步加强国家制度体系的建设。为此，邓小平在坚持社会主义基本制度不动摇的基础上，强调把领导制度、组织制度等制度体系的建设与完善提升到国家战略的高度，突出制度建设的全面性、系统性。坚持党的领导、坚持公有制、坚持人民代表大会制度等是不能动摇的。与此同时，邓小平还指出："改革党和国家领导制度及其他制度，是为了

① 《毛泽东选集》第2卷，人民出版社，1991，第663页。
② 《毛泽东选集》第4卷，人民出版社，1991，第1480页。
③ 《中华人民共和国简史》，人民出版社、当代中国出版社，2021，第6页。
④ 《建国以来重要文献选编》第4册，中央文献出版社，1993，第15页。

充分发挥社会主义制度的优越性，加速现代化建设事业的发展"①。在邓小平看来，成熟定型的制度体系是不可能短期内建构完成的，需要经过不断的努力。1992年党的十四大强调："到建党一百周年的时候，我们将在各方面形成一整套更加成熟更加定型的制度。"② 改革开放后国家制度体系的理论创新与实践建构的过程与我国经济快速发展的历程是一致的，经济体制上计划经济到市场经济的转变也要求国家相关制度予以建构与完善。最后，推进国家治理体系和治理能力现代化。党的十八大以来，以习近平同志为核心的党中央把制度建设提升到国家治理的高度。党的十八届三中全会首次提出"推进国家治理体系和治理能力现代化"的命题，将其作为全面深化改革的总目标，并把实现"各方面制度更加成熟更加定型。国家治理体系和治理能力现代化取得重大进展，各领域基础性制度体系基本形成"③ 作为"十三五"时期的目标。党的十九大以来，党中央不断推进国家领导机构改革，建构与新时代相一致的国家机构职能体系，努力推动制度的成熟与定型。

2. 国家治理现代化的核心理念

随着党中央对国家治理体系和治理能力现代化的认识不断深化，我们党形成了关于国家治理现代化的核心理念。首先，强调党的领导和国家制度是治国理政的根本，这就明确了党和社会主义制度是推进国家治理现代化的核心领导力量和政治保障。"治理国家，制度是起根本性、全局性、长远性作用的。"④ 而"我们治国理政的本根，就是中国共产党领导和社会主义制度"⑤。党的十九届四中全会明确指出："中国特色社会主义制度是党和人民在长期实践探索中形成的科学制度体系，我国国家治

---

① 《邓小平文选》第 2 卷，人民出版社，1994，第 322 页。
② 《江泽民文选》第 1 卷，人民出版社，2006，第 253 页。
③ 《中共中央关于制定国民经济和社会发展第十三个五年规划的建议》，人民出版社，2015，第 8 页。
④ 《习近平关于全面深化改革论述摘编》，中央文献出版社，2014，第 28 页。
⑤ 《习近平关于社会主义政治建设论述摘编》，中央文献出版社，2017，第 8 页。

理一切工作和活动都依照中国特色社会主义制度展开，我国国家治理体系和治理能力是中国特色社会主义制度及其执行能力的集中体现。"① 其次，国家治理现代化是国家治理体系和治理能力的互动共进。"国家治理体系是在党领导下管理国家的制度体系，包括经济、政治、文化、社会、生态文明和党的建设等各领域体制机制、法律法规安排，也就是一整套紧密相连、相互协调的国家制度。"② 国家治理能力是一个国家的制度执行能力的集中体现，"是运用国家制度管理社会各方面事务的能力，包括改革发展稳定、内政外交国防、治党治国治军等各个方面"③。治理国家离不开治理体系和治理能力相互作用，一方面，治理体系是前提，不仅保证了治理的方向，也为治理提供了根本的遵循；另一方面，治理体系作用的发挥关键在于执行，在于治理能力的有效性等。只有治理体系和治理能力有机结合，互动共进，国家治理现代化的目标才可能达成。再次，突出法治在国家治理现代化中的作用。法治是现代化的重要内容，是国家治理体系和治理能力的重要依托，要"坚持在法治轨道上推进国家治理体系和治理能力现代化"④。法治体系是国家治理体系的重要组成部分，中国特色社会主义法治体系是中国特色社会主义制度的法律表现形式。法治能力，具体来说就是各级政府机关运用法治思维和法治方式处理社会发展中各种事务的能力，是国家治理能力的重要体现。因而，推进国家治理现代化必须坚持全面依法治国，以便为党和国家事业发展提供根本性、全局性、长期性的制度保障。最后，国家治理现代化强调把中国特色社会主义的制度优势转化为国家治理效能。习近平指出："我们既要坚持好、巩固好经过长期实践检验的我国国家制度和国家治理体

① 《中国共产党第十九届中央委员会第四次全体会议文件汇编》，人民出版社，2019，第3页。
② 习近平：《论坚持人民当家作主》，中央文献出版社，2021，第46页。
③ 习近平：《论坚持人民当家作主》，中央文献出版社，2021，第46页。
④ 习近平：《坚定不移走中国特色社会主义法治道路，为全面建设社会主义现代化国家提供有力法治保障》，《求是》2021年第5期。

系，又要完善好、发展好我国国家制度和国家治理体系，不断把我国制度优势更好转化为国家治理效能。"① 一方面，制度优势是实现好的治理效能的前提，要构建科学合理的国家制度，推进良法善治，调动民众积极性，提升治理能力，获取良好的治理绩效；另一方面，只有良好的发展成绩和治理效能，才能保障人民当家作主，才能为提升民众生活水平创造出充裕的物质财富，也才能彰显中国特色社会主义制度的先进性和优越性。为此，要全面深化改革，推动各领域、各层次改革的联动，在国家治理现代化上形成总体效应，取得总体效果。

总之，国家治理现代化就是基于我国现实社会生产力水平以及新的社会主要矛盾，以治理体系现代化为基础，以治理能力现代化为动力，在中国共产党的领导下，实现国家和社会的有机互动，其目的在于将中国特色社会主义制度优势转化为国家治理效能。

3. 国家治理现代化取得的成就

党的十八大以来，以习近平同志为核心的党中央"不断推动全面深化改革向广度和深度进军，中国特色社会主义制度更加成熟更加定型，国家治理体系和治理能力现代化水平不断提高，党和国家事业焕发出新的生机活力"②。这标志着中国特色社会主义制度的完善、国家治理效能的提升。

制度体系的建构与完善是国家治理现代化的内在要求。在中国共产党的正确领导下，党的领导制度和中国特色社会主义政治制度日益成熟定型、核心关键性制度持续发展、其他配套性制度进一步推动，这些都彰显了国家治理的新成就。首先，党的领导制度是在中国共产党百年奋斗历程中逐步建立、发展和完善的。在党的四大对"领导权"问题首次做出明确规定后，在新民主主义革命过程中较为完整的党的领导制度体

---

① 《习近平谈治国理政》第 3 卷，人民出版社，2020，第 124 页。
② 《中共中央关于党的百年奋斗重大成就和历史经验的决议》，人民出版社，2021，第 38—39 页。

系逐步形成。新中国成立后，在社会主义现代化建设实践中，党的领导制度不断得到发展和完善。党的十八大召开后，在原有制度体系的基础上，面对新情况新问题，党中央更加突出党的全面领导和执政能力的提升，全面从严治党，党的领导制度不断走向成熟定型。其次，保障人民当家作主的中国特色社会主义政治制度也不断成熟完善。新中国成立后，我国确立了人民代表大会制度这一根本政治制度，以及中国共产党领导的多党合作和政治协商制度、民族区域自治制度和基层群众自治制度等基本政治制度。在现代化建设实践中，党和国家对政治体制进行了深入的改革，在理论和实践层面不断加以完善，使得中国特色社会主义政治制度的优越性不断彰显。最后，所有制、分配制度、社会保障制度等一系列核心制度持续得到发展和完善。就所有制而言，从党的十四大提出"以公有制包括全民所有制和集体所有制经济为主体，个体经济、私营经济、外资经济为补充，多种经济成分长期共同发展"①，到党的十五大确定"公有制为主体、多种所有制经济共同发展"②，再到党的十八大之后，在坚持"两个毫不动摇"下对所有制的完善和发展，我们既保持了社会主义的制度属性，又促进了经济的共同发展。就按劳分配为主体、多种分配方式并存的分配制度而言，其不仅是社会主义经济制度在分配层面的彰显，也经历从党的十四大提出的"在分配制度上，坚持以按劳分配为主体，其他分配方式为补充"③到党的十五大首次提出"坚持按劳分配为主体、多种分配方式并存的制度"④的发展与完善。党的十八大以后，我国的收入分配格局更加注重公平，以此来缩小社会成员间财富占有的差距。就社会保障制度而言，现阶段，我国已经初步建立了相对健全且富有中国特色的社会保障制度，虽然还有不尽完善的地方，但整体已经有了巨大发展。我国自1999年起施行《城市居民最低生活保障条例》，

---

① 《江泽民文选》第2卷，人民出版社，2006，第528页。
② 《江泽民文选》第3卷，人民出版社，2006，第151页。
③ 《江泽民文选》第1卷，人民出版社，2006，第203页。
④ 《江泽民文选》第2卷，人民出版社，2006，第22页。

自 2007 年起国家在农村实行最低生活保障制度。我国的基本养老保险制度发展迅速，不论在覆盖面、参保率还是在待遇水平等方面都有了明显的提升。截至 2016 年末，覆盖城乡居民的社会保障体系初步建成。"截至 2023 年底全国基本养老保险参保人数 10.7 亿人，基本医疗保险覆盖 13.3 亿人，已建成世界上规模最大的社会保障体系。"①

国家治理现代化的目的在于实现权力运作的优化与有机融合，实现国家权威、制度建构以及社会治理有效协作。在党的正确领导下，中国特色社会主义国家治理的独特智慧得以彰显，治理方式实现了良性转换。首先，在社会矛盾处理上形成了"群众路线"与"市场机制"相得益彰的善治路径。"对人民说来则与此相反，不是用强迫的方法，而是用民主的方法，就是说必须让他们参与政治活动，不是强迫他们做这样做那样，而是用民主的方法向他们进行教育和说服的工作。"② 改革开放后，由于市场机制的引入，我国逐步建立起公有制为主体、多种所有制经济共同发展的基本经济制度，强行政化的政府管理模式也转向了政府、市场、社会和个体多方博弈。在市场驱动下，个体在利益诉求表达、社会事务处理以及自我认同建构等方面都有了更为自由的空间。共享发展理念的提出与践行，让民众更好地共享发展的成果且民众获得感日益提升，这是市场机制下群众路线在新时代的新体现。"群众路线"与"市场机制"相得益彰，不仅实现了对社会流动的有效引导，也满足了个体多样化、个性化的需求，形成了处理国家与社会关系的"中国之治"，维护了国家和制度的权威，形成了党和国家、社会、个体在总体利益根本一致上差异共生的治理新格局。其次，形成了国家、社会兼容耦合的良性态势。国家治理现代化展现了人民当家作主的社会主义制度属性，在国家和制度权威的规范下，全过程人民民主这一保障人民当家作主的新形式得以

---

① 《国家统计局新闻发言人就 2024 年上半年国民经济运行情况答记者问》，国家统计局，https://www.stats.gov.cn/xxgk/jd/sjjd2020/202407/t20240715_1955622.html。

② 《毛泽东文集》第 7 卷，人民出版社，1999，第 212 页。

实施，展现了中国特色的国家与社会间的关系。全过程人民民主既有完整的制度程序，也有完整的参与实践，是全过程、全方位与全覆盖的民主。一方面，国家治理现代化中国家和社会的耦合是在中国共产党的领导下，将国家制度以理性的方式全方位地融入社会，并把人民意愿"注入"到全覆盖的民主程序和治理机制中，以此来激发社会活力。这种国家与社会的兼容意味着人民当家作主全方位、全链条、全覆盖地体现在社会生活中，由此国家机器及制度等获得强大的机制张力和生命力。另一方面，国家治理现代化中形成的国家、社会兼容耦合的良性态势展现了以人民为中心的治理理念、以现实问题为导向的治理策略。以人民为中心的内涵要随着时代发展而不断丰富，特别是在市场机制下要处理好作为利益主体的"人民"与作为政治化概念的"人民"的关系。问题导向的治理策略是基于微观层面对国家治理的考量，其目的在于强调国家治理要关注生活中琐碎问题的处理，从中积累经验，并与对重大问题的处理形成有机互动。

（二）执政理念的创新

随着经济社会的进步以及经济领域改革的不断深入促使改革在政治领域推进，党的执政理念和执政方式也要顺应趋势转变。全面深化改革以国家治理现代化为目标，推动执政理念实现从"管理"向"治理"的转变，凸显了在全面深化改革下党的执政理念和执政方式的现代化指向。"治理"理念客观上要求塑造新型政府与社会的关系模式。对政府来说，治理相比于管控、管理等更突出引导、协调、组织等职能；对民众而言，治理凸显民众作为社会的重要一员，不是被动的接受管理者。政府应该引导民众积极主动地参与到社会治理之中，形成多元主体良性互动。"治理"体现了党的执政思维和执政水平的提升，是党治国理政"以人民为中心"理念的新时代体现。改革开放前特别是与计划经济体制相关的执政理念、制度等随着社会主义市场经济体制的建立而被打破。在坚持中国特色社会主义的前提下，原有的单一的"管控"式的执政理念被消除，"在市场经济基础上建立国家与社会协调发展的关系，通过构建政治合法性基础来呈现顺应社会发展的阶级属性，并通过拓展执政有效性来保证国家治理制度化的形成，通过执政党功能的调整与完善整合理论与实践的资源，最终建立起一个现代化的执政体系，实现国家治理现代化的目标"①。

执政理念转变后需要重新定位政府治理的边界。特别是政府对市场经济的作用更需要明晰。重新定位政府治理的边界，不是不要政府，而是要划清政府在经济治理中的职责、权限，特别是政府作为治理主体在微观经济活动中的权责界限。也就是说伴随着市场经济体制的建立与完善，政府原有的权力、责任等都会有所调整。伴随着全面深化改革的推进，原有的国家与社会的二元结构，也由于发展市场经济的需要变为"国家-市场-社会"的三维立体结构。当下，"以国家为绝对权威中心的执政逻辑体系已经转化为以国家、市场、社会为共同基础，形成'国家-市场-社会'多维度关系为中心内容的新的执政理念"②。中国共产党以推进国家治理体系和治理能力现代化作为全面深化改革的总目标，就是要"适应时代变化，既改革不适应实践发展要求的体制机制、法律法规，又不断构建新的体制机制、法律法规，使各方面制度更加科学、更加完善，实现党、国家、社会各项事务治理制度化、规范化、程序化"③。

新中国成立以来，党在不同时期，根据当时的社会主要矛盾确立了不同的执政理念。在新中国成立初期，把平等作为执政的核心理念，通过对农业、手工业、资本主义工商业的改造，社会主义制度得以在我国确立；之后，通过人民公社化运动、推行计划经济等，初步解决了社会平等问题。从十一届三中全会起，抓经济建设成为党执政的核心任务，

---

① 岳嵩、邱实：《国家治理现代化视阈下中国共产党执政理念创新》，《南京师大学报》（社会科学版）2016 年第 5 期。

② 岳嵩、邱实：《国家治理现代化视阈下中国共产党执政理念创新》，《南京师大学报》（社会科学版）2016 年第 5 期。

③ 《习近平谈治国理政》第 1 卷，外文出版社，2018，第 92 页。

党和国家的一系列方针和政策都体现了这一执政理念。这一时期，我国经济社会取得重大发展，人民生活富裕程度显著提升，但是贫富分化、社会矛盾突出等问题也相继出现。新时代，中国共产党把核心执政理念转向公平正义。"公平正义是中国特色社会主义的内在要求，所以必须在全体人民共同奋斗、经济社会发展的基础上，加紧建设对保障社会公平正义具有重大作用的制度，逐步建立社会公平保障体系。"① 从全面深化改革、全面依法治国到五大发展理念，从反腐倡廉到以人民为中心，党和政府制定了一系列以实现公平正义为目标的方针、政策。不同历史时期的社会现实和主要矛盾是党执政理念确立的现实根据。"建国以来中国共产党核心执政理念的时代转换恰恰就是一个正反合的逻辑过程，这个过程以平等为正题，富裕为反题，公平正义为合题。"② 但实现公平正义并不是简单机械地把"平等""富裕"相结合，而是在更高标准下对社会发展存在的问题予以理性反思与回应。也就是说，以公平正义为执政理念不是对平等的简单回归，而是在借鉴和吸收、反思新中国成立初期平等执政理念的基础上，在新时代境遇下对公正的思考，反映了我们党在利用资本、限制资本中对公平正义的把握。

三 共同富裕的社会基础：脱贫攻坚的胜利与基本公共服务的健全

中国共产党自成立以来始终致力于减少和消灭贫困。随着脱贫攻坚目标如期实现，困扰中国几千年的绝对贫困问题得以解决。与此对应，伴随着党和政府对公共服务认识的深化和实践，公共服务体系日益健全，公共服务均等化程度不断提升。这些为新时代推进共同富裕创造了良好的社会条件。

---

① 《紧紧围绕坚持和发展中国特色社会主义 学习宣传贯彻党的十八大精神——在十八届中共中央政治局第一次集体学习时的讲话》，人民出版社，2012，第9页。
② 王立胜、王清涛：《平等、富裕、公平正义：中国共产党核心执政理念的时代转换》，《东岳论丛》2015年第1期。

（一）脱贫攻坚的胜利

"新中国成立以来特别是改革开放以来，我们党团结带领人民向着实现共同富裕的目标不懈努力，人民生活水平不断提高，党的十八大以来，我们把脱贫攻坚作为重中之重，使现行标准下农村贫困人口全部脱贫，就是促进全体人民共同富裕的一项重大举措。"① 新时代中国共产党把扶贫工作提升到国家战略高度，到 2021 年贫困人口全部脱贫，区域性整体贫困问题得到解决，乡村治理能力不断提升。

1. 贫困人口全部绝对脱贫

"从 2013 年到 2019 年，我国的贫困人口总数从 9899 万降低到 551 万，贫困人口总数减少了 9348 万。平均每年贫困人口减少 1335 万人，累计减贫幅度为 94.4%，贫困发生率从 10.2% 下降至 0.6%。"② 习近平在 2021 年脱贫攻坚总结表彰大会上指出，"现行标准下 9899 万农村贫困人口全部脱贫，832 个贫困县全部摘帽，12.8 万个贫困村全部出列，区域性整体贫困得到解决，完成了消除绝对贫困的艰巨任务"③。

贫困问题是每一个国家都存在的现实问题，摆脱贫困是人类共同的追求。中国共产党自成立以来始终致力于减少和消灭贫困。革命战争年代，中国共产党把赶走外来侵略者，消灭本国落后的封建地主阶级，建立人民当家作主的国家政权作为目标。为此，中国共产党通过土地革命运动，让农民获得土地，满足农民对土地的诉求，不断巩固革命根据地。虽然这一时期革命是主题，但在反帝、反封建中减少贫困是与革命的根本目标相伴而存的，按照当时的标准来计算，约有 3.4 亿人处于绝对贫困状态。新中国成立后，在新生人民政权的保障下，面对当时人民贫穷的状况，中国共产党带领人民与贫困作斗争，确保"耕者有其田"。社会主义制度的确立，消除了绝对贫困存在的制度基础。由于对社会主义的认

---

① 《中共中央关于制定国民经济和社会发展第十四个五年规划和二〇三五年远景目标的建议》，人民出版社，2020，第 54 页。

② 黄承伟：《脱贫攻坚伟大成就彰显我国制度优势》，《红旗文稿》2020 年第 8 期。

③ 习近平：《在全国脱贫攻坚总结表彰大会上的讲话》，人民出版社，2021，第 1 页。

知不够，加上建设经验不足，虽然这一时期工业化、合作化等对于减少贫困起到了积极的作用，但是民众生活水平提升有限，依照当时的标准，还有相当一部分人温饱问题还没有解决。之后，虽然党的政策不断调整，但贫困问题仍是中国共产党关注的焦点之一，党注重在发展经济创造物质财富中逐步减少贫困。党通过资金、技术的专项扶持，制订扶贫计划，分层次有计划地推动减贫工作有序开展，同时，最低生活保障制度和农村医疗保障制度等的实施在一定程度上减轻了贫困人群的负担。截至2012年党的十八大召开，全国贫困人口为9899万人，相比于前期大大减少。党的十八大以来，以习近平同志为核心的党中央总结以往的扶贫经验，提出精准扶贫，"扶真贫""真扶贫"，通过制定精准的方案和措施，从制度、政策到资金、技术、人员等开展全方位的扶贫。通过全党全社会的努力，绝对贫困在我国得以消除。

2. 区域性整体贫困问题得到解决

综观我国贫困人口的分布不难发现，其集中在中西部地区，且地域以山区、高原区为主，具有明显的区域性特征。这种区域性贫困加大了脱贫的难度，国家为此制定了专门的方针，把区域性贫困地区脱贫工作作为重中之重去抓。这些区域性贫困地区普遍存在着经济发展不好、财政乏力、水利交通等基础设施不足等问题。为此，国家、地方政府、贫困人员三方协同发力来实现脱贫。国家向区域性贫困地区专项输送资源，但现实中却容易出现输送资源与需求资源不对称，导致资源的滥用或浪费，而且这种输血式的输送资源也容易导致贫困人员产生依赖性。因而，需要发挥贫困人员的主体性，培养和提升他们自己创造财富的能力，因为贫困人口才是脱贫的主体和主力。但由于贫困人员存在自身文化水平不高、人生阅历以及视野有限等的限制，这就需要地方政府介入，加大贫困治理力度，提高国家输送的扶贫资源的利用效果，促使贫困人员与市场建立联系，根据贫困人员的需要有针对性地帮扶，帮助贫困人员提升适应市场的能力，在市场中创造价值，增加财富，从而改变贫穷的现状。

区域性整体脱贫使原有的贫困地区经济发展速度加快，缩小了与发达地区之间的差距。党的十八大以来，国家拨付专项扶贫资金、贫困地区整体搬迁、加强交通水利医院等基础设施建设等，这些措施有力改变了贫困地区的整体面貌。精准帮扶提升了贫困户自我发展能力，多样化渠道增加了其收入。基础设施的增加和公共服务水平的提升、个人收入的增加都促使贫困人员消费结构不断调整、消费需求持续增加，为经济发展增加了新的动力。原有的集中贫困地区的地方政府在脱贫中积极利用国家政策，发展地方产业，架起社会与贫困人员之间的市场桥梁。地方政府在公共基础设施不断完善的基础上，积极利用当地的环境、物产等特色资源发展旅游、电商等，把地方的优质农产品与市场相结合，来提升地方经济发展的持续性。整体来说，贫困地区全方位的脱贫为缩小地区差异，化解发展不平衡不充分的矛盾作出了积极的贡献。

3. 乡村治理能力不断提升

对于曾经的贫困地区来说，经济上的贫困和乡村治理的落后是分不开的。伴随着贫困人口全面脱贫，原有贫困地区的治理能力也明显提升，初步形成了相应的治理制度框架。党的领导具体到乡村治理中就是要发挥村党组织的核心作用。随着社会转型的全面展开以及城市化进程的推进，党组织的权威性受到市场经济、价值观等方面的挑战。"伴随着社会转型的逐渐深入，农村的转型困境已成为不容忽视、亟待解决的问题，并集中表现为集体经济萎缩、政治权威模糊、思想价值迷茫、人才资源流失四个方面，而这些问题的出现都使农村核心治理主体——党组织在社会转型中陷入了边缘化的困境。"[1] 在农村扶贫过程中，村党组织是国家扶贫计划的实施主体，领导和组织村民开展各项活动，特别是驻村书记等帮扶干部进入，使村党组织的领导地位再次得以确认，村党组织的组织、凝聚、整合等作用得以发挥。由此，基层党组织充分发挥战斗堡垒作用，在抓党建促脱贫中得到锻造，凝聚力、战

---

① 　王晓荣：《农村基层党组织边缘化及其权威重建》，《理论探索》2014 年第 5 期。

斗力不断增强，基层治理能力明显提升。贫困地区的民众真正认识到听党话、跟党走才能摆脱贫困，党群干群关系明显改善，党在农村的执政基础更加牢固。

除了乡村党组织外，其他力量也参与其中。在扶贫过程中，代表市场力量的企业在国家相关政策的鼓励下积极参与。其中社会组织参与乡村经济发展，成了乡村治理的社会力量。集体经济组织是经济发展的内生力量，也参与到乡村治理中。与多元主体参与乡村治理相伴的是治理资源的有机整合。国家为脱贫制定的各种政策不仅仅是要解决贫困问题，其也是现在和未来乡村治理的制度基础和政策支撑。资金和各种项目对乡村经济建设的支撑为乡村治理提供了条件。"全国共派出 25.5 万个驻村工作队、累计选派 290 多万名县级以上党政机关和国有企事业单位干部到贫困村和软弱涣散村担任第一书记或驻村干部，目前在岗 91.8 万。"[1] 国家派出驻村工作队、第一书记，在城工作的本地人员返乡置业，他们构成乡村治理的人才支撑。

脱贫攻坚中对于贫困地区的道路、电力、医疗诊所、文化活动场所等基础设施的建设为乡村公共秩序的构建提供了保障。行路难、吃水难、用电难、上学难、就医难等问题得到历史性解决。此外，在信息化进程加速的当下，对于乡村的基本情况、村民的基本信息等的收集整理，不仅为精准帮扶提供了依据，也为建立良好的公共秩序提供了基本的依据。对于乡村治理而言，准确掌握农村、农民基本信息，把脉农村现状，为后期国家和地方政府政策的制定、乡村未来的治理与发展提供了数据支撑。

治理方式的变革也涵盖脱贫攻坚中乡村治理的重大变革，村民自治作为一项具有中国特色的治理形式能够有效保障村民参与乡村事务的决定与管理，激发村民共同建设自己家乡的积极性。脱贫攻坚中多种关系的处理强化了法治在乡村事务处理中的作用，一方面政策的落实需要法

---

① 习近平：《在决战决胜脱贫攻坚座谈会上的讲话》，《人民日报》2020 年 3 月 7 日。

律的介入；另一方面复杂利益关系的协调和矛盾的化解也离不开法律。同时，道德在中国几千年的乡村事务处理中一直发挥着不可替代的作用，道德对于引导村民摆脱贫穷、走向富裕更是发挥着动力的作用。村民自治、法治和道德三者有机结合催生了中国乡村治理的有效形式。

（二）基本公共服务体系健全

共同富裕的实现状况，需要借助具体的合理的、可行的标准来衡量，基本公共服务就是一个有效的标准。基本公共服务建立在一定社会共识基础上，依据国家的经济现实状况，全体社会成员不论其民族、收入和地位差距如何，都应公平、普遍享有大致均等的公共产品和服务。基本公共服务是公共服务范围中最基础、最核心和最应该优先保证的部分，包括就业养老等基本民生性服务、教育卫生等公共事业性服务、公共设施生态环境等公益基础性服务以及社会治安等公共安全性服务。伴随着党和政府对公共服务体系认识的深化和实践，我国公共服务体系日益健全，公共服务均等化程度不断提升。

1. 基本公共服务是衡量、评判共同富裕的重要指标

新中国成立以来，中国共产党从人民群众的需要出发，由政府主导，着力保障民众特别是底层弱势群体能够公平地享受到和经济社会发展状况相对应的大致均等的基本公共服务。基本公共服务均等化是马克思恩格斯关于"一切人，或至少是一个国家的一切公民，或一个社会的一切成员，都应当有平等的政治地位和社会地位"[①] 思想在中国的具体实践。完善基本公共服务是国家对民众基本权利的维护，其保障的是民众最基本的人权。党和政府通过法律、政策来确保民众在经济、政治、文化、社会等领域享有作为一国公民所应拥有的最基本的权利。除了最基本的人权，完善基本公共服务还体现在国家对民众社会权的保护，个人作为社会中的一员，特别是处于社会底层、边缘化的弱势群体，应该公平公正地在危难之时得到国家的帮助。基本公共服务对于民众基本人权和社

---

① 《马克思恩格斯选集》第 3 卷，人民出版社，2012，第 480 页。

会权的保障就是共同富裕在公共服务领域的基本要求和现实实践。

基本公共服务体现了公平正义的价值追求。一方面，基本公共服务能否均等化直接反映了社会共同富裕状况。以效果性、效率性、经济性等指标对基本公共服务进行评判，可以解决共同富裕状况评判难的问题。另一方面，基本公共服务作为一种公共物品的性质及"均等化"诉求在逻辑上也要求以共同富裕为目标。以共同富裕为目标来推行基本公共服务均等化，有助于在实际工作中理清思路。以共同富裕为目标意味着优化财政支出结构，扩大用于基本公共服务的支出在整个财政支出中所占的比例，真正实现由"生产建设型"财政向公共财政转变。以共同富裕为目标，还有助于破除观念障碍，减少阻力。推进基本公共服务均等化的过程也是社会成员利益关系调整的过程。"只有当个人道德已经完成了向公共道德的部分转变，而且没有谁能够合理地拒斥这个转变之后，对道德冲突实施政治上的解决才变得可能，政治合法性也才能有效地得到保证。"① 也就是说，当共同富裕作为发展目标得到全体社会成员认同时，民众不仅能够在思想观念上认识到公共服务的重要性，还能在具体公共服务的实践中，积极参与，积极配合。

2. 党和政府对基本公共服务建设的认识逐步深化

伴随着改革开放和经济的迅速发展，民众所面临的住房、教育、医疗等领域的问题凸显，区域、城乡及群体之间的差距拉大等问题不断暴露，并急需解决。在这种背景下，基本公共服务体系的建立与完善被提上日程。基本公共服务所涉及的往往是市场失灵或效率机制难以有效配置资源的领域，因而党和政府在基本公共服务建设中起着重要作用。党和政府适时推出基本公共服务战略，逐步建立和完善基本公共服务的相关制度和措施。2005 年通过的《中共中央关于制定国民经济和社会发展第十一个五年规划的建议》指出"按照公共服务均等化原则，加大国家对欠发达地区的支持力度，加快革命老区、民族地区、边疆地区和贫困

---

① 徐向东:《自由主义、社会契约与政治辩护》，北京大学出版社，2005，第 145 页。

地区经济社会发展"①，"公共服务均等化"被纳入其中。此时关注的核心在于发达地区与革命老区等欠发达地区之间的区域差距，国家通过落实与公共服务均等化等相关的制度和政策，来使欠发达地区的民众在满足基本需求和基本生活保障方面得到政策帮扶。政府立足于欠发达地区的客观实际，推动发达地区和欠发达地区有效互动，实现教育、医疗、基础设施建设等差距缩小。这一时期相关的具体政策也主要是进行财政体制改革，通过财政转移支付制度，使为民众提供基本公共服务成为公共财政配置的重点，合理划定财政支出的范围。这一时期的举措是与当时经济社会发展的客观现实以及改革的进程相一致的。

在基本公共服务相关政策制定后，如何落实就是关键。在"十二五"期间，国家进行了相关制度的设计，主要是从财政支出、社会保障制度等方面入手逐步完善基本公共服务体系。"要增加政府支出用于改善民生和社会事业比重，扩大社会保障制度覆盖面，逐步完善基本公共服务体系，形成良好的居民消费预期。"② 此时除了强调以行政体制改革来完善基本公共服务外，还强调要以更广范围的公共服务来满足民众多元化的需求，也就是说这个时候除了强调公共服务均等化外，开始重视公共服务体系化建设。体系化建设不再局限于区域、群体等的均等化，还强调政府主导的多样化供给主体、民众的积极参与、多领域的覆盖等。

随着党和政府对公共服务体系相关内容认识的深化以及不断的实践，基本公共服务的内涵也不断丰富。随着城乡教育、就业、医疗等领域的差距扩大，如何在城乡间合理配置资源，如何让城乡民众享有相当的教育、医疗等公共服务，成了党和国家关注的重点。就这些问题，"十三五"规划围绕全面建成小康社会的奋斗目标，以完善基本公共服务为举

---

① 《中共中央关于制定国民经济和社会发展第十一个五年规划的建议》，《人民日报》2005年10月19日。

② 《中共中央关于制定国民经济和社会发展第十二个五年规划的建议》，人民出版社，2010，第10—11页。

措，着力确保低收入群体在医疗、教育等领域享有同样的保障。为了推动基本公共服务均等化的实现，在制定 2035 年远景目标时，又将其作为目标之一。在实现这一目标的过程中，国家通过深化财政、户籍等制度改革，促进市场充分发展，推进区域、城乡协调发展。

整体来说，党和政府基于不同时期的经济发展状况，把基本公共服务建设的重点放在不同的领域，并逐步完善相关制度，明确其内涵与领域，以基本公共服务为抓手，来保障和改善民生，确保不同区域的民众享有基本的医疗、教育等公共服务，将基本公共服务作为实现共同富裕的重要措施。

3. 基本公共服务均等化程度提升

随着党和政府公共服务意识的提升，政府在提供基本公共服务中的作用越来越显著，通过增加公共服务和公共产品的投入，服务的质和量都有了大幅的提升。政府在为社会成员提供基本公共服务的同时，对基本公共服务的公平分配，也就是对基本公共服务均等化给予了特别的关注。2012 年 7 月，国务院正式发布《国家基本公共服务体系"十二五"规划》，党的十八大要求到 2020 年全面建成小康社会时"基本公共服务均等化总体实现"[1]。2013 年党的十八届三中全会再次指出，要健全城乡发展一体化体制机制，以"一体化"促进"均等化"。2017 年《国务院关于印发"十三五"推进基本公共服务均等化规划的通知》强调多角度来加快农村公共服务建设，不仅加强基础设施建设，还引导城市资源向农村延伸、辐射。近年来，各级党委和政府不断借助行政法、行政问责制、干部考核制、听证制度等来推进公共服务制度化、规范化、科学化；加大对偏远地区的财政投入力度，逐步增加用于义务教育、医疗卫生、社会保障等的支出，与此同时对于经费使用加强监管，使弱势群体能够真正享受最低生活保障，公平享有接受教育的机会。

---

① 《十八大以来重要文献选编》上，中央文献出版社，2014，第 14 页。

第二节　新时代推动共同富裕的现实必要性

社会主要矛盾的深刻变化、小康社会的全面建成以及中国式现代化之路为在中国经济社会发展历史进程中推动共同富裕提供了现实必要性。

一　推动共同富裕是对社会主要矛盾转化的回应

社会主要矛盾是党和国家把握时代特征、制定发展规划的重要依据，其发展变化是关系全局的变化，客观上要求党和国家的工作方针做出相应的调整与改变。党的十九大作出了新时代我国社会主要矛盾已经转化为"人民日益增长的美好生活需要和不平衡不充分的发展之间的矛盾"①的重大判断，阐明了制约我国未来发展的突出问题和未来工作的重心。社会主要矛盾的改变是界定和判断新时代的重要依据，"扎实推动共同富裕"的提出便是对社会主要矛盾转化的积极回应。

社会发展过程中存在诸多矛盾，人的需要和社会生产之间的矛盾则是最主要、最关键的矛盾，决定或制约着其他矛盾，这个矛盾就是社会主要矛盾。不断发展社会生产有助于满足人的需要，人的需要满足状况影响社会生产。由于人的需要具有动态性，当社会生产满足了人的当前需要后，人又会有新的需要等待满足，客观上要求社会生产的水平不断提高、阶段不断向前，以此推动人类社会不断向前发展。基于深刻的实践根据和时代根源，我国社会主要矛盾的内涵和外延都发生了改变，不管是人的需要还是社会生产都发生了质的改变，由此也表征着中国特色社会主义进入新时代。也是在此语境下，新时代扎实推动共同富裕在一定程度上可以说是人的需要与社会生产的主要矛盾辩证运动的结果，是在社会主要矛盾发生改变的情况下立足于发展的角度对时代问题的回应。

---

① 习近平：《决胜全面建成小康社会　夺取新时代中国特色社会主义伟大胜利——在中国共产党第十九次全国代表大会上的报告》，人民出版社，2017，第11页。

（一）从 "落后的社会生产" 到 "不平衡不充分的发展"

在社会主要矛盾中，生产问题是矛盾的主要方面，对矛盾的解决起着关键的作用，由于新中国是在一穷二白的基础上起步建设的，社会生产力水平偏低，难以满足人民群众的物质文化需要。当时工作的重心就是要解决生产落后的问题。党的十一届三中全会以后，面对 "我们的生产力发展水平很低，远远不能满足人民和国家的需要"① 的现实，中国共产党指出落后的社会生产和人民需要之间的矛盾是当时社会的主要矛盾，强调以改变落后的社会生产为根本，大力发展生产力。邓小平关于社会主义本质的论断其目的就在于在不断解放和发展生产力中促进社会生产，解决 "落后的社会生产" 问题，不断满足人民需要，以此来解决当时的社会主要矛盾。经过改革开放多年来解放和发展生产力的现实实践，我国社会各个领域取得了巨大成就，"落后的社会生产" 得到质的改变，很多领域的生产处于世界领先地位。"落后的社会生产" 这个矛盾的主要方面得以基本解决。党的十九大敏锐察觉到我国在社会生产领域的新变化，捕捉到社会生产表现出的新的阶段性特征，从国家发展全局的高度对社会主要矛盾发生转变作出及时的判断。

社会生产在整体水平大幅提升的背景下，日益呈现出不平衡和不充分的特征，这是新时代境遇下社会生产层面的问题。从目前生产力的现状看，领先于世界的和传统落后的生产力同时存在于我国社会之中，同时在东西部、城乡等区域内生产力水平相差甚远，且布局、结构等不均衡，反映到民众的现实生活中就是收入差距较大。"发展不平衡不充分的一些突出问题尚未解决，发展质量和效益还不高，创新能力不够强，实体经济水平有待提高，生态环境保护任重道远。"②

发展不平衡主要体现在城乡、结构等层面。就城乡发展而言，习近平

---

① 《邓小平文选》第 2 卷，人民出版社，1994，第 182 页。
② 习近平：《决胜全面建成小康社会 夺取新时代中国特色社会主义伟大胜利——在中国共产党第十九次全国代表大会上的报告》，人民出版社，2017，第 9 页。

曾指出："由于欠账过多、基础薄弱，我国城乡发展不平衡不协调的矛盾依然比较突出，加快推进城乡发展一体化意义更加凸显、要求更加紧迫。"[1]虽然在现代化建设中，我国的城镇化进程不断加速且水平也不断提高，但就经济发展而言，城乡之间仍然存在着较大的差距，特别是城乡居民的可支配收入差距明显。同时，以经济结构、人才结构、分配结构为表现的结构不平衡仍然是经济发展的重要制约因素。传统产业科技含量相对较低，产品档次不高，存在着低端产品过剩、高端产品不足的现象；新兴产业发展相对滞后。在人才结构问题上，具有较强创新能力的高端人才不足，而以低学历、低技术为特点的中低端人才由于同质化现象突出，存在着一定程度的过剩。在分配方面，初次分配中对公平的倾斜度不足，劳动报酬在初次分配中所占比重较低，在再分配中，国家的调节力度仍需加大。

发展不充分是指发展得还不够，要充分发掘社会中的发展资源包括潜力、机会等，以保证社会财富充分创造，可以说这是在新的时代条件下对原来社会主要矛盾中"落后的社会生产"内涵的坚持和发展。创新是发展的动力，"抓创新就是抓发展，谋创新就是谋未来"[2]。当前，我国整体创新能力不足，特别是在核心技术、前沿技术方面，有些核心技术还有待突破；现有技术转化为现实生产力的能力不强，产学研的融合发展不充分。再就是改革不充分。虽然改革开放40多年来我国各领域都取得了重要成就，但由于旧的问题解决了，新的问题又出现了，所以"在全面深化改革中，我们要坚持以经济体制改革为主轴，努力在重要领域和关键环节改革上取得新突破"[3]。要深化市场经济体制改革，规范市场秩序，营造公平竞争的市场环境，完善产权制度，进一步推进国有企业改革。此外还需进一步积极稳妥推进政治体制改革，提升政府的宏观调

---

[1]　《习近平在中共中央政治局第二十二次集体学习时强调 健全城乡发展一体化体制机制 让广大农民共享改革发展成果》，《人民日报》2015年5月4日。

[2]　《抓创新就是抓发展谋创新就是谋未来》，《人民日报》2015年3月6日。

[3]　《十八大以来重要文献选编》上，中央文献出版社，2014，第551页。

控能力；要加快文化领域改革，推进文化事业和文化产业的改革与发展，充分发挥文化资源大国的资源优势，使之转化为展现国家综合国力的软实力。

经济发展创造的物质财富不断满足民众的物质文化需要之后，也使民众"不仅对物质文化生活提出了更高要求，而且在民主、法治、公平、正义、安全、环境等方面的要求日益增长"①。在发展诸多的不平衡不充分中，经济发展与社会建设的不平衡是最为突出的问题。其一，经济发展的成果没有有效地转化为普通民众都能够享有的就业机会、社会保障等；其二，社会领域现有的社会保障、公共服务等在不同社会成员间分布不均衡，正如习近平所强调的，"发展不全面的问题很大程度上也表现在不同社会群体民生保障方面"②。这种不均衡的民生保障主要表现在教育、就业、医疗等社会资源在不同区域、城乡、行业等社会群体间不均衡分布。为此，要解决发展不平衡不充分的问题，除了加快发展，还需要让发展成果更加充分地转化为全体社会成员可以更加均衡地享有的教育、就业、医疗等社会民生保障，最终实现社会发展成果为全体民众所共同享有。

不平衡不充分是社会生产层面的体现，其内涵在于发展的成果如何更平衡更充分地转变为离社会成员最近的教育、医疗等社会保障，让全体社会成员公正地享有。共同富裕所内蕴的发展就是更加平衡、更加充分的发展。共同富裕作为发展的目的和归宿，是发展在社会层面的价值指向，表现为在经济发展创造物质财富的基础上，社会成员公正地共同享有发展带来的机会和成果的状态。

（二）从"物质文化需要"到"美好生活需要"

在社会主要矛盾中人的需要是社会生产的出发点和目的。原有的关

---

① 习近平：《决胜全面建成小康社会　夺取新时代中国特色社会主义伟大胜利——在中国共产党第十九次全国代表大会上的报告》，人民出版社，2017，第11页。
② 《习近平谈治国理政》第2卷，外文出版社，2017，第79页。

于社会主要矛盾的表述中与"落后的社会生产"相对应的是"人民日益增长的物质文化需要",为此,党的工作重点是发展生产,以满足人民群众的需要。随着社会生产创造的财富总量的增加,人民群众的需要不再局限于物质文化层面。需要不是一成不变的,具有动态性。较低层次的需要得到满足之后,人们就会产生较高层次的需要,一方面需要的层次已经由基本的温饱型转向高品质、多样化的改善型;另一方面需要的内涵已经由物质文化领域转向政治、文化、社会、生态等领域,体现为对民主、法治、公正、生态环境等需要的增加。这就是党的十九大报告所指出的"美好生活需要",满足这一需要,客观上要求不断提升社会生产所创造的财富对于满足民众美好生活需要的效用,即让社会成员充分合理地共同享有社会发展成果。"人民日益增长的美好生活需要"强调起点的平等、规则的平等和机会的均等,"在注重收入分配公平的同时,更加要注重机会公平,畅通社会流动的渠道,健全社会流动的机制,给更多人创造致富机会,形成人人参与的发展环境"[①]。在此需要说明的是共同富裕对美好生活需要的满足还包括对一些弱势群体基本社会权利的维护,不管其对社会发展的贡献大小,他们都应该在分配社会资源时享有作为人最基本的物质权利和社会权利。可见,社会主要矛盾的解决与共同富裕的推进具有内在一致性,共同富裕的推进有助于化解社会主要矛盾中发展不平衡不充分的问题,满足人民对美好生活的需要,而社会主要矛盾不仅是新时代推动共同富裕的现实基础,还是新时代推动共同富裕的动力。

二 推动共同富裕是对小康社会的接续与跃升

共同富裕是目标与过程的集合体,是静态规划与动态推进的统一。作为对中国传统小康蕴含的社会理想的吸收与超越,自改革开放后,"小康"便成为我国社会层面的目标与追求,与民众的生活息息相关。2021

---

① 李培林:《准确把握共同富裕的是与不是》,《探索与争鸣》2021 年第 11 期。

年 7 月 1 日习近平在庆祝中国共产党成立 100 周年大会上庄严宣告："经过全党全国各族人民持续奋斗，我们实现了第一个百年奋斗目标，在中华大地上全面建成了小康社会，历史性地解决了绝对贫困问题，正在意气风发向着全面建成社会主义现代化强国的第二个百年奋斗目标迈进。"① 小康社会的建成为共同富裕的推进奠定了坚实的基础。扎实推动共同富裕是小康社会的接力，是在小康社会基础上的继续与跃升。

（一）"小康"在中国社会的历史展开

《诗经·大雅·民劳》中最早提及"小康"，其所指代的就是一种安居乐业的民生愿景，展现了农耕时代民众的向往。《礼记·礼运》中有关"小康"的表达除了具有民生的内涵也体现了一种政治追求，是一种在生产力落后的社会中对于理想社会状态的设想。近代康有为在当时中国特殊的社会背景下对于"小康"的表达，更多的是把"小康"作为一种达到"大同社会"的过渡状态。整体来看，以往对"小康"的表达受社会历史条件的限制，缺乏实现"小康"的现实合理性，更多地呈现了民众在民生层面对理想社会的愿景，也体现了古人的政治智慧。当"小康"一词进入中国共产党人的视野中，其不仅承载了一定的传统"小康"的意义，更是社会主义制度下中国共产党对发展战略的思考。在对中国现代化的思考中，邓小平对于"小康"的运用一是为了凸显中国现代化道路的不同，二是致力于使民众初步过上不富但好过的日子。与此对应的是从国民生产总值上对"小康"状态的测算与估量。这一时期多使用"小康水平""小康状态"这样的词语。1987 年党的十三大对于中国发展作出"三步走"规划，明确提出到 20 世纪末达到"小康"，到时候达到的是"总体小康"。经过十几年的发展，"总体小康"实现，但主要表现为民生领域仅高于温饱的基本需求的满足，作为战略规划的"小康"的实现还需要中国共产党人接续努力。党的十五届五中全会、党的十六大以更高的、更全面的要求提出全面建设小康社会，从经济、政治、文化、

---

① 习近平：《在庆祝中国共产党成立 100 周年大会上的讲话》，人民出版社，2021，第 2 页。

生态环境等方面对"小康"进行了多角度的规定。经过多年的积累，全面建设小康社会取得了重大进展。但还有一些短板、弱项，还有部分地区没有达到小康社会的要求。为进一步推进小康社会的建设，党和政府查漏补缺、专项攻关、重点突破，开启了"全面建成小康社会"的阶段，在"四个全面"战略布局中，把"全面建成小康社会"作为战略目标。党立足于经济、民生、生态、文化以及制度、国民素质等宏观和微观层面，提出了更为现实的、具体的、契合度更高的要求。党的十九大提出要按照"抓重点、补短板、强弱项，特别是要坚决打好防范化解重大风险、精准脱贫、污染防治的攻坚战，使全面建成小康社会得到人民认可、经得起历史检验"[1] 的要求，取得"决胜全面建成小康社会"阶段的胜利。至此，中国传统文化中的"小康"思想完成了向社会主义发展战略目标的现代转型。2020 年我国脱贫攻坚取得决定性胜利，全面建成小康社会取得伟大历史性成就。全面建成小康社会不仅体现了传统小康的民生愿景，又涵盖了全面小康的多领域关怀，既是对个体利益的关怀，又是对社会整体利益的维护。全面小康是国家富强、民族振兴、人民幸福，多维度、全方位的小康。

（二）以扎实推动共同富裕巩固全面小康

全面建成小康社会对于中华民族伟大复兴具有标志性意义，赋予国家富强、民族振兴、人民幸福以新的时代内涵。新时代扎实推动共同富裕有助于巩固全面小康社会成果。其一，发展生产创造出尽可能多的物质财富。党的二十大报告中指出："我国经济实力实现历史性跃升。国内生产总值从五十四万亿元增长到一百一十四万亿元，我国经济总量占世界经济的比重达百分之十八点五，提高七点二个百分点，稳居世界第二位；人均国内生产总值从三万九千八百元增加到八万一千元。"[2] 社会物

---

① 《中国共产党第十九次全国代表大会文件汇编》，人民出版社，2017，第 22 页。

② 习近平：《高举中国特色社会主义伟大旗帜　为全面建设社会主义现代化国家而团结奋斗——在中国共产党第二十次全国代表大会上的报告》，人民出版社，2022，第 8 页。

质财富的增加不仅是全面建成小康社会的基础，也推进了中华民族伟大复兴之国家富强的进程。此外，全面建成小康社会对于"全面"的重视增强了发展的均衡性，也使发展更有韧性，在百年未有之大变局、中华民族伟大复兴战略全局中，要扎实推动共同富裕，确保社会发展持续向前，有效对抗外来和本国的风险与挑战。其二，扎实推动共同富裕是承上启下的战略安排，是实现民族振兴的关键。社会主义现代化具有明显的阶段性和递进性特征，全面建成小康社会是具有特殊意义的阶段性目标，且与其他战略安排具有紧密的关联性。全面建成小康社会目标的实现会推进和优化现代化的其他战略目标。这不仅开启了全面建设社会主义现代化国家的新征程，也赋予民族复兴以新的时代内涵，整体性推进了民族复兴的进程。其三，扎实推动共同富裕，充分满足人民对美好生活的需要。民生愿景始终是小康思想的重要内容，全面建成小康社会不仅关注民生问题，也追求精神富裕，不仅是个体小康生活的实现，也是社会整体的繁荣。新时代扎实推动共同富裕是解决社会主要矛盾的需要，是对中华民族伟大复兴进程中"人民幸福"的推进。

总之，共同富裕作为一个社会目标，不仅具有阶段性特征，也是一个动态展开的过程。新时代推进共同富裕是社会主义从初级阶段不断迈向下一阶段的重要支撑，它以全面共富、全民共富、共建共富、渐进共富为内涵，而不是同步、同时富裕，以人民为中心，追求公平正义，是立足于中国现实的规划和目标。因而，新时代共同富裕是在消除绝对贫困后，民众的基本生活得到保障之后，所要实现的下一个目标，是小康社会的接续与跃升。

三 推动共同富裕是中国式现代化的必然要求

党的二十大报告指出："中国式现代化是全体人民共同富裕的现代化。"[①] 共同富裕不仅贯穿于中国式现代化形成和发展的全过程，也是中

---

① 习近平：《高举中国特色社会主义伟大旗帜　为全面建设社会主义现代化国家而团结奋斗——在中国共产党第二十次全国代表大会上的报告》，人民出版社，2022，第22页。

国式现代化的必然要求和重要特征。新时代在推动共同富裕中不断满足
人民美好生活需要体现了中国式现代化的价值目的。

（一）共同富裕贯穿于中国式现代化形成和发展的全过程

人们对于现代化有不同的理解，较为普遍的观点是，现代化一方面是
指工业革命以后社会发生的深刻变化；另一方面是指随着世界历史的形成，
落后的国家不断追赶先进国家的全球化过程。自英国工业革命开始，现代
化带来了经济、政治、社会等领域的深刻变化，如生产的工业化、市场化
等；管理的民主化、法治化等；社会公共服务组织化等；文化大众化等。
现代化还包括人的现代化，人的主体意识的增强、平等、独立等。

"中国式现代化，是中国共产党领导的社会主义现代化，既有各国现
代化的共同特征，更有基于自己国情的中国特色。"[1] 充分考虑世界历史
生成和发展进程，才能真正理解中国式现代化的本质。近代以来，随着
世界历史进程的推进，原有的地域性、民族性的界限被打破，每一个民
族和国家都被卷入其中。自 1840 年中国遭遇民族危机之后，中国就被迫
卷入现代化进程之中，中国式现代化开始于近代中国特殊的社会条件和
具体的历史环境。其中马克思主义与中国具体实际相结合，参与了中国
式现代化的实际进程。

"马克思主义为中国的民族解放事业提供了强大的现实性和科学理性
思维，激活了支撑中国现代化的现实历史的伟力，以一场由先进思想指
导的社会革命作为中国现代化的现实根基。"[2] 近代中国半殖民地半封建
的社会现实客观上规定了中国式现代化的开始需要以彻底的社会革命为
根基，社会革命的形式则是由不同民族国家的社会条件和历史环境决定
的。以五四运动为转折点，中国革命有了新的开始，从新民主主义革命
到社会主义改造的完成，中国式现代化的探索逐步开启。中国共产党是

---

[1]　习近平：《高举中国特色社会主义伟大旗帜　为全面建设社会主义现代化国家而团结奋斗——在中国共产党第二十次全国代表大会上的报告》，人民出版社，2022，第 22 页。

[2]　臧峰宇：《马克思的现代性思想与中国式现代化的实践逻辑》，《中国社会科学》2022年第 7 期。

中国式现代化的领导者，马克思主义是中国式现代化的指导思想。经过新民主主义革命，我国实现了民族独立，经过社会主义革命，我国确立了社会主义制度，为中国式现代化的推进奠定了基本的政治基础。由此，中国式现代化走向现实，带有浓厚苏联色彩的以工业化为主的现代化建设开始在中国大地上大规模地展开。但是现代化要基于特定国家的社会现实，只有根据本国社会条件来进行实践和探索，才会有良好的效果。以毛泽东同志为主要代表的中国共产党人进行了具有中国特色、符合中国社会现实的中国式现代化道路的探索，把现代化具体化为农业、工业、国防和科学技术现代化，并把消除绝对贫困、实现共同富裕作为现代化的价值目标。"这种共同富裕，是有把握的……那种不能掌握自己命运的情况，在几个五年计划之内，应该逐步结束。"① 可见，共同富裕的价值目标是与中国式现代化进程相随的，并与马克思主义中国化进程相连。这一进程中取得的实践和理论成果为中国式现代化的推进和共同富裕的实践提供了实践和理论支撑。中国式现代化进程也是马克思主义与中国现实、文化传统等相结合实现马克思主义中国化的过程。中国式现代化基于中国现实国情，实现了现代化的生产方式、生产理念等与中国生产现状的结合，既有别于西方式现代化，也与苏式现代化有着根本的不同，是反映中华民族传统和中国社会现实的、从人民群众根本利益出发的现代化模式。伴随着改革开放开启中国式现代化建设的新时期，中国共产党结合当时的社会环境和历史条件，提出"要适合中国情况，走出一条中国式的现代化道路"②，并以"小康之家""小康社会"等人民群众喜闻乐见的提法来指代中国式现代化。改革开放及"三步走"战略等国家政策和规划为现代化的推进注入了动力，正如邓小平所说："我们要实现工业、农业、国防和科技现代化，但在四个现代化前面有'社会主义'

---

① 《毛泽东文集》第 6 卷，中央文献出版社，1999，第 496 页。
② 《邓小平文选》第 2 卷，人民出版社，1994，第 163 页。

四个字，叫'社会主义四个现代化'"①，从而凸显了中国式现代化与西方式现代化的根本不同。

　　中国式现代化是马克思主义现代性思想与中国现实的生产方式、历史文化传统等相结合的结果，体现了历史必然性和主体选择性的统一。世界历史使世界上所有的民族和国家都被卷入现代化的洪流中，现代化成了不想灭亡的民族和国家必须选择的发展方向。实现现代化是中国必然的选择，但是对中国来说，具体的现代化道路、进程与方式等又是在具体的实践活动中，自己选择的结果，是必然性与选择性的统一。在中国共产党的决策判断下，在马克思主义现代化理论的指导下，中国式现代化取得了巨大成就，不仅民众富了起来，而且国家正在朝着更高的目标迈进。中国特色社会主义进入新时代，随着脱贫攻坚战的胜利，在全面建设社会主义现代化国家目标的指引下，中国共产党致力于推进政治、文化等多领域现代化的实现，以推动中国式现代化的整体性进程。党的二十大再次强调："在新中国成立特别是改革开放以来长期探索和实践基础上，经过十八大以来在理论和实践上的创新突破，我们党成功推进和拓展了中国式现代化"②，强调共同富裕为中国式现代化的价值目标。

　　（二）共同富裕体现了中国式现代化的价值目标

　　"我们坚持把实现人民对美好生活的向往作为现代化建设的出发点和落脚点，着力维护和促进社会公平正义，着力促进全体人民共同富裕，坚决防止两极分化。"③共同富裕是中国式现代化的本质要求和价值归旨，彰显了中国式现代化的优越性，克服了西方式现代化的弊端。中国式现代化是摆脱资本逻辑，致力于人人共享社会财富，体现更高现代文明的现代化。在资本权力无限扩张的西方式现代化中，资本逻辑是统治一切

---

①　《邓小平文选》第 3 卷，人民出版社，1993，第 138 页。

②　习近平：《高举中国特色社会主义伟大旗帜 为全面建设社会主义现代化国家而团结奋斗——在中国共产党第二十次全国代表大会上的报告》，人民出版社，2022，第 22 页。

③　习近平：《高举中国特色社会主义伟大旗帜 为全面建设社会主义现代化国家而团结奋斗——在中国共产党第二十次全国代表大会上的报告》，人民出版社，2022，第 22 页。

的，虽然现代化发展创造了大量社会财富，但由于劳动与资本的分离，最终资本家成了财富的占有者。"在一极是财富的积累，同时在另一极，即在把自己的产品作为资本来生产的阶级方面，是贫困、劳动折磨、受奴役、无知、粗野和道德堕落的积累"①，资本主义财富的积累不是以共同富裕为出发点和目的的，最终只会导致财富占有的悬殊。

为此，要改变生产资料的占有方式，将财富的资本家私人占有变为全社会共同占有，"生产力的增长再也不能被占有他人的剩余劳动所束缚了，工人群众自己应当占有自己的剩余劳动"②。马克思恩格斯以唯物史观为方法论，通过对西方式现代化中资本逻辑的批判，不仅揭露西方式现代化的弊端，而且勾勒了未来理想社会的雏形。由于实现共同富裕需要以巨大的物质财富为基础，没有生产力发展创造出大量的物质财富，共同富裕就是空中楼阁，缺乏根基，因而需要利用资本实现现代化的发展。但是共同富裕不会自动实现，资本主义财富的增加只会带来贫富的悬殊，只有社会主义制度才能从根本上保障财富的公共性和社会性。中国式现代化以马克思对资本逻辑的揭示和批判为指导，采用以市场为主导来进行资源配置的经济运行机制，在强调资本对中国式现代化积极作用的同时，把握资本的特性与规律，彰显和利用资本的理性方面，批判和摒弃资本的非理性方面，主动强化对资本逻辑的规范引导。正如马克思所言："一旦我们认识了它们，理解了它们的活动、方向和作用，那么，要使它们越来越服从我们的意志并利用它们来达到我们的目的，就完全取决于我们了。"③

首先，中国共产党领导是中国式现代化的重要特征，以此来确保中国式现代化的方向和性质。中国共产党所坚守的共产主义信仰的内在驱动以及不断进行自我革命的纠偏能力使中国共产党能够带领中国人民开

---

① 《马克思恩格斯选集》第3卷，人民出版社，2012，第806页。
② 《马克思恩格斯全集》第31卷，人民出版社，1998，第104页。
③ 《马克思恩格斯选集》第3卷，人民出版社，2012，第667页。

辟中国式现代化道路，并取得巨大发展成就。在不同的历史条件下，中国共产党不断调整经济政策，坚持利用资本发展生产力创造财富的同时，也坚守初心与使命，不断消解资本逻辑的内在弊端，提升驾驭资本逻辑的能力，从而使中国式现代化不被资本逻辑所宰制，保证了现代化的社会主义性质和方向。中国共产党领导是规范和引导资本健康发展、保障消解资本权力，使资本为民众服务的关键。其次，以公有制为主体，多种所有制经济共同发展的基本经济制度既体现了对资本逻辑的利用与限制，也彰显了中国式现代化的包容性和开放性。以公有制为主体体现了社会主义性质，这也是财富由社会占有的重要体现；多种所有制经济共同发展彰显了初级阶段的客观实际。基于此，要充分利用多种生产要素，健全劳动、资本、技术、管理等生产要素按贡献参与分配的制度，使其充分发挥促进生产的作用，以不断增加我国财富的总量，为人民群众能够共同享有财富提供支撑。最后，以强大的人民当家作主的国家机器驯化资本逻辑，将资本约束在社会主义市场经济范畴之内，以有为政府、法律法规等方式在生产运营过程中对资本及资本持有者进行控制与监管，平衡资本增殖与社会效益之间的关系，消除资本与社会利益之间的矛盾。

第四章　新时代共同富裕的路径选择

理论只是提供了解决问题的可能性，要真正解决问题，还需把理论转化为现实，还需就新时代共同富裕的具体路径进行分析研究。为此，要以高质量发展夯实共同富裕的物质基础，在完善制度体系中为共同富裕提供保障，凝聚共同富裕的价值共识。

第一节　在高质量发展中推动共同富裕

发展创造的财富对推动共同富裕具有基础性作用。我们所倡导的共同富裕是以较高的生产力水平和社会物质财富的增加为前提的。生产力水平低下和物质资源贫乏下的共同富裕不是真正的共同富裕。共同富裕是建立在生产力发展进而创造丰富社会资源的基础之上的。因此，要充分认识到高质量发展对共同富裕的基础性作用。

一　高质量发展是夯实共同富裕实现前提的关键举措

改革开放以来，中国经济快速发展，但随着发展进程的推进及发展环境的改变，原有经济发展模式的弊端不断暴露，这就需要改变思路，探索新的发展方式，"高质量发展"就是在这样的境遇下出场的，由党的十九大首次提出。党的二十大进一步强调，"高质量发展是全面建设社会主义现代化国家的首要任务"①。以高质量发展来实现原有发展方式的变革，才能增强发展的可持续性。

（一）着力推进高质量发展的历史逻辑

促进经济发展以创造更多的物质财富满足民众需要是中国共产党自成立以来的目标，虽然以往有不同的提法和不同的侧重点，也没有使用"高质量发展"这样的表达方式，但这种思想内涵贯穿于革命、建设、改革的全过程，而且在这一过程中，高质量发展的理论逐步积淀与形成。新中国成立初期，面对经济凋敝、工业化水平低、人民生活贫穷的现状，发展生产以创造与国家性质、制度相匹配的物质财富是第一要务。"只有经过十年到十五年的社会生产力的比较充分的发展，我们的社会主义经济制度和政治制度，才算有了自己的比较充分的物质基础（这个物质基础现在还很不充分），我们的国家（上层建筑）才算充分巩固，社会主义社会才算从根本上建成。"② 面对社会资源不足、生产要素匮乏的现实，中国当时采用了优先发展重工业的政策，有计划地使有限的生产要素作用最大化，创造更多的物质资料，来扩大生产，以此来加快工业化建设，快速实现从农业国到工业国的转变，来解决当时社会的主要矛盾。但是长期实行计划经济体制违背了生产要素配置的规律，劳动者的积极性不高、生产效率低，经济发展缓慢、人民生活水平提高较慢等迫使改革生产，转变发展方式。随着改革开放政策的提出，围绕社会主义本质的讨论使党和人民深刻认识到改变原有的计划经济体制，以市场来发展生产力的必然性。为此，我们党提出实行以速度和规模相结合的经济增长方式以及采用生产效率更高的市场经济体制来解决生产落后的问题，以满足民众需要。基于当时的社会主要矛盾和现实的经济状况，中国经济发展主要实行追求经济总量积累与提高的数量型经济发展模式，但也

① 习近平：《高举中国特色社会主义伟大旗帜　为全面建设社会主义现代化国家而团结奋斗——在中国共产党第二十次全国代表大会上的报告》，人民出版社，2022，第28页。

② 《胡乔木文集》第1卷，人民出版社，2012，第622页。

强调发展的质量，如提出"重视提高经济效益，不要片面追求产值、产量的增长"①。这一阶段我们党也认识到知识、科技、人才、信息等对于发展生产力的意义，"社会生产力有这样巨大的发展，劳动生产率有这样大幅度的提高，靠的是什么？最主要的是靠科学的力量、技术的力量"②。随后，我们党提出发展经济要以人民根本利益为目标，变粗放型为集约型经济增长方式，重视市场机制的作用。在 21 世纪新的发展条件下，科学发展观实现了对发展问题的新认识，不再把发展简单地等于经济增长和财富的增加，更加注重发展的质量和可持续性，把发展的"好"置于"快"的前面，强调以科技、产业结构优化等代替资源消耗来提高发展的质量。随着对经济发展潜能的挖掘，民众收入和社会整体财富不断增加，我国成为世界第二大经济体，落后的社会生产状况已经改变。党的十九大作出了我国社会主要矛盾改变的判断，与此同时也提出"我国经济已由高速增长阶段转向高质量发展阶段"③。

纵观中国共产党对于发展的速度、数量、质量等在不同历史时期的认识来看，不同阶段经济发展的现实状况与社会主要矛盾始终是发展方式选择的出发点。前期发展所取得的成就和新的社会主要矛盾决定了未来中国要以高质量发展来取得更大的成就。高质量发展要求对经济的认知与判断是事实判断和价值判断的结合，对与经济发展相关的各个要素进行有效配置，实现经济发展成果合理分配、现阶段价值与终极价值的统一。

（二）高质量发展的新时代内涵

高质量发展是发展的速度、规模与质量相统一的发展，包含创新、协调、高效等意蕴，体现了中国共产党面对新时代的新矛盾在发展问题上的新思考。高质量发展是要长期坚持的、体现在社会发展各个层面的

---

① 《邓小平文选》第 3 卷，人民出版社，1993，第 22 页。

② 《邓小平文选》第 2 卷，人民出版社，1994，第 87 页。

③ 习近平：《决胜全面建成小康社会　夺取新时代中国特色社会主义伟大胜利——在中国共产党第十九次全国代表大会上的报告》，人民出版社，2017，第 30 页。

总要求。"高质量发展不只是一个经济要求，而是对经济社会发展方方面面的总要求；不是只对经济发达地区的要求，而是所有地区发展都必须贯彻的要求；不是一时一事的要求，而是必须长期坚持的要求。"①

其一，高质量发展是有效性和协调性相统一的发展。有效性指向发展的速度和效率。实现现代化强国的目标、民众过上美好生活都需要强大物质财富为支撑，都需要继续以经济建设为中心发展生产，高的资源配置效率和高的产出效率等仍然是衡量高质量发展的基本指标。高质量发展是有效的发展，是在生产要素合理配置下实现产出最大化。协调性既是指经济发展与社会、生态等宏观层面的协调，也包括经济发展内部产业间、地区间、投资与需求、科技与人才等微观层面的协调，是系统论在发展层面的运用。地区间发展程度的差异、行业间发展空间的差别等不平衡问题都需要在高质量发展中来逐步解决。"经济、社会、文化、生态等各领域都要体现高质量发展的要求。"② 可见，高质量发展是协调发展，要求对宏观和微观层面的各主体予以协调平衡，以缓解多元系统间的矛盾与问题，实现相互间及内部自我的协调，以系统的整体性来促进资源配置的协调有效和生产效率的提高。具体来说，高质量发展是社会财富和个人财富的协调，是财富总量增加、社会和谐运作和生态效益良好的协调，是发展方式的集约型和发展动力创新驱动的协调，是资本、信息、技术、人力、数据等生产要素的协调。

其二，高质量发展是质和量相统一的发展。高质量发展并不是摒弃数量和速度，而是要实现发展的质和量的平衡。当前我国经济总量已大幅增加，但诸如民生、生态等质的层面还需进一步提升。新时代虽然社会主要矛盾发生了转化，但初级阶段仍然是基本国情。发展的量的问题仍是需要面对的主要问题，但质和量并不是完全对立或排斥的，相反二

① 习近平：《论把握新发展阶段、贯彻新发展理念、构建新发展格局》，中央文献出版社，2021，第533页。
② 《十九大以来重要文献选编》中，中央文献出版社，2021，第782页。

者可以在保持平衡中实现相互成就，党的二十大报告强调要"推动经济实现质的有效提升和量的合理增长"①，也就是说对经济总量的追求是在高质量的前提下来进行的，是保持经济发展在一定速度上来提升发展的质，是质与量的统一与兼顾，而不是顾此失彼。这里的质既是微观层面的质量，也是整体经济结构的均衡，还包括宏观上人的全面发展和社会的全面进步。在这里，质和量不是矛盾的，而是内在一致相互促进的，是质的有效和量的合理的有机结合。为此，强调高质量发展就是要改变以往的发展认知，提升质量意识，改变过去通过粗放式大规模扩张来增加经济总量的方式，寻求可持续的、合理的资源配置方式，来为社会主义现代化强国的实现做出贡献。

其三，高质量发展是创新性与可持续性的统一。创新性是指高质量发展将改变过去强调增加投资、消费等来驱动经济的发展模式，突出以创新来促进发展。这里创新既包括传统理解的科技创新、制度创新等，还包括新兴的数字化创新、产业创新等，以及由多种创新构成的层次多样、辐射范围广的协同创新体系。协同创新不是只依靠某一方面，而是全面挖掘生产要素的潜能，催生出新的增长点，以此来降低由高速增长向高质量发展转变中可能出现的风险，以此实现质和量都提升的高质量发展。可持续性既包括从高速增长向高质量发展转变中经济社会的平稳性，也包括生产、生活、生态的统一与相互促进，是经济系统、生态系统、社会系统可持续发展的普遍状态。高质量发展强调可持续性的普遍状态，一方面，突出生产力的先进性和绿色性，以科技、数字等协同创新发展生产力，以绿色可持续的方式解决发展所需要的资源问题，减少经济发展对环境的伤害，或者说实现资源利用状况与生态环境承受能力之间的平衡；另一方面，经济发展速度会出现波动，要控制这个波动在

---

① 习近平：《高举中国特色社会主义伟大旗帜　为全面建设社会主义现代化国家而团结奋斗——在中国共产党第二十次全国代表大会上的报告》，人民出版社，2022，第28—29页。

合理的范围内，以维持经济发展的可持续性。经济发展出现速度上的波动，这是一种正常的行为，但波动幅度过大或过于频繁，都会使不确定性大幅增加，从而影响经济发展。

其四，高质量发展以人民为发展的目的。坚持以人民为出发点和归宿，秉承人民至上的理念是中国共产党提出高质量发展的价值指向。"人民立场是中国共产党的根本政治立场，是马克思主义政党区别于其他政党的显著标志。"① 党的二十大报告也明确指出："人民性是马克思主义的本质属性，党的理论是来自人民、为了人民、造福人民的理论，人民的创造性实践是理论创新的不竭源泉。"② 高质量发展的最终指向在于人，是以人民为中心的发展，在中国式现代化进程中实现人的现代化，微观上使人民共同享有社会发展的成果，宏观上指向人类的解放。习近平指出："坚持以人民为中心的发展思想，在高质量发展中促进共同富裕。"③ 中国共产党对于发展问题的思考始终以人民为终极价值指向。邓小平从社会主义本质的高度突出发展生产力的重要性，指出"加速发展生产力，使人民的物质生活好一些，使人民的文化生活、精神面貌好一些"④，以应对改革开放带来的社会阶层分化以及利益、价值观多元化问题。中国共产党"代表最广大人民的根本利益"就是将社会不同利益群体置于党的引领下，成为社会主义现代化建设的积极贡献者。科学发展观对以人为本的强调充分彰显了中国共产党把人民作为评判发展的价值主体，以人民利益的满足度为评判标准。以习近平同志为核心的党中央始终坚持以人民为中心，立足于新时代社会实践，把人民对美好生活的期盼作为各项工作的出发点和落脚点，强调党性与人民性的统一，把以人民为中心作为根本政治立场。高质量发展归根结底是人民的发展，是人民群众自

① 《习近平谈治国理政》第 2 卷，外文出版社，2017，第 40 页。
② 习近平：《高举中国特色社会主义伟大旗帜　为全面建设社会主义现代化国家而团结奋斗——在中国共产党第二十次全国代表大会上的报告》，人民出版社，2022，第 19 页。
③ 《习近平谈治国理政》第 4 卷，外文出版社，2022，第 144 页。
④ 《邓小平思想年谱（1975—1997）》，中央文献出版社，1998，第 80 页。

身素质、思想道德和科学文化水平的高质量和生活方式的高质量。与此同时，人的现代化又推动高质量发展，二者相互成就，诚如习近平指出的："高质量发展需要高素质劳动者，只有促进共同富裕，提高城乡居民收入，提升人力资本，才能提高全要素生产率，夯实高质量发展的动力基础。"①

（三）高质量发展推动共同富裕的内在必然性

高质量发展是夯实共同富裕实现前提的重要举措。其一，生产发展创造丰富的物质财富是共同富裕得以实现的物质基础。马克思恩格斯对此有过经典的论述："人们为了能够'创造历史'，必须能够生活。但是为了生活，首先就需要吃喝住穿以及其他一些东西。因此第一个历史活动就是生产满足这些需要的资料，即生产物质生活本身。"② 从事物质生产活动创造生活必需的物质资料不仅满足了人类生存的需要，也为消除贫困、实现共同富裕准备了物质条件。脱离发展来谈共同富裕只会陷入唯心主义的泥潭。其二，生产资料公有制是共同富裕得以实现的另一条件。生产力在资本主义社会得到迅速发展，创造出巨大物质财富，但财富却被资本家所占有，由此造成了财富占有的严重不均和普遍的异化问题。针对资本主义社会的这些问题，马克思恩格斯强调发展和所有制变革是消除异化和分配不均的基础，只有不断加快发展和消灭私有制才能消除普遍的贫困，唯有这样，才能"使社会生产力及其成果不断增长，足以保证每个人的一切合理的需要在越来越大的程度上得到满足"③。可以说，人类社会不同阶段财富的分配都是对相应阶段现实生产力发展状况的反映。

当下我国民众现实生活的改善，也是以多年来发展实践取得的巨大成就为基础的。虽然我国已取得较大的发展成就，但产业层次等方面仍处于较低的水平，特别是面对百年未有之大变局，需要增强经济发展的

---

① 《习近平谈治国理政》第 4 卷，外文出版社，2022，第 141 页。
② 《马克思恩格斯文集》第 1 卷，人民出版社，2009，第 531 页。
③ 《马克思恩格斯全集》第 25 卷，人民出版社，2001，第 137 页。

持续性，为共同富裕的推进创造现实条件。推动高质量发展就是中国共产党基于环境、资源等客观条件，在我国取得一定发展成就的情况下，对发展的新认识与思考。全体民众是共同富裕的主体，加快较低收入群体、落后地区的发展，是推动共同富裕的关键。这些客观上要求转变发展方式，激发民众在新发展阶段新的创造力，往发展的更高水平迈进。高质量发展不断创造出丰富的物质财富，需解决好财富分配问题。同时，需要以高质量带来新的动力，以满足民众多样化需求。民众需求的多样化，必将拓展发展的深度和宽度，这样才能满足民众多方面需要，落实全民、全面富裕。共同富裕能够起到激励的作用，民众发挥其积极性参与社会生产，从而促进社会财富增加。共同富裕与高质量发展是一个相互促进的渐进过程，这也体现了共建共富与渐进共富的要求。

高质量发展全领域夯实共同富裕的基础。高质量发展是一个总体性要求，涵盖所有领域各个具体层面。就经济而言，高质量发展就是要在保证发展质量的前提下，促进物质财富总量的增加、产业结构的调整与优化，来缩小行业、区域等的差距，提高民众总体收入。经济方面要以高品质、种类繁多、生态环保的物质产品来不断满足民众多样化需求。同时高质量发展也是提升我国国际竞争力的重要方式，科技在国与国之间的竞争中所占比重不断提升，要为我国发展创造良好的国际环境，就需要强调创新驱动。高质量发展就是突出创新的发展模式，这样的发展模式才能不断增加民众的物质财富。就政治而言，高质量发展与国家治理现代化具有一致性。一方面，国家治理现代化的目标要求提高发展的质量，完善制度体系，为民众提供更有针对性、有效性的公共服务，为此要遵循服务型政府建设的理念，强化对权力的监督和制约。另一方面，高质量发展体现了国家治理现代化，高质量发展涉及各个方面，需要各种政策及制度来保障，这就要加强民主法治建设，保障民众的知情权和参与权，以治理主体多元参与和治理方式多样化来推进高质量发展。就文化而言，高质量发展将会生产出更充裕和更优质的文化资源，这些丰富多彩的文化资源能够满足民众更高层次的精神文化需要，也能使民众在优质的文化产品中，不断加深对中国特色社会主义文化的感悟，增进对中国特色社会主义、对中国共产党、对中国式现代化的认知与认同。可见，文化层面的高质量发展不仅是提升文化软实力、建设文化强国的要求，也是满足民众精神文化需要的要求，更是提升民众对党和国家认同感的要求。就社会层面而言，高质量发展意味着更健全的社会保障体系、更完善的公共服务、更高水平的教育供给体系以及就业与医疗等，是经济发展与改善民生共赢。就生态文明而言，高质量发展意味着将为民众提供更丰富的优质生态产品和生态环境，是生态保护与经济发展共赢。生态层面的高质量发展是指注重自然界的内在价值，使经济社会发展有后劲、有持续动力。这种发展不仅能够使自然界持续发挥生态和经济优势，还能使民众享受到优美的自然环境和优质的生态产品。可见，多领域的高质量发展正是全方位保障共同富裕的体现，增进人民福祉、民众共同享有发展成果是高质量发展的目的所在。推进高质量发展要以让民众共同享有发展成果作为出发点，没有高质量发展提供的基础，共同富裕是不可能实现的。同样，如果发展不是以民众共同享有发展成果为目的，这样的发展也是无意义的。总之，共同富裕是高质量发展的归宿，发展的成果最终要由民众共同享有；而共同富裕的实现离不开高质量发展创造出的物质基础。

二 当前存在的制约高质量发展的因素

整体物质财富增加和社会进步能够保障社会发展成果让民众共同享有，而且共同富裕的程度和水平也会受社会发展状况的制约。然而现实实践中原有生产方式持续性不足、发展中的不均衡问题以及不确定性因素的增多等客观存在的诸多问题给以高质量发展促进共同富裕造成了诸多困难。

（一）原有的生产方式持续性不足

生产方式是人们为了获取物质生活资料而进行生产活动的方式。生产方式一方面表现为社会生产的技术条件，另一方面表现为现实的社会结构。而这些由生产方式所表现的技术条件和社会结构又是划分经济社会发展阶段的依据。"一定的生产方式或一定的工业阶段始终是与一定的共同活动方式或一定的社会阶段联系着的，而这种共同活动方式本身就是'生产力'；由此可见，人们所达到的生产力的总和决定着社会状况，因而，始终必须把'人类的历史'同工业和交换的历史联系起来研究和探讨。"① 可见，生产方式反映了生产力水平的高低及经济社会发展的阶段。基于此，改革开放以来中国选择的是一种规模和效益相统一的生产方式，这种生产方式符合当时的经济发展水平，也创造出巨大社会财富。但是随着信息化、数字经济的发展，原有的规模与效益相统一的生产方式被追求个性化、高质量等的生产方式替代。

就中国而言，经济下行压力加大，经济发展不充分，发展质量有待提高，城乡差距、区域差距和居民收入差距依然很大。"经济结构性体制性矛盾突出，发展不平衡、不协调、不可持续，传统发展模式难以为继，一些深层次体制机制问题和利益固化藩篱日益显现。"② 随着内外部形势的变化，过去支撑中国经济高速增长的动能趋于衰竭，培育经济发展新动能，寻找新的经济增长点还有很长的路要走。虽然我们提出推动经济增长方式由粗放向集约式转变，但在此过程中，自主创新能力较低，产业结构调整和升级进程缓慢，增大了依靠创新发展的难度；当前经济发展面临的不确定性增多，生产要素全球流动性降低，国外需求减少，这些也增大了经济发展方式转变的难度。与此同时原有经济增长方式中的人口优势消失，人口老龄化成了困扰国家发展的一大问题。在这种情况下，原有侧重规模和速度的生产方式难以持续。对此，习近平强调，"新常态下，我国经济发展的主要特点是：增长速度要从高速转向中高速，

① 《马克思恩格斯选集》第1卷，人民出版社，2012，第160页。
② 习近平：《高举中国特色社会主义伟大旗帜 为全面建设社会主义现代化国家而团结奋斗——在中国共产党第二十次全国代表大会上的报告》，人民出版社，2022，第5页。

发展方式要从规模速度型转向质量效率型，经济结构调整要从增量扩能
为主转向调整存量、做优增量并举，发展动力要从主要依靠资源和低成
本劳动力等要素投入转向创新驱动。这些变化，是我国经济向形态更高
级、分工更优化、结构更合理的阶段演进的必经过程。"① 就生产方式而
言，实现从注重规模、速度转向注重信息、智能、绿色化，就是要借助
科技、知识、数字等新生产要素来追求效益，超越资源消耗型、以规模
求效益的旧的生产方式。这也是《中国共产党第二十届中央委员会第三
次全体会议公报》中所着重指出的，"必须以新发展理念引领改革，立足
新发展阶段，深化供给侧结构性改革，完善推动高质量发展激励约束机
制，塑造发展新动能新优势"②。

此外，原有生产方式持续性不足，也表现为生产的导向未能随经济
发展而及时转换。改革之初，为了突出发展经济的重要性，转变民众的
认知，调动企业生产的积极性，我国采用了规模化和速度化的利润导向
型生产方式，重视利润对于提高生产效率、扩大生产、增加社会财富总
量的积极作用。但过于突出效率和利润与社会主义的本质是存在一定矛
盾的。特别是随着市场化和信息化程度的加深，货币数字化与虚拟经济
的快速发展使这种矛盾越发突出。正如习近平所强调的那样，"因为缺乏
回报，增加的货币资金很多没有进入实体经济领域，而是在金融系统自
我循环，大量游资寻求一夜暴富，再加上监督人员同'金融大鳄'内外
勾结，去年发生的股市异常波动就与此有关。在这样的背景下，金融业
在经济中的比重快速上升，而工业特别是制造业比重下降"③，这指出了
脱离实体单纯追求利润的弊端。并且市场经济的发展除了带来产品市场

---

① 习近平：《论把握新发展阶段、贯彻新发展理念、构建新发展格局》，中央文献出版社，
2021，第75页。

② 《中国共产党第二十届中央委员会第三次全体会议公报》，中国政府网，https://www.
gov.cn/yaowen/liebiao/202407/content_6963409.htm

③ 习近平：《论把握新发展阶段、贯彻新发展理念、构建新发展格局》，中央文献出版社，
2021，第136页。

的兴盛，也使资本、土地、货币等生产要素市场繁荣起来，这有助于增强经济活力，但也为资本逐利与投机提供了空间，这客观上也要求进行改革。在遵循经济规律下，改变利润导向型的生产方式，突出满足民众需要这一社会主义生产目的就显得尤为重要。高质量发展就是能够有效满足民众需要的发展，是以人民需要为生产归旨的社会主义生产方式。

（二）现实中存在着发展的不均衡问题

地区、行业等发展的不均衡是当前制约我国整体发展的重要因素。一方面，我国当前的发展与高质量发展还有一定的距离，这也是对初级阶段国情的现实反映；另一方面，基本现代化的发展目标对经济社会等领域的发展有了更高的要求。

就城乡而言，生产要素在城乡之间流动受限。人口、土地、资本等生产要素在城乡间优化配置且有效流动才能为乡镇的发展带来活力和发展空间。在当前发展现实中，城乡要素市场表现出明显的单循环特征，即农村人力资源单向流向城市，参与城市建设。但从城市流向农村去支援乡村建设的人力资源明显不足，且持续时间短。其他生产要素也在发展机会等影响下，呈现流出状态，这种"净流出"状态即使在党和国家各种促进乡村发展的政策支持下，改变仍不明显。生产要素在城乡之间配置不平衡使乡村经济发展的市场环境缺乏自主性，乡村经济发展的主动性不足，良性运转的市场环境难以形成。虽然相比于从前，乡村经济有了新的发展，农村居民的收入也有了大幅增加，但城乡之间发展的差距、收入的差距仍然存在。此外，乡村交通、水、电、网络等基本公共设施以及教育、医疗等有关公共服务供给不足或供给质量较低。正如习近平所强调的，"由于欠账过多、基础薄弱，我国城乡发展不平衡不协调的矛盾依然比较突出，加快推进城乡发展一体化意义更加凸显、要求更加紧迫"①。

就区域而言，中东西部地区间、南北方间、同一省份不同地区间等都存在着不同程度的不均衡，这种不均衡不仅表现为生产总值等经济总

---

① 《习近平关于社会主义经济建设论述摘编》，中央文献出版社，2017，第188页。

量的差距、居民收入等人均量化的差距以及公共基础设施不同等，也表现为居民素质、文化水平等的差异。这种经济社会及文化等区域差异的消除也是长期的过程。区域不均衡还表现为分工合作和协同机制的不健全、不完善。在区域间产业规划跟风、重复现象严重，且分工划分针对性、合理性不足，缺乏根据本区域特色和优点进行科学的规划和论证，由此导致区域间产业同质化倾向明显，后续发展动力不足，难度大，造成浪费。这也反映了区域交流协作的重要性及当下已有的区域交流协作对当地经济带动不足的现实，或者说区域交流协作的壁垒依然存在，区域间产业结构优化、协调发展的困难依然存在。随着生态文明理念的提出与践行，区域发展与生态环境之间的融合成为区域发展规划的关键，但现实中发展经济与保护环境间的矛盾却时有发生，不同区域在环保认知、相关制度、具体实施等方面差别明显，在生态治理中不仅本区域现有矛盾需要解决，而且联合治理的意愿和实际行动差异较大。

此外，随着数字技术的迅速发展，不同区域、城乡及行业间对信息这一生产要素占有的不均衡使原有的差距进一步扩大。一方面，不同区域、城乡、群体占有信息资源的渠道、方式、时间存在差异，由此产生信息差，这不仅会使发展机会不均等，也会扩大已有的差距，进而造成新的不平等；另一方面，中西部地区在信息技术的基础设施、相关产业的发展和配套以及民众的数字技能水平等方面明显滞后于东部、南部等发达地区。

就结构而言，结构中存在的问题，国家很早就开始重视，通过相关政策和措施不断进行结构改革和调整，但结构不均衡问题依然存在。经济结构中的产业结构不合理，传统产业产能过剩，且对经济贡献率较低，新兴产业特别是科技含量高的产业相对不足，且发展速度有待提升。信息技术的发展使产业结构不均衡有了新的表现形式，其一是实体经济与虚拟经济不均衡，金融、网络经济等发展较快，所占比重不断增加，实体经济发展缓慢，特别是大量资金流向虚拟经济对国家产业结构、就业等的负面作用越来越明显。其二是物质富裕和精神富裕不协调，虽然共同富裕强调全面富裕，但在实践中，往往是突出物质层面的富裕，对精神层面的富裕关注不够。这也使国家物质文明和精神文明发展不均衡，物质财富的增加客观上要求精神文化同步发展，这种非同步性最直接的表现就是在民众的消费结构中物质性消费所占比重明显高于文化娱乐性消费。此外，人力资源作为重要资源，其结构匹配不均衡，同质化倾向明显的中低端人才较多，也导致其就业困难，而创新性人才和技能性人才需求量大，却供应不足。

城乡、区域、产业结构的不均衡发展最终必然引发社会成员间利益分配格局失衡，公共保障资源的数量、质量在城乡、区域、群体间的分配不均衡；共建共富的社会治理体系还需相关制度和具体措施来保障，整体社会治理的现代化程度不高；风险应对和规避能力在不同区域、群体之间有较大差异，与风险防控相关的各种资源分配不均衡性显著。破解利益分配格局失衡问题不仅是共同富裕的题中应有之义，也是高质量发展提出的目的之一。共同富裕的实现是一个渐进的过程，在初级阶段的基本国情下，现实中发展的不均衡有其存在的合理性。但如何将这种不均衡控制在合理范围内，是我们推进高质量发展需要破解的难题之一。要缩小共同富裕在不同区域间实现水平的差异，发展经济增加财富总量，提高公共服务能力和均等化水平，在考虑城乡、区域、行业等现实及特点的基础上，在党的顶层设计下，通过调整分工、优化策略等来推进高质量发展。要缩小共同富裕在不同个体间实现程度的差异，由于个体在禀赋、教育程度、家庭环境、从事行业等方面存在差异，个体发展程度和收入存在一定的差距。在正视差距存在客观性的同时，通过政策的制定和完善，给特殊群体以关照，通过高质量发展整体来提升个体的共同富裕水平。

（三）发展中的不确定因素增多

当下中国作为一个正处于现代化进程中的发展中国家，存在工业化和自反性现代化共时呈现的"压缩"特征。就不确定性而言，这种"压缩的现代化"以历史浓缩的形式将各种风险和矛盾呈现出来，加剧了风险的生成，又没有为风险的预警、防范、补偿等治理机制的完善提供足够的时间和空间。中国特色社会主义进入新时代既是发展的历史关键期，也是风险耦合集聚的高发期。"今后5年，可能是我国发展面临的各方面风险不断积累甚至集中显露的时期。我们面临的重大风险，既包括国内的经济、政治、意识形态、社会风险以及来自自然界的风险，也包括国际经济、政治、军事风险等。"① 风险问题也日益成为党和国家关注的重大问题。现代化仍然是中国要实现的根本目标，发展生产促进经济增长，物质财富生产与合理分配仍然是社会主导。但风险等不确定因素的影响正在深化。"中国正处于全球化旋涡和现代化起飞阶段，因而其社会的分化和再结构也同时会受到财富分配和风险分配这两种逻辑的影响。"②

当发展中的不确定性因素不断增多，其必然会和财富一样成为分配的对象，这时社会利益分配就不仅仅表现为物质财富的分配，而且表现为财富分配与风险分配交织与强化，由此导致的社会问题也混杂在一起。一方面，财富和风险分配不对称，风险分配求少，财富分配求多。按照公平正义原则，财富占有越少的群体，风险承担也应该越少。现实是由于社会成员所处的社会阶层、行业以及居住地的不同，分配到每一个社会成员身上的风险的量是不对称的。公共决策和社会成员的主客观原因使风险更易在下层区域或群体中聚集，这和财富的汇聚正好相反，财富往往在上层聚集。占有财富、权利、机会等社会资源较少的群体，非但没有分享到社会发展带来的利益，反而分担了较多风险和危害，财富和风险比例失调。"风险分配的历史表明，像财富一样，风险是附着在阶级模式上的，只不过以颠倒的方式：财富在上层聚集，而风险在下层聚集。"③ 风险和财富是反向叠加的，不同的风险承担者由于自我拥有的

---

① 《习近平谈治国理政》第2卷，外文出版社，2017，第81页。

② 李友梅：《从财富分配到风险分配：中国社会结构重组的一种新路径》，《社会》2008年第6期。

③ 〔德〕乌尔里希·贝克：《风险社会》，何博闻译，译林出版社，2004，第36页。

财富、知识等不同具有不同的防范和抵御风险的能力。风险分配不正义表现在空间上是居住环境的不正义，表现在社会结构上是不同层次的社会群体之间分配不正义。另一方面，风险分配不均衡会加剧原有的财富占有的不平等。从风险分布上说，虽然有权势和财富的社会阶层也不能逃脱风险的危害，但在风险后果上，不同阶层的承担能力和遭受的损失却有着根本的不同。"风险总是以层级的或依阶级而定的方式分配的。在某种意义上，阶级社会和风险社会存在着很大范围的相互重叠。"①在风险社会中，财富分配的逻辑与风险分配的逻辑相互交织与融合共同推动着社会结构的分化与重组。专业知识、资源分配、流动性、消费力和消费倾向等形塑出一种与财富分配不同的新的结构性的社会阶层，即精英群体。这种在风险语境中拥有话语权的精英群体也是结构化社会不平等的原因之一。此外，以不确定性为主要特征的风险话语通过制造社会恐慌，来实现对社会主体的隐性规约，重构并支配主体的空间实践。而精英群体恰恰借助地缘空间意义上的流动性来确立自我的主体意识和确认自我的存在方式，重构自我与世界的关系。而弱势群体在风险困境中，最终负担了更多的风险，无法摆脱风险的压制和支配。可见，地缘空间意义上的流动性是风险社会语境下呈现出的一种新的社会实践形态。社会成员流动观念和方式都深受风险的影响，新的社会不平等也在不同的流动形式中被"制造"出来。

三　以高质量发展推动共同富裕的具体路径

高质量发展意味着中国经济进入新的发展模式，以高质量发展推动共同富裕，不仅是对党一以贯之的共同富裕理论的坚持，也是在新时代对共同富裕与高质量发展内在一致性的理解与把握。为此，要在思想再解放中、在突出生产力质量中、在创新驱动中推动高质量发展。

---

① 〔德〕乌尔里希·贝克：《风险社会》，何博闻译，译林出版社，2004，第36页。

（一）在思想再解放中推动高质量发展

思想作为反映现实实践的观念体系，只有与中国特色社会主义事业的开创和发展同频共振，才能为经济发展提供重要的理念支撑。新生产方式的形成和功能的发挥，需要新的思想观念体系对其必要性、合理性、正当性等进行论证，来增强民众对高质量发展的认知与理解，以使民众形成理论自觉并予以行为支持，来实现民众思想和行为与新生产方式相一致，以实现新的发展。这就需要进一步解放思想，打破旧的思想观念的束缚，实现主观世界的认知、判断与现实的实践相一致，以实现思想对行动的指导。邓小平指出："解放思想，就是使思想和实际相符合，使主观和客观相符合，就是实事求是。"[①] 坚持解放思想才能进一步深化改革。现实实践的不断变换，需要不断深化改革，而改革的成功，离不开持续解放思想。理论只有不断回应现实，才能发挥推进行动的作用。面对社会发展中不断出现的问题和矛盾，需要不断解放思想来协调各种关系，来冲破原有思想的束缚，以自我革命之势，破解利益、制度等的掣肘。正如习近平所强调的："冲破思想观念的障碍、突破利益固化的藩篱，解放思想是首要的。"[②] 其一，解放思想是对马克思主义的坚持。马克思主义强调在实践基础上主观和客观的统一，客观世界不断变化要求主观思想与时俱进，对新事物、新形势给予回应，这彰显了其历史继承性。其二，解放思想反映了高度的创新性和自觉性，"要解放思想、实事求是、与时俱进，按照创新、协调、绿色、开放、共享的发展理念，在理论上作出创新性概括，在政策上作出前瞻性安排，加大结构性改革力度，矫正要素配置扭曲，扩大有效供给，提高供给结构适应性和灵活性，提高全要素生产率"[③]。新时代解放思想是从现实问题出发，致力于解决现实问题与矛盾，这既彰显了中国共产党的问题意识，也反映了党的自

---

① 《邓小平文选》第 2 卷，人民出版社，1994，第 364 页。
② 《十八大以来重要文献选编》上，中央文献出版社，2014，第 509 页。
③ 习近平：《论把握新发展阶段、贯彻新发展理念、构建新发展格局》，中央文献出版社，2021，第 69 页。

我革命与超越，彰显了解放思想的时代创新性。其三，经济、政治等领域体制机制的完善需要思想上的谋划与共识的达成，以满足实践的需要。改革的推进、中国特色社会主义的发展呼唤思想的转换与突破，进而指导实践，这彰显了解放思想的现实性。

以解放思想来促进和深化改革，是中国社会发展的经验之一。改革开放初期，农民自发式的土地改革在农村率先开启，之后相关改革陆续启动。但改革要想继续及进一步深化，必然需要民众思想的转变、观念的更新。当时能否突破固化的对传统社会主义的认知，是思想转换能否实现的关键。邓小平以对社会主义本质的科学回答，推动民众思想的解放，进而推动改革进一步深化。"只有思想解放了，我们才能正确地以马列主义、毛泽东思想为指导，解决过去遗留的问题，解决新出现的一系列问题，正确地改革同生产力迅速发展不相适应的生产关系和上层建筑。"[①] 苏东剧变之后，面对人们在社会主义原则、社会主义社会中计划与市场的关系等方面存在的认知分歧，邓小平发表南方谈话，推动民众对这些问题予以正确思考与理解，使中国走上了快速发展之路，也为后来经济实力的提升奠定了思想基础。新时代，面对发展之后出现的新问题，依然需要进一步解放思想，在各领域深化改革中推动高质量发展。

强调解放思想对高质量发展的促进作用，要坚持以中国共产党最新的理论政策为出发点，立足于中国现代化建设的实践，以新发展理念为指导，使党的理论政策转向实践，为高增长向高质量转换提供思想前提。这是对马克思主义观点和方法的贯彻与坚持，是实现理论指导和现实实践相统一的重要方式。其一，推动高质量发展呼唤解放思想。原有生产方式的弊端不断暴露，体制机制、思想观念、生产要素的不合理配置以及资源环境枯竭等造成了部分地区发展缓慢、全国区域发展不均衡。这就需要这些发展相对缓慢的区域，在思想层面有所突破，在充分认识本地区基本情况的基础上，在制度创新、协调一致上突破原有思想的束缚，

---

① 《邓小平文选》第2卷，人民出版社，1994，第141页。

新时代共同富裕的理论与实践

党的各级领导干部要带头树立前沿思想意识，实现思想认识的转换。其二，经济结构的调整是推动高质量发展的重要要求。党的十九大明确提出："以供给侧结构性改革为主线，推动经济发展质量变革、效率变革、动力变革"①，就是要对经济结构进行变革，对生产资源进行新的配置。这需要社会全面的协调与支持，通过解放思想改变过去与现实发展不一致的观念，实现主观思维与客观现实的结合与一致。立足于世界经济发展的新态势和我国发展的新阶段，在解放思想中达成新的改革发展共识。其三，深化改革和扩大开放是推动高质量发展的必然要求。解放思想是实现二者"链接"的重要一环。深化改革需要借助解放思想破除各种条条框框的束缚，在建立和完善制度上有新的突破。推进国有企业改革，推进落后和过剩产能的转换以及政府机构管理、服务的调整等，都需要在解放思想中进行。在原有的发展方式中，我国通过引进资金、技术和产品出口等推动经济发展；在世界经济新形势下，在扩大开放中，需要改变原有出口低端产品的做法，提高出口产品的档次，在人类命运共同体理念指导下积极参与国际贸易。

（二）在突出生产力质量中推动高质量发展

生产力是促进经济发展的根本因素，是社会发展进步的直接驱动力。"从现实的生产活动来看，生产力就是在生产活动中实现和产生的推动社会发展的客观力量。"② 这种社会力量只有通过一定的生产方式，才能从潜在力量转变为现实力量。有效的生产方式不仅可以使既得的潜在力量变成现实，还可以激发潜在力量产生新的力量。马克思曾说："这里的问题不仅是通过协作提高了个人生产力，而且是创造了一种生产力，这种生产力本身必然是集体力。"③ 可见，生产方式直接影响着生产力作用的实现。生产力的作用不仅体现在数量层面还体现在质量上。马克思在

---

① 习近平：《决胜全面建成小康社会 夺取新时代中国特色社会主义伟大胜利——在中国共产党第十九次全国代表大会上的报告》，人民出版社，2017，第30页。
② 马文保：《重新理解马克思的生产力思想》，《哲学研究》2014年第5期。
③ 马克思：《资本论》第1卷，人民出版社，2018，第378页。

《资本论》中这样描述生产力的质量问题，"不管生产力发生了什么变化，同一劳动在同样的时间内提供的价值量总是相同的。但它在同样的时间内提供的使用价值量是不同的：生产力提高时就多些，生产力降低时就少些"①。这说明提高生产力质量就能创造出较多的使用价值。相比于生产力数量更强调规模和物质资料数量，生产力质量侧重于生产力诸要素组合的质量及获得的整体效能。作为现实生产活动中促进社会发展的现实与潜在力量，生产力是质量和数量的统一。

就发挥生产力对高质量发展的根本性作用而言，我们强调的高质量发展是生产力数量和质量的有机结合。在原有生产方式中，我们更多关注生产力数量，其结果是生产发展的同时，资源、环境问题及社会矛盾不断出现，这就需要全面理解和发展生产力，从数量、速度转向质量、效能等。就生产力质量的影响因素而言，主要有生产力诸要素的质量、生产力诸要素组合的质量以及生产力创造的产品的质量。就生产力的诸要素而言，不仅包括传统的劳动者、劳动对象等，还指生产中的信息、技术、协作、管理等要素。劳动者是生产力中最具能动性的要素，当下的劳动以技术性更强的复杂劳动为主，对于劳动者的知识文化水平、技术水平、熟练程度等有了更高的要求，这些都会影响生产力的质量。科技的发展拓宽了劳动的内涵与外延，要以创造性劳动来促进生产力各要素的创新，进而促进生产力质量的提升。就生产力诸要素组合而言，生产的进行特别是生产效率的提升是在生产力诸要素有效组合的条件下实现的。其中较为关键的是劳动者与相关生产资料的结合。一方面，从劳动者来看，原有的生产方式是通过分工，提升劳动者熟练程度以提高生产效率；随着劳动规模的扩大，情况转变为通过不同种类的劳动者联合及劳动者知识、技术水平的提升来提高生产效率。另一方面，从劳动资料来看，原有的生产方式是通过追加生产资料来促进增长，但随着边际效益的降低，结构失衡、规模不经济等就会出现。

---

① 马克思：《资本论》第1卷，人民出版社，2018，第60页。

实现发展方式的转换，需要突出生产力质量来推动高质量发展。其一，要从思想上认识并重视生产力质量问题。原有速度型、规模型的发展方式的负面作用越来越突出，化解这些矛盾和问题需要从思想上认识到生产力不仅有数量还有质量的要求。在现实的生产活动中，要从思想上认识到生产力质量的内涵和意义，突破对生产力的原有认知。树立生产力质量意识，特别是在业绩考核中，加入关于生产力质量的评价指标。其二，突出科技在提高生产力质量中的作用，一方面，加大科研投入，为科研人员创造良好的工作和生活条件；另一方面，促进科研成果的转化，健全相关转化的制度体系，推动科学研究的考核评价机制改革等。此外，还要营造良好的市场环境，形成良性竞争的氛围。其三，突出人力资本在提高生产力质量中的作用。在现代技术下，物质资本的作用在降低，人力资本的价值在凸显，对劳动者技能和知识水平有了新的要求。为此，要推动教育领域的供给侧改革，建立相关的激励制度，以调动劳动者积极性，打造知识型劳动者，来提高生产力质量的整体效能。其四，突出协作在提高生产力质量中的作用，通过生产要素的重新组合排列形成一种新的力量来促进投入与产出的最优化，以提高生产效率。一方面要加强横向产业间及纵向不同层次的产业部门间的合作，以提升产业间的接续性与韧性，提升产业发展的竞争力；另一方面，由于不同地区具有不同的生产要素优势，要加强不同区域生产力要素的协作，实现地域资源和人才、技术等的最优配置，这也符合党的二十大所强调的"优化重大生产力布局，构建优势互补、高质量发展的区域经济布局和国土空间体系"[①]。此外，还要强化国家间协作，吸收他国的人力、管理、技术、资金等资源，与我国的生产要素实现优势互补。其五，突出现代数字技术的作用。借助数字技术促进生产要素的优化与配置，形成一种新的生产力，即数字生产

---

① 习近平：《高举中国特色社会主义伟大旗帜　为全面建设社会主义现代化国家而团结奋斗——在中国共产党第二十次全国代表大会上的报告》，人民出版社，2022，第31—32页。

力。"数字生产力是人类应用数字技术于国民经济活动的生产能力，数字生
产力为数字经济提供生产要素和发展动能。"① 数字生产力以知识、数据、
系统平台等为要素来促进生产力发展，是促进高质量发展的新兴力量。

（三）在创新驱动中推动高质量发展

以创新促进生产力发展是社会主义国家面对社会生产中存在的问题以求
破解的积极策略。科技创新、知识创新、制度创新等与人类改造世界的能力
同向而行，要以自觉、积极的创新理念、机制来推动社会的发展与进步。

从中国的情况来看，以往更多依赖能源、土地等来促进经济增长，
依靠劳动、资本、技术来促进生产，在技术不能不断创新的情况下，这
种增长方式难以持续，客观上要求转向知识、科技、管理等新的生产要
素，减少对资源的消耗等，依靠科技创新来提高资本、资源、劳动等的
效能，以实现新的发展。同时，为提升国际竞争力，需要进一步优化产
业结构，布局更多新兴产业。提高产品竞争力需要由中国制造转为中国
创造，提高创新性。高质量发展就是要以创新驱动发展，实现经济增长
动力的转换，这里的创新是以科技创新为核心的多领域创新。创新驱动
发展不仅能够提高生产效能，还能促进知识、人力、制度等的改变及重
新组合，产生新的增长点，推动最新科技成果在生产生活领域的应用。

实施创新驱动要实现内生增长模式的转换。与内生增长模式相对应
的是外生增长模式，它是一种突出引进与模仿的、非自主性的创新模式。
"以知识、技术、企业组织制度和商业模式等无形要素对现有的资本、劳
动力、物质资源等有形要素进行新组合，各种物质要素经过新知识和技
术的投入提高了创新能力，就形成内生性增长。"② 就产业竞争力而言，
就是要以具有创新性的高新技术产业参与竞争。就科学技术而言，就是
要促进具有原创性成果的产生与应用，特别是形成良性的原创性成果推
广和扩散机制，一方面需要加快成果的传播与普及，另一方面需要各领

---

①　何玉长、王伟：《数字生产力的性质与应用》，《学术月刊》2021 年第 7 期。

②　洪银兴：《论创新驱动经济发展战略》，《经济学家》2013 年第 1 期。

域不断学习，以能够接受和应用这些原创性成果。

实施创新驱动需要实现知识和技术双层面的结合与互动，推动创新成果的具体应用。一般而言，知识创新以科学研究为主，高校和科研机构是主体；技术创新往往侧重于新技术的研发，相关企业是主体，追求市场化价值是其目标。二者相互结合不仅可以占领科学发展的高地，也使科学成果不断市场化、商业价值得以实现。因此，知识和技术结合下的协同创新是实现创新驱动的重要方式。一方面，知识创新不仅以科学前沿问题为指向，还以经济发展中的现实问题为指引，不仅仅创造知识，还把知识推向应用，参与技术转换。另一方面，技术创新不仅仅是实现企业已有技术等的组合，还要关注最新科学发现及其转化，实现知识和技术的结合、研究机构与企业的合作。总之，创新驱动要促进知识和技术的合作创新，知识创新成果要推向市场，发挥其商业价值；技术创新要以最新的科学成果为基础，由此达成的创新合作才能有较高的科技成分，又有良好的市场预期，使创新成果兼具科学价值和商业价值。

第二节　在健全制度体系中推动共同富裕

制度在理论走向实践中具有重要作用，共同富裕的推动需要借助制度为其提供规范和约束。要以制度的刚性和有效性来推动共同富裕的实践，以制度为共同富裕提供保障。

一　制度是推动共同富裕的保障

"制度是一个社会的博弈规则，或者更规范地说，它们是一些人为设计的、形塑人们互动关系的约束。从而，制度构造了人们在政治、社会或经济领域里交换的激励。"[①] 制度具有规定性与强制性，是规范社会公

---

① 〔美〕道格拉斯·C. 诺思：《制度、制度变迁与经济绩效》，杭行译，格致出版社、上海三联书店、上海人民出版社，2014，第3页。

众行为的规则。制度作为一种规则、一种规范体系，通过对主体的权利空间和义务进行明确界定，对各种社会资源进行权威分配。制度的这种特点使它与人的生存和发展有了内在的关联性。制度通过约束人们的相互关系，规范人们的行为，为人们交往提供规范、约束行为的规则。公正是制度作为社会普遍性规则得到人们普遍认同与服从的前提。公正是制度的内在要求，同时是制度的灵魂，是人类社会具有永恒价值的基本理念和基本行为准则，"是在一定历史条件下和一定社会范围内对各种利益进行合理分配的理念、规则和状态。在不同的历史时代和不同的社会发展阶段，公正具有不同的内容和规定，因而，它是一个社会的、历史的、相对的范畴。同时公正反映着人与人、人与社会的关系，渗透在人类社会生活的各个领域，是以权利和义务关系为核心而形成的合理状态"[1]。正如罗尔斯所说："正义是社会制度的首要价值，正像真理是思想体系的首要价值一样。一种理论，无论它多么精致和简洁，只要它不真实，就必须加以拒绝或修正；同样，某些法律和制度，不管它们如何有效率和有条理，只要它们不正义，就必须加以改造或废除。"[2] 制度公正是人们按照一定的尺度，对一种制度做出的价值判断。

制度是共同富裕从理论走向实践的桥梁。共同富裕并不会自动从理论走向实践，共同富裕理论的科学性只是为发展实践的科学性提供了一种可能。而要把这种可能变成现实，需要发挥制度的桥梁作用。基于制度与人的生存和发展的关联以及制度与观念的双向互动，制度是共同富裕由理论走向实践的中介。共同富裕的推动离不开人的实践活动。而制度作为规范人行为的规则发挥着重要作用。对于生活于实践之中的人来说，制度就是一种规范力量。它对人以及人必须生存于其中的现实世界予以规范、限制。制度不仅为人的活动提供准则，而且也为人之生存和发展提供了现实的可能空间，将人们的活动纳入合理、预期的轨道。

---

① 师泽生、王冠群：《制度：公正的保障》，《吉林大学社会科学学报》2006 年第 4 期。

② 〔美〕罗尔斯：《正义论》，何怀宏等译，中国社会科学出版社，1988，第 1 页。

之所以说制度是共同富裕从理论走向实践的桥梁，是其必须依赖的中介，是因为制度与思想存在互动。制度与思想的双向互动也规制着制度的价值中介。一方面，思想规约着制度，是制度建构和实施的理念基础；另一方面，制度将思想推向实践，规范、整合、约束人类社会各领域的运行及其内在的社会关系，形塑每个人的行为模式和个性，将整个社会纳入与主流观念相一致的轨道上来。基于此，规范人之生存和发展的制度担当了共同富裕由理论走向现实的中介。

制度对于权力的规约和对权利的分配是利益分配程序化的客观要求，是共同富裕理论得以实践的前提性条件。权力天然扩张与自发越界的特点，决定了要以制度对其进行规约。维护公共利益是公权力运行的目的。然而，在公权力运行中，以"经济人"冲动预设的权力执行者往往会利用手中的权力偏向私人利益，从而出现权力的异化与利益的偏轨。公权与私权的边界有时是模糊的和相对的，致使权力的边界难以判定。部分掌握权力的群体打着维护公共利益的幌子维护个人利益，也使权力不断越界与扩张，从而导致权力的幻化、放大。但是在社会历史发展过程中，权力可以被规范、被约束。制度就起着规约权力的作用。社会成员权利意识的增强是划定权力边界，对权力越界行为进行有效抑制的关键。在很多时候，社会成员的权利意识长期被遮蔽与掩饰。制度对于权利的分配使社会成员能够积极参与国家事务，权力由绝对渗透转向相对界域。社会成员要不断增强权利意识，充分行使自由、平等、参与等权利。其中，政治权利是权利分配的重心，是社会成员获得实质身份的关键。制度对于权利的分配是以公共利益为终点的，这里的"公共利益是以道德、理性、正义价值为内核，以公益优化、利益平衡为原则的一定社会条件下或特定范围内不特定多数主体利益相一致的方面"①。

因此，在利益、观念等趋于多元化的现代社会中，仅有共同富裕的

---

① 曾楠：《制度认同：政治认同的制度基础构建》，《广西师范大学学报》（哲学社会科学版）2015年第6期。

目标是不够的，目标离不开合理的规则、程序的保障，制度就是保障共同富裕目标实现的工具。需要建构体现共同富裕精神实质与保障共同富裕实践的制度体系，这是由不同领域反映不同人际关系、相互区别又紧密相连的多种制度构成的系统。只有将共同富裕精神实质具体化为可操作的制度，建构与共同富裕理论相匹配的制度体系，才能为推动共同富裕提供有效保障。该制度体系的建构要以社会成员生存的现状为出发点，以社会成员急需化解的现实问题和矛盾为切入点，以人的全面发展为价值指向。只有建构和实施体现共同富裕理论和精神实质的制度体系，才能确保共同富裕从理论走向实践，才能将共同富裕理论转化为政治体系和社会成员现实的发展实践活动。

二　当前存在的制约制度有效性发挥的因素

共同富裕的推动需要借助制度为其提供规范和约束，当前存在的制约制度有效性发挥的因素主要涉及制度供给、制度执行以及制度有限性等。

（一）制度供给滞后

制度变迁是新时代的中国无法回避的现实之一。制度经济学代表人物诺斯在其著作中对此有过这样的描述："变迁通常由对构成制度框架的规则、规范和实施的复杂结构的边际调整所组成。制度框架的总体稳定性使不受时空限制的复杂交换成为可能。"[①] 在《制度、制度变迁与经济绩效》一书中，诺思把"不稳定的产权、实施很差的法律、进入壁垒以及垄断性的限制"等作为制度供给滞后的表现。制度的相关设计随着时空的推移，与现实的社会实践不相适应，也就无法满足现实的需求，从而出现制度需求和制度供给之间的矛盾。制度供给滞后主要表现为制度的欠缺、不健全、不完善，是制度不能满足实践需求的一种持续状态。一般而言，制度供给滞后有三种。第一种是完全制度缺失，指完全没有

---

① 〔美〕道格拉斯·C. 诺思：《制度、制度变迁与经济绩效》，杭行译，格致出版社、上海三联书店、上海人民出版社，2014，第98页。

某方面的制度，既可以是某一方面大的制度系统缺失，也可以是某个较小制度的缺失。第二种是不完全制度缺失，也即与制度配套的体制机制滞后或不健全，从而破坏了制度的完整性。第三种是隐性或实质性制度滞后，就是表面上某方面的制度及体制机制是齐全的，实际上其发挥不了作用。未能随社会实践的变迁而及时修订、革新是制度供给滞后的主要因素。生产力的不断发展，必然要求生产关系及上层建筑随之改变以与之相适应。随着现实中经济关系的改变，新的利益关系的形成，贫富差距的拉大及矛盾的尖锐化，加之现代化进程的加速，教育、信息技术的发展，这一切客观上要求制度化水平的提高，来对之予以约束和规范。相应的产权制度、分配制度、社会保障制度、政治参与制度、教育制度等都要改变或优化。

社会实践发生改变，制度没有随着实践而改变或者新的制度没有制定出来，这些都会造成制度在质量和数量上不能满足实际需要。但有的时候还会存在制度供给过剩造成制度滞后的状况，这是由于供给的制度大多是无效的制度、缺乏执行力的制度。当下，在我国全面深化改革中，存在着一定的制度供给滞后的现象。首先表现在就业上，虽然失业现象是社会转型期无法避免的，但是如果有健全完善的制度体系，大量的剩余劳动力就能够实现有效的转移就业。现实是，城乡分割的户籍制度、不健全的社会保障制度等严重影响了劳动力的再就业。这些在某种程度上使就业矛盾更加突出，不仅影响了社会成员物质和精神层面的正常生活，而且增加了社会的不稳定因素，影响了社会成员对政治体系的认可。其次表现在财富分配上。在建立和完善市场经济的过程中，社会财富分配不平衡具有一定的必然性。但是在这一过程中，由于要素市场体系的欠缺、市场制度和法律制度的滞后或不完善、国有资产管理制度失效、政策法规漏洞和监督体系缺位等一系列问题存在，当下社会中存在着社会财富占有不正当、财富分配关系扭曲、财富差距拉大等问题。这种现象在一定程度上影响了改革的顺利推进，也破坏了社会公平，影响了社会稳定。

（二）制度执行中的"非理性"

习近平强调："诚然，我们的制度体系还要完善，但当前突出的问题在于很多制度没得到严格执行。就像我们反对'四风'一样，很多问题早就有制度规定，大吃大喝问题抓了多少年了？抓一抓好一点，过一段又反弹，顽固得很。这次中央下决心抓'四风'问题，特别强调要建立和执行制度，而且要常抓不懈。制度的生命力在执行，有了制度没有严格执行就会形成'破窗效应'。"① 制度执行关涉着制度权威的确立和制度的有效收益。制度执行中的"非理性"是指制度执行中，实施主体自身的文化背景、对制度的认知与评价、对实施对象认知和情感的判断等"非理性"因素对制度执行效果造成干扰。也就是说，制度的效果不仅仅取决于制度的设计与安排，制度的执行状况更是直接影响着制度的实际效果和制度权威。强势群体拥有社会声誉，能影响或参与决策，有能力获得更多的机会和物质资源，在制度执行过程中，强势群体更可能影响制度的公正执行，造成相关制度扭曲执行。

执行主体的自利倾向是制度执行中存在"非理性"的直接原因。拥有政治权力的政府是制度体系的制定者和执行者，对于公共事务的管理和公共产品的分配起决定作用。制度执行主体的公共性要求政府在分配社会资源时，要以社会公共利益为前提，并以此体现社会公平正义。由于政府是由现实社会关系中的具体的人——干部或行政人员——构成的，少部分人在制度制定、执行时，会尽可能在多种利益中维护自己及其亲友的利益，甚至会利用自己掌握的权力垄断某种社会资源。

在市场经济体制完善过程中，市场的决定性作用与政府的调控作用客观上要求政府及时调整角色，进行制度创新，建立有效的制度来约束和规范市场行为。但由于制度的制定与完善是在国家指导下进行的，随着社会实践发展变化，新的制度的制定、旧的制度的修订等都需要一个过程，旧的制度、政策等还在不同的区域发挥着作用。对我国而言，在

---

① 《十八大以来重要文献选编》上，中央文献出版社，2014，第719—720页。

全面深化改革中，随着资源配置方式的变革，社会资源的分散与转移，利益关系的调整与变革，地方政府在地方发展中的利益主体身份越发明显，越来越注重推动和维护本地区的经济发展、政治稳定、社会和谐。这体现了地方政府在本地区经济发展和利益维护上主体作用的发挥，但是从另外一个层面来看，这也意味着地方政府为了维护本地区的利益，对于中央从全国人民利益出发制定的制度、政策，在具体执行中，存在着根据本地区的具体情况作出相应变更的可能。特别是当地方政府把发展经济作为核心目标时，拥有资本、技术、信息等在经济发展中具有重要作用的群体，往往能够从政府那里获得更多的空间、权利或机会。

以最低生活保障制度为例来说明制度执行中的"非理性"对弱势群体的影响。精准确定需要照顾的对象是最低生活保障制度执行的关键因素之一。但在具体执行过程中，由于保障对象定位不精确，漏保、错保现象时有发生。较多的漏保、错保现象使生活中真正困难的民众无法享受到此项福利，也在一定程度上使最低生活保障制度丧失其本质意义。此外，由于村和街道等基层是最低生活保障制度的执行主体，由于现行的规定对基层约束力度不够，人情或关系往往出现在最低生活保障制度的执行中，影响着制度的实际保障效果。

（三）制度的有限性

社会理性是制度作为人类理性的社会化方式的本质体现。制度理性是指制度在设计或制定时要体现公平正义的价值精神，要尽可能地保障社会中大多数人的利益，实现个体利益与社会整体利益的统一。不论是外在制度的创制还是内在制度的改造，都是理性在起着主导作用。制度作为一种社会规则，无论在内容还是形式上，都具有超越感性的理性特征。纵观制度的发展，理性始终是制度设计、创新及实施的重要特征，制度也从规则、刚性的视角彰显了社会的理性。但理性总是有一定限度的，无论是制度的制定者、实施者等相关主体还是制度本身，对理性的彰显和实现总是有限的。

人是制度的制定者，而人自身是有限理性的行为主体。一方面人自身的认知能力是有限的，另一方面现行社会中的文化或传统习惯等外在环境也限制了人的理性能力。在制定制度时，由于人自身理性的有限性，加之信息的缺失或不足及时间空间的限制，人对制度在未来实施中的功能、所处的环境等难作准确的判断。此外，制度制定者在建构制度时为了获取社会的支持，以及与现行社会中的文化传统、意识形态等非正式制度相一致，有可能做出妥协，甚至违背公平正义的价值理念。制度主体的有限理性还体现为由于人类的思考所能达到的宽度和深度都是有限的，制度制定者也难以在有限的时间内关注各环节各方面，以及为解决所有问题制定出切实有效的制度，于是就会为最先解决当下社会中最热门的社会问题来制定相关制度。这就是现实中为什么在不同的时期，我们的制度重点关注的方面是不同的。

制度本身的有限性是指规制、约束人类行为的制度安排相对于社会实践的多样性、发散性而言总是不够的且往往滞后于社会实践。虽然制度是对社会实践的规范和约束，但制度的产生、性质却是由生产实践决定的，是人类交往实践的产物。由于人的需要是无限的，制度所能解决的问题相对于人们解决问题的需要而言，总是不足的。制度的这种不足实质上是资源不足的反映。首先，从制度的制定开始就需要投入大量的人、财、物，制度的实施同样需要付出大量的成本，制度的创新不仅要面临既得利益集团的阻挠，也需要消耗大量的资源。制度的有限性还体现在制度相对于现实生活实践是滞后的和抽象的。反映和规范、约束现实生活的制度总是滞后于不断发展变化的现实实践。抽象的制度不可能对所有具休问题、具体情况作出详尽无遗的规定。总之，制度不是万能的，也不是完美的，制度的有限性使制度不可能洞察无尽的时间与空间。在复杂的社会关系中，制度无法化解所有的社会问题，还需发挥其他因素如道德的作用。

三 完善制度体系，为共同富裕提供保障

由于与共同富裕相关的制度是多重的，本书仅通过分配制度和社会

保障制度来分析制度对共同富裕的推动。

（一）优化分配制度，构建促进共同富裕的分配格局

党的二十大报告指出："分配制度是促进共同富裕的基础性制度。坚持按劳分配为主体、多种分配方式并存，构建初次分配、再分配、第三次分配协调配套的制度体系。"① 具体来说，涉及如下层面。

首先，在初次分配领域，市场应充分发挥其主导作用。由于市场经济配置资源的出发点是市场，生产者要获得利润就要依据市场的需要来配置生产要素，产品的种类、数量以及质量等也要依市场需求而定，这样才能顺利完成生产。正是这种充满活力和内驱力的市场机制，调动了全社会生产的积极性，也为社会财富的积累奠定了坚实的现实基础。生产领域的市场化，必然要求生产成果的分配也以市场为基础。市场对分配领域的影响主要是体现在初次分配层面。在这一层面，市场通过自身要素投入和回报机制，实现各要素按贡献占比合理分配。实现这一分配的原因在于，市场经济下，基于契约精神，资本、技术、信息、土地等要素都是以商品的形式出场的，其贡献规定了市场价格，市场供需决定其总量，这样在对生产成果进行分配时，生产要素越多贡献越大，回报就越高。这正是市场经济体制"各尽所能、各得其所"的真实写照，也是市场公正性在现实生产中的体现。当然，在看到市场机制对资源进行高效配置，并客观公正地根据要素投入计算回报的同时，我们必须正视它不可避免的缺陷。那就是完全依据市场贡献进行分配，会出现强者恒强这样的财富聚集效应，后果是社会成员存在财富占有的巨大差距。虽然适度的差距可以激发低收入群体的潜能，让后进的人奋起直追；但差距若不能控制在一个合理的可接受的范围内，就会导致矛盾和冲突，影响社会秩序的稳定。由此可见，初次分配以市场机制作为主导，有其积极合理的一面，但其中也有市场"失灵"和无能为力的地方，因此要处

---

① 习近平：《高举中国特色社会主义伟大旗帜 为全面建设社会主义现代化国家而团结奋斗——在中国共产党第二十次全国代表大会上的报告》，人民出版社，2022，第46—47页。

理好效率和公平的关系。当前需要适当、逐步提高劳动力这一生产要素在初次分配中的占比。"努力提高居民收入在国民收入分配中的比重，提高劳动报酬在初次分配中的比重。坚持多劳多得，鼓励勤劳致富，促进机会公平，增加低收入者收入，扩大中等收入群体。完善按要素分配政策制度，探索多种渠道增加中低收入群众要素收入，多渠道增加城乡居民财产性收入。"① 考虑到市场经济的要素投入和要素回报机制，只有提高劳动力要素的回报率，才能让只能凭劳动力赚钱的低收入阶层更多地分享经济发展的成果，以缩小收入差距，缓解群体矛盾。

其次，在再分配领域，政府应充分发挥其宏观调控作用。政府应综合采用各种税收手段，通过再分配，来化解初次分配中出现的收入差距过大的问题。税收调节手段是缩小收入差距最为直接有效的方式。"加大税收、社会保障、转移支付等的调节力度。完善个人所得税制度，规范收入分配秩序，规范财富积累机制，保护合法收入，调节过高收入，取缔非法收入。"② 很多西方国家通过个人所得税、赠与税、财产税和社会保障税等诸多税目多管齐下来应对贫富差距和维持社会稳定。在调节收入领域，我国主要还是通过征收个人所得税来进行的，这不仅可以缩小居民之间的收入差距，而且通过征税所得，政府可以对低收入群体进行相应的财政补贴和建立相应的社会保障体系等。当前随着人工智能、互联网等现代技术的应用，经济形态趋向数字化，自然人之间的交易日益频繁，居民收入来源趋于多样化，这就使个税的税源监控难度增大，自然人税收管理系统需要进一步优化。同时，个税征管在日常监管和风险预警、风险提示方面还较为薄弱，个税征管中大数据技术应用有待加强。针对这些现实情况，再分配领域的税收调节，一是需要逐步建立较为完备的个人财产信息资料库，减少各类隐性收入，让税务部门较为全面地

---

① 习近平：《高举中国特色社会主义伟大旗帜 为全面建设社会主义现代化国家而团结奋斗——在中国共产党第二十次全国代表大会上的报告》，人民出版社，2022，第47页。
② 习近平：《高举中国特色社会主义伟大旗帜 为全面建设社会主义现代化国家而团结奋斗——在中国共产党第二十次全国代表大会上的报告》，人民出版社，2022，第47页。

掌握税源情况，更为合理地管理个人所得和审核个人的纳税申报。二是适度提高个人所得税起征点，完善面向个体所有收入的税收征管机制。在社会各个阶层共同享有社会经济发展成果的过程中，不同收入的纳税人对应不同的税率，让中低收入阶层的税负更轻。三是逐步开征财产税和社会保障税来多方面多环节调节个人收入。这是未来我国税制改革的一个重要领域和方向。通过改革个人所得税制，以遗产税、赠与税、房产税、消费税等为补充，形成立体全方位的配套税收制度，缩小贫富差距。四是加大税收的征管力度，严格查处偷税漏税和抗税行为。政府应尽快修订税收征管法，进一步明确公民依法纳税的相关责任和义务，建立个人信用体系，加大偷税、漏税、抗税的处罚力度，严惩违法行为，让其付出巨大成本和代价，为规范征税管理和公民依法纳税提供坚实的法律保障。

最后，在第三次分配中，社会组织应积极发挥其补充和整合作用。第三次分配是以社会公益等形式实现社会财富的转移。党的二十大强调："引导、支持有意愿有能力的企业、社会组织和个人积极参与公益慈善事业。"[①] 在这一分配中，社会组织既是一股新兴的社会力量，可以在促进阶层合作方面发挥积极作用，又是一股重要的补充力量，可以在市场和政府双重"失灵"的情形下发挥补充作用。市场作用不灵敏和政府调控不力等是市场经济运作中难以完全避免的现象，这时就需要社会组织在第三次分配中充分发挥桥梁或纽带作用。社会组织在利益调解过程中，不仅可以为各个阶层的利益诉求进行声援，同时可以通过自愿机制如慈善捐赠等形式提供准公共物品，这对低收入群体而言，是非常重要的利益保障形式。尤其是随着政府治理理念和方式越发多样和包容，其越来越多地接纳多类型、多层次社会组织来共同推动社会发展和利益整合。

由此可见，在初次分配领域，市场的利益整合是主导和基础；在再分配领域，政府的宏观调控和制度规范是重要手段；在第三次分配领域，

---

① 习近平：《高举中国特色社会主义伟大旗帜 为全面建设社会主义现代化国家而团结奋斗——在中国共产党第二十次全国代表大会上的报告》，人民出版社，2022，第47页。

社会组织是及时有效的补充。这样市场、政府和社会组织等共同发力，来促进全社会利益分配的合理与公正。

（二）优化社会保障制度推进共同富裕

社会保障是重要的政策杠杆，合理、健全的社会保障制度能够有效地化解收入差距的不正义问题。建立更加公平、更可持续的社会保障制度是有效推动共同富裕的重要保障。社会保障制度通过物质帮扶、资源再分配、平衡社会关系等对处于特殊状态的弱势群体提供帮扶，以帮助他们分散风险、减少损失，维护其作为社会成员基本的权利。正如习近平所说："社会保障是保障和改善民生、维护社会公平、增进人民福祉的基本制度保障，是促进经济社会发展、实现广大人民群众共享改革发展成果的重要制度安排，发挥着民生保障安全网、收入分配调节器、经济运行减震器的作用。"① 现阶段，我国已经初步建立了相对完善的且富有中国特色的社会保障制度体系，虽然还有不尽完善的地方，但整体已经有了巨大发展。

在统筹最低生活保障制度方面。最低生活保障制度是由国家实施的通过财政收入向低收入群体转移，实现收入的再分配，关系到民众的基本生存，目的在于解决民众所面临的最直接、最现实的问题，保障贫困群体基本的生活权益，因而也是实现底线公平的最重要最基本的公共服务保障制度。我国自 1999 年起施行《城市居民最低生活保障条例》，自此，城市居民的最低生活保障问题被纳入法制化的进程中，这是我国社会保障制度中具有标志性的事件。最低生活保障制度的推行能够解决城镇困难群众的基本生活，其最终目的是要帮助城镇中的失业者再次就业，不仅帮助困难群体维持基本生活，更是要帮助失业者积极实现再就业。2007 年国家决定在农村实行最低生活保障制度，将农村符合条件的贫困人员作为保障对象，从公共财政保障的高度米保障农村贫困人员的基本生活。农村低保制度的实施有助于维护农村的公平与安定。近年来，党

---

① 《习近平谈治国理政》第 4 卷，外文出版社，2022，第 341 页。

和政府不断加大城乡居民最低生活保障的资金投入，救济的范围不断扩大，受益民众的数量也日益增多。

在统筹基本养老保险制度方面。基于我国的现实状况，基本养老保险制度在我国是分阶段推行的。第一阶段是建立覆盖城乡的基本养老保险制度体系，实现全体人民平等享有，这一阶段的标志是2009年开始在农村实施基本养老保险制度、2011年开始建立城镇居民社会养老保险制度。第二阶段是逐步完善原有的制度，平衡责任关系，来促进不同群体享有的权益相对公平。党和国家在这一时期合并了城乡居民的养老保险制度，统一实施，并改革了机关事业单位的养老保险制度。目前我国已经形成了覆盖全体公民的基本养老保险制度体系。一方面，作为社会保障制度的重要措施之一，基本养老保险制度覆盖所有人群。他们有参加的权利，这个权利不能因职业、身份、地域等原因被忽视，而且努力把不同群体、人员之间的养老待遇控制在合理的区间内，不能差别过大。另一方面，基本养老保险制度也是应对市场经济运行中财富分配不平衡的重要手段，通过增加部分人员的经济收入，调整资源分配，来缩小现实中存在的财富占有差距。

在统筹城乡基本医疗卫生制度方面。城乡基本医疗保障制度不仅体现了社会资源共同享有，也是社会正常运作的基本制度，特别是对城镇和农村的贫困群体而言。2011年，我国基本医疗保障制度全面覆盖城乡居民。党的十八大以来，党和国家全面深化医疗卫生领域改革，以共同富裕为导向，积极完善城乡基本医疗卫生制度，提升均等化水平，我国的基本医疗卫生事业取得了显著成效。经历从无到有、从点到面，从少到多，目前我国已经初步建立了保障居民健康的基本公共卫生服务制度，并将其纳入国家基本公共服务的范畴，为民众基本生活提供保障。

但现实的社会保障制度不管在设计理念还是在实践操作中都存在着不尽完善的问题。首先，虽然我国现行社会保障各项目的制度框架是全国统一的，但是，具体项目的执行政策在不同地区之间、城乡之间差异较大，不同职业和户籍的群体社会保障差异明显。其次，社会保险筹资规划不统一，地区之间的筹资标准不同，故不同地区用人单位和个人所缴纳的社会保险费用差距较大，这意味着人们所享受的保障也存在着较大差距。最后，具体实施中的方式和流程与新时代的社会组织方式、生活理念等不相适应，特别是传统的单位制社会保障与新时代人口职业流动的常态化和灵活化不相适应。

　　为此，其一，在设计社会保障制度时，要注重整体性，凸显社会保障制度促进共同富裕的功能，在强调国家对社会保障发挥主体作用的同时，注重发挥家庭、个人和社会组织等的作用，使多元主体良性互动，形成合力，来发挥其社会稳定器的作用，确保社会成员能够共同享有发展的成果与机会。在制度实施中，要打破现有的地区、城乡、职业等二元困境，加大对弱势群体的关注，使社会保障制度更精准地为社会成员提供保障，具体表现为目标的精准、操作流程的精准。要加强对现代最新科技的运用，以现代技术中的区块链、云计算等为社会保障的覆盖范围全、信息采集精准化提供支持。其二，控制和缩小法定社会保障项目待遇的群体差异。法定社会保障项目是基于民众基本权益和政府基本职责经过法定程序而设置的，由政府利用国家强制力组织实施，政府既有保障民众应对基本风险的职责，也有缩小收入差距、优化收入分配的职责。针对当前存在的城乡间基本养老金差异大，基本医疗保险待遇水平不一致的现实，要采取相应措施，来缩小差距，推动基本养老保险制度和基本医疗保障制度全民一体化。其三，完善法定社会保障项目体系并向农村拓展。现代社会中，需要通过法定社会保障项目为社会成员提供全面的基本保障，并形成一个完备的保障网络。然而，现行社会保障体系中某些项目在农村是缺失的，故需要按照中国共产党提出的"织密网"的要求，完善法定社会保障项目体系，并将若干重要项目拓展到农村，逐步落实农民的基本保障权益，促进农业农村发展和农民富裕。其四，均衡法定社会保障项目地区间的运行成本。法定社会保障项目不仅要求不同地区间民众的保障待遇基本相同，而且要求各地为保障本地民众获得这些基本权益所付出的制度运行成本大体均衡。目前的社会保障制度框架虽然全国统一，但实行地方分治，不仅造成地区间民众的基本保障权益有差异，而且使得各地的社会保障制度运行成本差异过大，影响着区域协调发展。为此，要建立有效的运行机制，落实地方各级政府的筹资责任和管理职责，充分注意到社会保障相关服务成本的区域差异，并在此基础上建立基金统筹和调剂机制，以及中央财政对于地方的补助机制。

第三节　在凝聚价值共识中推动共同富裕

推动共同富裕既需要国家的顶层设计，也需要将共同富裕理论具体化为民众易于理解和接受的价值规范。在价值观日益多元和个体主体性不断彰显的新时代，达成共同富裕的价值共识能够汇聚多元力量，为推动共同富裕提供内在理念支撑。

一　价值共识是共同富裕的理念支撑

共同富裕的推动离不开公众的支持，这种支持主要是"散布性支持"而非"特定支持"。美国政治学家戴维·伊斯顿在其著作《政治生活的系统分析》中把支持分为"特定支持"和"散布性支持"。"特定支持源于那种成员在它们出现后或出现前已认定符合自己要求的输出所刺激的友好态度和倾向。特定的报酬有助于补偿未能满足全部需求时的任何不满情绪。"[1] 而"散布性支持"是以一种情绪或态度来支持，是精神上的或象征性的，是社会成员对政治体系的情感，是"系统不必为成员所承担的义务和责任而支付或多或少的直接利益的一种支持"，"这种支持构成了一个友好态度或善意的蓄积池，它将帮助成员承认或容忍那些他们反对的或认为会损害其愿望的输出"。[2] "散布性支持"指向的是"事物的

---

[1] 〔美〕戴维·伊斯顿：《政治生活的系统分析》，王浦劬译，华夏出版社，1999，第329页。
[2] 〔美〕戴维·伊斯顿：《政治生活的系统分析》，王浦劬译，华夏出版社，1999，第329页。

本质"，是基于认知共识的支持。因为"只要存在这种相信当局和他们借以运行的秩序的正确性和适当性的信仰，那么这就是正式承认输出具有权威性及约束性的一个先兆。同时，因为这种信仰也表明了一种普遍的认可或赞同，所以它同样表明了对所赞同对象的散布性支持"①。"意义共同性或价值共同性是社会成员、社会群体或社会阶层对自己在社会中所获利益、所处地位、所扮角色，自我赋予或他者赋予相似或相同的认定、认可。因此，意义共同性以利益共同性为基础，但又不等同于利益共同性。因为利益共同性并不能必然保证产生意义共同性。社会成员、社会群体或社会阶层有可能对相同的利益赋予不同的意义，甚至相反的意义。这就是说，即使一个社会中的成员在实际上有着较高程度的利益共同性，但如果他们不善于将这种外在的、客观的共同性转化为内在的、主观的共同性，那么断言这个社会具有意义共同性还缺乏充足的理由。"② 这是因为社会的维系离不开精神纽带也即意义共同性或价值共识。

价值共识是影响共同富裕实践的重要因素。"所谓价值共识，是指人们在相互交往中，通过深层次的思想沟通和交流，在价值观念上形成某种协调、一致的意见。"③ 由于价值呈现于自我与他者的关系中，具有一定程度和一定范围的共享性，因而存在着达成价值共识的可能。就"共识"而言，其中必然包含着"差异"的前提性事实；就价值观念而言，"差异"蕴含着更多的思想张力，而不是只有对抗与冲突。价值共识主要表现为价值认同和价值认异两种基本形式。价值认同是自我对他者的价值观念产生共鸣，自觉或不自觉地认可、接受，并把他者的这种价值观念作为自我的价值观念。所谓价值认异是指持有不同价值观念的人，通过相互间的理性"互竞"和对话，能够理解对方或他者的价值立场而扩展自己原有的理解。作为价值共识的两种基本形式，价值认同侧重于

---

① 〔美〕戴维·伊斯顿：《政治生活的系统分析》，王浦劬译，华夏出版社，1999，第338页。
② 郑杭生：《中国社会发展研究报告（2009）》，中国人民大学出版社，2009，第3页。
③ 汪信砚：《价值共识与和谐世界》，《武汉大学学报》（哲学社会版）2017年第5期。

"同"，是基于认可和接受共同的价值观念而达成共识；价值认异侧重于"异"，是基于接受和承认他者不同的价值观念存在的合理性而达成共识。把价值共识理解为价值认同和价值认异两种基本形式不仅能够丰富自身的价值观念，还可以由此寻找到某种能够共享的价值理念。相较于之前只理解和接受自我的价值观，共享价值观体现为一种文化的丰富、智慧的增加，一种由差异多样的思想张力所生发的文化创新。对价值认异的肯定构成了价值共识的理论基础。现代社会每个人关注自己的生活状况，重视生活评价，而由生活评价差异带来的人们关于价值的不同态度正是形成社会价值共识的丰富资源。承认个体价值生活及观念的正当性、差异性，在一定程度上表征了价值共识原则。在这里，价值共识不仅承认了人类社会价值的多样性，还提供了在不同生活方式和生活态度间的适度张力。一种文化、价值意义上的共识意味着一种具有普遍性向度的价值和文化诉求，它以人与人、观念与观念之间相互平等、尊重为基础，能够有效地实现个体利益与个体利益之间、个体利益和集体利益之间的结合与平衡。价值共识是建立在价值观多样化的基础上的，是在丰富多样的价值观念沟通、对话与理解中形成的具有共享性的价值态度和价值关切。它是人们以共同的态度，通过平等充分的对话而达成的一种共同的价值理解和价值诉求，是通过增进共同利益来实现个体利益的有效价值选择。从这个意义上说，价值共识是一个永远生成着的、开放着的精神系统。它是社会成员共享文化传统、共担社会责任、共建和谐秩序、共创美好未来的价值期待和价值努力。

为此，要"确立反映全国各族人民共同认同的价值观'最大公约数'，使全体人民同心同德、团结奋进，关乎国家前途命运，关乎人民幸福安康"①，也就是说推动共同富裕不仅需要高质量发展和完善的制度体系，还要培育和凝聚价值共识，培育推动共同富裕的软实力。

首先，价值共识为共同富裕提供凝聚力。基于对社会成员诸多价值

---

① 《习近平关于社会主义文化建设论述摘编》，中央文献出版社，2017，第113页。

观念整合和提炼而达成的价值共识，在现代社会中，起着导向的作用。它不仅使社会成员的特殊性获得普遍的规定，又使社会获得凝聚力和向心力；它能够激发社会成员的信心和热情，坚定实现行动目标的决心；它把人们的观念和行为整合为较为一致的模式，使之具有一定的凝聚力和向心力；通过它，人们在生产和日常生活中形成一种健康、饱满的精神状态。在价值共识的影响下，社会成员为共同富裕理论所浸润，在心理情感、具体行为上都会指向共同富裕，自觉认为每一社会成员理应共同享有社会发展的成果。对于社会而言，对于共同富裕的价值共识协调和平衡着不同领域、不同方面、不同成员间的关系。对于个体而言，对于共同富裕的价值共识，是社会与个人"相互形塑"，使个人从他律向自律发展，实现身心全面健康发展。凝聚共同富裕的价值共识，能够使每个社会成员在一种文化中获得归属感，获得作为社会一员的自豪感，以及他人与自己在一起的依托感，是社会认同的文化基础。可见，凝聚价值共识既为政治体系制定的政策、方针、规划提供了合法性论证，也为个体提供了意义、目的和方向。

其次，价值共识为共同富裕提供精神支柱。马克思主义认识论认为，认识由感性上升到理性，至此运动并没有结束，这只是运动的一半，还有重要的另一半没有完成，就是要把前一阶段获得的理论用于实践。这种理论向实践的转化过程中，理论存在两种相反的运动，一种是理论上升为人们的信仰；另一种则是理论被具体化为活动方案。但是通常人们只注意到理论的具体化过程而忽视价值观念在理论向实践转化中的作用。事实上，任何理论学说、政策规划，只有人们认同它的时候，才会把它作为行动的指南。因此，认同是理论转化为实践的关键，是二者之间的中间环节。马克思指出："思想根本不能实现什么东西。为了实现思想，就要有使用实践力量的人。"[①] 这种人怎么得来呢？而理论只要彻底，就能说服人；理论只要说服人，就能掌握群众。马克思强调的理论要"说

---

① 《马克思恩格斯全集》第2卷，人民出版社，1957，第152页。

服人"，就是要使理论得到群众的认同，变成他们行动的动机和动力。认同作为理论向实践转化的中间环节其实质就是人类精神活动的特殊能动性。价值共识是人们的精神支柱和精神动力，能够起到整合社会、凝聚人心的作用。民众的价值共识作为一种可靠、持久、有效的政治性资源，通过广泛而深入的传播能够转化为个体成员自己的观念，个体成员进而形成倾向于支持党和政府的积极健康的态度，从而促进政策规划的落地与实践。价值共识不但能够在现实的社会政治生活中给人以心理的支撑和精神的安慰，使之归附于现行社会的目标规划，为之提供认同因素，还可以通过维护社会管理，强化现行政治价值观和政治目标。

最后，价值共识对社会目标具有道义约束力。一般而言，人们的认同度越高，对政策的支持率以及对政府政策失误的包容度也越高。"一个成员可能因许多不同的缘由而愿意服从当局并遵守典则的要求。然而，最稳定的支持还是来源于成员相信。"① 首先，体现在政策的执行上。要想保证政策的顺利执行，就需要借助一些能够把系统的资源用于实现目标和为共同任务而聚合社会成员的手段。但是，既不能依靠政治体系目标和个人目标之间偶然的利益重合，也不能依靠武力的不经济和不确定性。政治体系与其成员间共同的价值共识却能够使政策保持稳定而连贯。这是因为价值认同度高决定着民众对政治体系做出的各种政策的信任度高，民众就会相信这种政策能够促进社会发展和实现自身利益的最大化。其次，体现在对政策失误的态度上。如果民众对政治体系有一种坚定的内在信任，政治体系就可以确保即使其活动在一定范围内失败，也能继续得到系统成员的支持。因为由价值共识而产生的支持是不随任何特定诱因而变化的。高度的价值共识是政治体系过失的缓冲带。特别是在社会变动时期，政治体系在政策制定和执行过程中难免会出现这样或那样的问题，这时价值认同度的高低就能很充分地表现出来。对于价值认同比较弱的政治体系而言，任何一个小的失误都可能被放大，从而导致政

---

① 〔美〕戴维·伊斯顿：《政治生活的系统分析》，王浦劬译，华夏出版社，1999，第335页。

治体系与民众关系恶化，冲突加剧，执政基础被削弱，甚至成为民众反抗政治体系的导火索。反之，如果价值认同度较高，民众对政策失误的宽容度也就较高，民众会和政治体系"患难与共"，政治体系在处理问题时就能够有较大的回旋余地。

二　当前存在的制约共同富裕价值共识达成的因素

就当下推动共同富裕面临的挑战而言，既有客观的现实原因，也有思想认知上的问题。当下存在的把共同富裕等于平均主义、把共同富裕与发展相对立、将共享发展等同于共同富裕、将共同富裕等同于即刻共富等认识羁绊着共同富裕价值共识的达成。

（一）将共同富裕等同于平均主义

平均主义是在小生产基础上形成的传统观念和习惯思维，反映了封建社会中人们对平等的向往和渴望。平均主义在特殊历史条件下，对于缓解社会矛盾、消除贫富悬殊起到过一定的积极作用。但是平均主义采取"一刀切"的财富平均分配方式，忽视了个体之间的差异，抑制了个体的积极性、创造性，同马克思主义关于社会主义的科学观点是不相容的。实行平均主义只能是打击先进、鼓励懒汉，严重挫伤社会成员的劳动积极性。平均主义者所追求的平均大多是物质层面的平均分配，但物质层面的平均主义并不能真正体现公正，共同富裕是全面富裕，还包括精神层面和社会权利等方面的共享、共富。平均主义忽视了人们对精神层面共同富裕的追求，也会抹杀社会成员的积极性和主动性，最终的结果只能是共同贫穷。共同富裕与均分的分配方式有着本质的不同。共同富裕并非整齐划一，而是以公平为前提，合理差距的存在是正当的，具有客观必然性。市场经济下的优胜劣汰，必然会使具有不同竞争能力的人占有不同的社会财富，加之劳动者个人禀赋和家庭负担不同、拥有生产要素的差异、以及城乡和区域等资源差异，这也必然引起群体或个体间财富占有的不同。一定范围和程度上的差异具有合理性，共同富裕承认和允许这种在公平分配标准下存在的差异。共同富裕是在维护个人与集体利益的同时实现社会公平与正义。将共同富裕简单地等同于平均主义，强行抹杀社会成员之间的差别，不但不能化解贫富差距矛盾，还会导致新的问题和矛盾，从而使社会成员丧失创造的积极性，使社会缺乏活力。共同富裕强调的是社会多数人共同享有，享有发展机会、发展过程和发展成果，是手段和目的相统一的富裕，是社会分配和社会保障相结合的富裕。为此要做到初次分配与再分配合理与协调、强制共享与自愿共享相统一，要能够不断地创造更多的物质财富与精神财富，不断丰富社会成员日益增长的美好生活需要。总之，共同富裕是在承认共建成就基础上社会成员对社会资源的分享，是承认差别基础上的共富，是实现个体利益与集体利益均衡基础上的公平正义。

（二）将共同富裕与发展相对立

此种观念认为共同富裕会阻碍发展。改革开放 40 多年来，我们取得了巨大的发展成就，但发展的不平衡、不充分等问题依然存在，且成了制约社会经济持续健康发展的因素。实际上共同富裕是我们化解发展中存在问题的重要策略，其不但不会阻碍发展，而且是以实现新的、更高级的发展为目的。发展与共享是理解共同富裕的重要维度，共同富裕不仅是发展的目的贯穿于发展过程中，也是发展的动力，着力推动发展。推动共同富裕要坚持发展第一，通过高质量发展才能夯实共同富裕的物质基础。发展是促进共同富裕、提高共同富裕程度的前提条件。没有持续发展提供的基础，共同富裕就可能变成共同贫穷，不能忽视发展的客观现状盲目地提升共同富裕的水平。新时代共同富裕也是以改革开放 40 多年取得的巨大成就为基础的。共同富裕要求发展方式从单一的纯经济增长模式转化为多维的、均衡的、以人为本的共建共享的发展模式；发展要体现社会进步，以创造更高水平的物质与精神文明为目标。以共同富裕促进发展，是通过对发展成果的共同享有来调动社会成员的积极性，激发社会活力，实现经济社会的良性发展。

共同富裕体现了我国经济发展的价值追求和价值目标。共同富裕是发展的价值目标，是一种价值立场。发展是规律性和价值性的统一，既要遵循客观规律也要体现公正的价值立场。共同富裕凸显了社会主义制度的价值目标和正义性。推动共同富裕是总结我国发展经验，化解贫富差距矛盾、激发社会发展活力的客观需要，追求社会总供给和总需求的平衡，具有强烈的科学、现实指向性。共同富裕是共享与发展的有机统一，切中了中国的发展实际。不以共同富裕为目标的发展会导致两极分化，发展也难以继续；没有发展为共同富裕提供物质基础，共同富裕只能是空中楼阁，缺乏根基。过分强调发展会导致贫富差距拉大，使发展丧失后劲和动力；过分强调共同富裕，使共同富裕的程度和范围超出经济所能承受的程度，只会导致共同贫穷和落后。

（三）将共享发展等同于共同富裕

共享发展理念是在新时代境遇下，对发展问题的新认识，是以共同富裕为目标的，是在新时代迈向共同富裕的新理念。共同富裕是在生产力高度发达的基础上所要实现的社会主义现代化的重要目标，体现了马克思主义的社会理想与当代中国具体实际的完美结合。共同富裕为现实发展提供了目标指引，对发展的评价要以是否有助于共同富裕为标准。"朝着共同富裕方向稳步前进"的共享发展是对共同富裕新的理解和把握，其目标仍是共同富裕。共享发展以当下中国的客观现实为出发点，以有效的制度安排强调全体人民共享发展成果，拥有更多获得感。因此，在实践共享发展理念的具体过程中，已内在地包含着对共同富裕的具体理解。

共同富裕的实现是一个历史过程，需要通过若干阶段的具体目标，有步骤、分阶段地向前推进，在每个不同的发展阶段，都需要提出符合实际的理念、策略，形成阶段性目标。共享发展理念就是立足于改革开放40多年来，发展已取得巨大成就，但发展的问题也日益暴露的现实提出来的，是共同富裕展开的必然结果，是对共同富裕的历史性理解。共享发展理念强调通过共享的方式将人真正置于发展过程之中，通过强调发展的人民性来克服以往非均衡发展的弊端，实现共享式发展，使发展真正朝着共同富裕的奋斗目标迈进。共享发展也是先富带动后富理论的客观实践，有效地整合了先富和后富群体，强调两者都要有更多的获得感，为先富带后富搭建良好的平台，最终实现共同富裕。

如果简单地把共享发展等同于共同富裕，那就无法真正把握共享发展的内涵，也会曲解邓小平关于社会主义本质的科学论断："社会主义的本质，是解放生产力，发展生产力，消灭剥削，消除两极分化，最终达到共同富裕。"① 共享发展是建立在经济发展基础之上的，社会成员在经济、政治、文化等方面共同享有发展成果，既包括物质层面的，也包括非物质层面的，强调的是全面共享。共同富裕关注的是所有社会成员都达到富裕的生活状态，这种生活状态不仅是全面的，还是全过程的。把共享发展等同于共同富裕会弱化共同富裕的目标性，也会忽视共享发展的现实性，既违背客观事实也不符合共同富裕的科学内涵。虽然共享发展和共同富裕密切相关，但二者提出的背景、包含的内容、最终的归宿等都是不同的。

（四）将共同富裕等同于即刻共富

共同富裕是渐进的，是一个客观的历史过程。共同富裕的层次、水平等都会随着社会实践的发展而经历一个从不均衡到均衡、从低水平到高水平的过程。不能简单地将共同富裕等同于即刻共富，这是由共同富裕的内涵和我国的基本国情决定的。就共同富裕的内涵而言，共同富裕具有渐进性特征。从时间上看，共同富裕不是短时间能够实现的，共同富裕贯穿于现代化建设全过程。从共同富裕的内容看，共同富裕是全体社会成员共同参与改革发展的全部过程和共享改革发展成果。共同富裕不仅是指社会成员共享社会发展成果，也包括社会成员共享发展成果的获得感和幸福感，不仅仅有物质利益获得感和幸福感，还包括精神文化、生活环境、生态环境等方面的获得感和幸福感。这些目标的实现都需要

---

① 《邓小平文选》第 3 卷，人民出版社，1993，第 373 页。

一个渐进的过程。就我国的国情而言，虽然整体财富有了巨大增加，但人均量依然不高，共同富裕的水平还相对较低，不能期望在较短的时间内全体社会成员都能够享受到较高的福利，更不能把共同富裕引向主张"均贫富"的道路上去。共同富裕是一种发展目标和价值追求，而理想与现实、理论与实践、价值与事实总是存在着一定的张力与矛盾。立足于当下中国的客观实际，我们所能达到的共同富裕只能是符合当下客观经济社会条件的共同富裕。共同富裕作为一种发展目标具有抽象性和思辨性，而现实中，人们反应强烈的民生问题依然客观存在，这些恰恰说明共同富裕具有渐进性。

因此，我们既不能因为实现共同富裕需要较长时间而无所作为，也不能超越当前客观实际而要求即刻实现共富。那样既不符合客观规律也违背了客观事实。我们要立足于当下，在现有的条件下，积蓄力量，不断缩小现实与目标之间的差距，不断靠近目标。只有经过持续不断的发展，并在发展中把追求共同富裕贯穿其中，共同富裕才能逐步达成。

三　凝聚共同富裕价值共识的路径选择

以共同富裕的价值共识引领发展，达成利益均衡的集体共识，每一社会成员不仅能够充分享受社会发展成果实现生活水平的提升，也能够因个人的努力让他者享受社会发展成果进而实现生活水平的提高，还能够因共同富裕的推动与国家、社会共同发展。要借助公共精神的涵养、思想政治教育等方式，使共同富裕成为社会共同心理和普遍价值选择，成为民众普遍认同的"最大公约数"，以此为扎实推动共同富裕提供理念支撑。

（一）以公共精神涵养共富意识

培养共富的价值理念需要每一社会成员自觉参与到共建过程中。社会成员要形成共富意识，主动、自觉关注公共利益的公共性和倡导价值共识，成为共同富裕的参与主体。共富意识使社会成员不仅关注自身利益的实现，也关注他人利益和公共利益。共富意识蕴含着公共性，这种公共性离不开公共价值、公共精神的培育。公共精神包含共富的意蕴，并以共富为价值追求和价值目标。公共精神支配人的行动，能够催生实现公共利益的共同行动，借助公共精神来涵养共富意识，使共同富裕成为社会成员所秉持的公共精神并最大限度地实现它，才能真正实现共建和社会成果的共享。"公共精神本质上是一种伦理精神，是指孕育在公共领域中并渗透至每个社会成员内心深处的以利他方式关心公共利益的态度和行为方式。"[1] 公共精神能够维护全体成员的利益，保障社会成员的权利。

"公共性"是共同富裕内涵方面的一个关键词。这种"公共性"成为公共精神与共富意识之间联系的纽带。所谓"公共性是人们之间公共生活的本质属性，它表现为公开环境中、在具有差异性视点的评判下形成一种共同认识，进而巩固一种维系人们之间共同存在的意识的过程"[2]。公共性并不排斥自我与他者的区别，而是强调自我认同与他者共在的一致。公共性能够有机地把主客体联系起来，社会成员之间平等开放，共同享有社会公共资源。从个体层面来看，公共性承认和尊重个体之间的差异，使个体的价值得到有效实现，个体的利益诉求得到满足，人与人之间平等、共享社会资源，最终使个体利益与公共利益实现最高程度的契合。从社会层面看，公共性是人在实践过程中形成的多种复杂关系所表现出来的一种社会属性，反映了人与人之间的依赖关系。这就表示在一定的公共空间中，个体与他者相互依存，实践主体在个性彰显中实现最大限度的兼容，能够催生有助于实现公共利益的共同行动。

公共精神之所以能够涵养共富意识，也是由于公共精神中包含了个体对于他者或其他社会成员的责任。"公共性是与人的生活实践联系在一起的，人的生活实践的公共性表明人是一个公共存在和公共性的价值存在，

---

[1] 刘鑫森：《当代中国公共精神的培育研究》，人民出版社，2010，第20页。

[2] 袁祖社：《"公共性"的价值信念及其文化理想》，《中国人民大学学报》2007年第1期。

人的公共性规定和公共性价值决定了公共性理应成为人的内在规定和品质。"① 当公共性成为人的内在规定和品质的时候，人就会关注社会成员之间的具体联系，这种既包含理性又夹杂着感性的具体联系将成为每一社会成员不断发展、不断超越的坚实根基，也会成为伴随每一社会成员社会生活的真实要素。因而具有公共性这一内在品质的人，就会心怀他人，具有社会视角和关怀精神，就会在思考个人利益时，也把他人利益和公共利益思考其中。共同富裕根本特征就在于社会发展成果在满足自身需求的同时，也能满足其他社会成员的需求，是在社会发展实践中，不仅能够利己也能够利他，是全体社会成员能够随着社会发展实现物质、精神上的发展共享。共富意识是公共精神在社会发展语境下的具体表达，是公共精神的一种独特气质，所涵化而成的便是公众、政府、社会等多元主体都关注公共利益的公共性，凝聚共同富裕的价值共识，树立公共品德，以公共精神参与社会发展、建设，最终通过共建、共治，不仅实现物质成果的共享，也实现公共利益、公共精神的共享，所有社会成员都能有更多的获得感，共同富裕的价值共识由此达成。

综上所述，共富意识与公共精神具有内在一致性。公共精神和共富意识都强调自我与他者之间关系的相依性，承认并尊重个体的差异，社会成员之间自由独立开展互惠交往实践。每一社会成员对自我利益都有恰当的理性自觉，在公共利益相关性的基础上，在思考个人利益时，又会把他人利益和公共利益思考其中。二者都强调对他者和公共利益的关注，把他者和公共利益作为实现自我利益的手段和目的，能够有效地平衡个人利益与公共利益，通过与他人分享，来实现公共利益最大化，从而维护和实现每个人的利益。基于此，我们认为共富意识始终是根植于公共生活的一种具体气质，即社会成员对公共事务积极参与、对主流价值观高度认同。共富意识是中国共产党和每一名中国人的内在自觉，它

---

① 贾英健、肖蓉:《公共性与和谐社会的构建》,《东岳论丛》2012 年第 1 期。

对全体社会成员起到润物细无声的感召作用。

（二）树立合作共赢的价值理念

合作是社会成员间为了达到预期目的而联合行动的方式，是与分工相对应的社会劳动方式。合作源于各自的需要，其目的在于获得利益的增长和共同享有。合作一旦达成，参与其中的成员其意志将以组织的形式来表达，并共担风险、共享成果。合作不仅可以避免社会利益总量的消耗，也能减少个体为达到目的的付出，共赢是合作的目的。

推动共同富裕昭示着社会成员应树立合作共赢的价值理念。合作共赢不仅是自然状态下满足社会成员生存需要的基本方式，也是现代社会化解社会矛盾和冲突、调整彼此关系的方式，人们不再局限于生存的需要，而产生一种更高状态的需求。如罗尔斯所言，"正是通过建立在社会成员们的需要和潜在性基础上的社会联合，每一个人才能分享其他人表现出来的天赋才能"[1]。合作共赢的价值理念能够约束、引导社会成员的行为，能够增强社会成员间的信任，推进社会成员间的交往。共同富裕的推动必须建立在相互信任、广泛合作和共同利益的基础上，使"各个利益共同体之间存在着一定的相互依赖的利益关系，你有我也有，我有是以你有为条件的，你有是以我有为前提的（当然这里面也还有一个量的分配问题），也就是说，不同利益群体之间存在着一定的利益共同点，并且共享之"[2]。合作作为促进发展的重要措施，是人们在必要的时候甚至暂时牺牲个体利益以维护整体利益，这样的合作最终不仅不会损害自己的利益还会实现整体的共赢。

树立合作共赢的价值理念还能促进秩序与活力的合理均衡。"人当然可以有秩序而无自由，但不能有自由而无秩序。"[3] 诸多政治学者对秩序的论述在一定程度上说明了在政治生活中秩序的重要性。一定程度的合

---

[1] 〔美〕约翰·罗尔斯：《正义论》，何怀宏等译，中国社会科学出版社，1988，第510页。

[2] 王伟光：《利益论》，人民出版社，2001，第208页。

[3] 〔美〕塞缪尔·P. 亨廷顿：《变化社会中的政治秩序》，王冠华等译，上海人民出版社，2008，第6页。

作是维持社会秩序的内在要求，共同富裕强调多元利益主体在追求自身利益的过程中合作共赢的价值指向，有助于促进社会有序运行。但是秩序具有相对性，强调秩序的目的在于使社会焕发新的生机和活力。

合作共赢的价值理念有助于减少社会成员的相对剥夺感。相对剥夺感这一概念是由美国社会心理学家斯托弗等人首先提出的，后来，默顿在《社会理论与社会结构》一书中对此做了系统阐释。相对剥夺感是指单个人或社会群体与他人相比，不占有或占有较少的有价资源而产生的一种主观感受。马克思曾以房子为例来说明这种主观感受："一座房子不管怎样小，在周围的房屋都是这样小的时候，它是能满足社会对住房的一切要求的。但是，一旦在这座小房子近旁耸立起一座宫殿，这座小房子就缩成茅舍模样了。这时，狭小的房子证明它的居住者不能讲究或者只能有很低的要求；并且，不管小房子的规模怎样随着文明的进步而扩大起来，只要近旁的宫殿以同样的或更大的程度扩大起来，那座较小房子的居住者就会在那四壁之内越发觉得不舒适，越发不满意，越发感到受压抑。"① 共享感缺乏是相对剥夺感产生的主要原因。社会合作没有给社会成员带来应有的共享感，反而使社会成员在心理上有着较为强烈的差距感，进而会导致心理失衡，相对剥夺感强烈。合作共赢通过合作这种手段，以共赢来缩小弱势群体与强势群体之间的财富差距，平衡他们之间的利益关系，可以减少社会成员的相对剥夺感。

合作共赢的实现需要以符合社会利益的主流价值观为引导，通过相互让步，主流价值观能对合作各方产生强大的感召，使分歧和冲突得以有效减少或缓解，以避免人们为了实现自我利益最大化而损害他人的利益。现实中的社会财富分配不公，是社会成员不能共享改革发展成果的重要原因。百余年来，中国共产党一直致力于化解发展中存在的财富创造与财富共享的矛盾。实现合作共赢要保证社会财富分配公平，需要在尊重市场客观规律的基础上，借助政治体系的权力来扶持社会中的弱势

① 《马克思恩格斯选集》第 1 卷，人民出版社，2012，第 345 页。

群体，保障他们的合法权益，实现共赢。实现合作共赢还需要社会成员相互承认、尊重、信任，合理分担社会成本，在遇到分歧和冲突时能够以大局为重，适时地妥协。总之，推动共同富裕，要树立合作共赢的价值理念。合作共赢的价值理念应该成为社会成员的普遍共识。

（三）以思想政治教育来凝聚共同富裕的价值共识

共同富裕的推动需要能够提供理念支撑的思想政治教育的介入。共同富裕的理论与实践具有显著的思想政治教育价值。面对共同富裕的内在需要，新时代思想政治教育要以推动社会成员增强对共同富裕的认同、塑造共同富裕的实践主体、提升实现共同富裕的治理能力为任务。

1. 共同富裕与思想政治教育的逻辑关联

推动共同富裕需要思想政治教育唤起社会成员关注、参与共同富裕的意识和自觉，使全体社会成员切实参与到共同富裕的实践中。首先，共同富裕具有复杂性，需要借助思想政治教育整合多元主体，平衡、协调多种关系。一方面，共同富裕的实现需要在尊重多元主体差异的基础上，平衡其利益关系、协调或化解其观念冲突，以寻求"最大公约数"。在此，思想政治教育要多角度介入，从观念上为共同富裕的扎实推进提供精神支撑，在实践中平衡或协调各种利益和价值关系。要借助思想政治教育建构全体人民应有的、合理的观念体系，塑造社会的价值共识，为共同富裕实践获得社会成员的普遍支持提供思想基础，以统摄、整合、协调在推进共同富裕过程中出现的各种思想观念，化解利益冲突，实现利益整合。另一方面，共同富裕离不开全社会共同参与。多元社会力量在共同富裕实践中同时在场，要想将这些力量凝聚在一起，使之有序且自觉地参与到共同富裕实践中，需要加强思想动员。而思想政治教育正是解决思想、观念方面问题的有效方式。非自觉参与的社会力量缺乏对共同富裕意义和价值的全面认识，其参与也往往缺乏整体性和系统性。为此，必须形成科学有效的、可操作的多重机制体系，需要运用物质生产机制、思想政治教育机制等调动多元社会力量的自觉性和创造性。

其次，共同富裕具有系统性，需要以思想政治教育为载体来推动共同富裕的系统开展与整体协调。第一，在推进共同富裕过程中，要把握好物质富裕与精神富裕的辩证关系，要在高质量发展创造物质财富的基础上实现人民群众对思想道德、理想信念等精神资源的占有，进而拥有一种积极的心理状态。但在现实中精神生活富裕往往滞后于物质生活富裕，不能协同共进，甚至在一定程度上阻碍了物质生活富裕的推进。一部分人出现了道德失范、价值观扭曲等与物质财富的积累不相协调的问题，侵蚀着个人的精神生活和社会整体风气。另外，整体居民文化消费水平偏低，且不同群体之间差距大。要解决这些问题，除了需要不断发展生产创造物质财富，也需要加强思想政治教育引导社会成员自觉、自信、自强，在物质财富增长中使社会成员的道德素质、文化素养同步提升。

最后，共同富裕具有正义性，需要思想政治教育通过引领社会成员树立正确的价值取向，辩证看待共同富裕实践中的成就与困难。共同富裕所彰显的正义克服了资产阶级正义的阶级和历史局限性，从现实的物质生活出发，是具有客观现实性的真正的正义。"各地区发展极不平衡、城乡发展差异较大、相对困难人群仍占一定比例、居民收入基尼系数较高等"① 是我国在推进共同富裕过程中需要正视的困难。如何继续发展，缩小不平衡不充分发展造成的地区、城乡与不同群体之间占有财富的差距，实现经济、政治、文化、社会、生态共生与互动，形成培育和践行公平正义的社会氛围，是当前推动实现共同富裕首先要解决的问题。教育在缩小差距、消除相对贫困中起着重要的作用，当前通过教育形成的各种知识和能力为个人和社会带来的经济价值与社会价值比以往任何时代都要大得多。其一，思想政治教育先行介入，一方面，能够精准把握受教育群体的精神需求、精准定位其思想水平，从而能够因材施教，科

---

① 胡鞍钢、周绍杰：《2035 中国：迈向共同富裕》，《北京工业大学学报》（社会科学版）2022 年第 1 期。

学地制定针对不同群体、地区的对策与措施；另一方面，能够促进教育资源的优化，把思想政治教育与职业教育、技术教育、专业教育等相结合，提升教育的效果，让相对贫困群体认识到教育对于改变自身命运的特殊意义，从而调动他们努力学习的积极性。其二，教育是阻断贫困代际传递的有力举措。共同富裕所内蕴的精神富裕不仅指精神文化生活的丰富，更是思想境界的富裕。相对于具体精神文化生活而言，思想境界的富裕不仅表现为精神的富足，更是相对贫困群体走向共同富裕的内生动力。开展思想政治教育有助于消除部分群体的"等、靠、要"观念，培育其自尊自信、积极向上的社会心态，提高其思想境界，从而树立对共同富裕的信心，并使全社会形成浓郁的追求共同富裕的氛围。其三，共同富裕的实现是一个长期的历史过程。思想政治教育能够引导社会成员认识到扎实推进共同富裕过程中机遇与挑战并存，深化社会成员对共同富裕实践中存在问题的理解与认知。

同时新时代共同富裕理论与实践不仅是思想政治教育的优质资源，也是推动思想政治教育发展、实现思想政治教育现代化的动力。首先，习近平关于共同富裕的重要论述是新时代思想政治教育的重要理论资源。党的十八大以来，习近平把马克思主义共同富裕思想与新时代中国的客观现实相结合，明确提出"中国式现代化是全体人民共同富裕的现代化。共同富裕是中国特色社会主义的本质要求"[①] 等一系列重要论述。这些重要论述为推动经济持续发展、推进共同富裕提供了理论基础和指导，也拓宽了世界性贫富差距问题解决的视野和路径。作为联系国家和社会的纽带，使社会成员正确理解和认同党和国家的最新方针、政策等是思想政治教育应有的任务。面对新时代不断发展变化的新情况、出现的新问题，思想政治教育要在继承中不断发展，把党和国家的创新理论融入其中。这些都要求新时代要把习近平关于共同富裕的重要论述融入思想政

---

① 习近平：《高举中国特色社会主义伟大旗帜　为全面建设社会主义现代化国家而团结奋斗——在中国共产党第二十次全国代表大会上的报告》，人民出版社，2022，第22页。

治教育之中，使社会成员明确共同富裕的价值立场、核心要求、实践路径等，以增强社会成员对共同富裕的信心。

其次，党的百年共同富裕奋斗史是进行思想政治教育的生动历史资源。中国共产党自成立起就把共同富裕作为践行党的初心和使命的重要指标。百余年来中国共产党在坚持与创新中走出了一条独具中国特色的共同富裕之路。在新民主主义革命时期，中国共产党明确认识到民族独立、变革阻碍生产力发展的封建生产关系是人民实现共同富裕的前提。为此，建立人民当家作主的政权就是其首要任务。为解决广大农民生活贫困问题并调动他们参与革命的积极性，中国共产党人提出了"打土豪、分田地"的土地革命策略。在社会主义改造时期，1953年在党的文件中首次出现了"共同富裕"一词，党通过"一化三改"使社会主义制度在中国确立，为共同富裕在中国的实践奠定了制度基础。在改革开放和社会主义现代化建设新时期，邓小平在关于社会主义本质的论断中把共同富裕作为社会主义的最终目的，并制定了"先富带后富""效率优先、兼顾公平"等策略。这一时期，经济迅速发展创造的社会财富为共同富裕奠定了坚实的物质根基。中国特色社会主义进入新时代，伴随着对社会主要矛盾的科学研判以及脱贫攻坚战的胜利，党带领全国各族人民踏上实现全体人民共同富裕的新征程。众所周知，思想政治教育不是空洞的说教，丰富、真实且客观的历史过程和历史成就是最生动的历史资源。这些历史资源有助于社会成员熟悉党的共同富裕奋斗史，洞悉其中的规律，增强共同富裕的信心，最终使社会成员形成正确的思想政治观念。

最后，现实实践中共同富裕典型案例是进行思想政治教育的鲜活资源。我国长期的共同富裕实践中，涌现很多既有区域特色又具有借鉴价值的典型案例——以江苏、浙江、广东、上海为代表的区域共同富裕案例，以华西村的集体经济模式、温州的分配模式、浙江桐乡的城市共享等为代表的特色模式案例，在脱贫攻坚战中形成的农村产业高质量发展的典型案例等，这些典型案例能够加强思想政治教育与实践的联系，使社会成员在抽象的理论和现实之间建立联系，使抽象的理论拥有现实的形式，也使中国共产党的共同富裕思想得到验证。现实中的这些共同富裕的典型案例还能够为共同富裕注入新的理论内涵，使共同富裕在理论上得以拓展和深化。以共同富裕案例为内容的思想政治教育能够增进主体之间的良性互动，促进教学相长，提升思想政治教育实效性，从而使全体社会成员认同与支持共同富裕，并在实践中把全体社会成员组织起来，实现组织整合和行动协调。

2. 新时代思想政治教育服务共同富裕的表现形态

首先，增强社会成员对新时代共同富裕的认同是思想政治教育的重要任务。共同富裕的推动不仅需要高质量发展创造巨大的物质财富、刚性的制度来保障财富的分配，也离不开社会成员对共同富裕的认同及认同下行为的支持。社会成员对共同富裕的体验、认同不仅是进一步推动共同富裕的前提，也能够有效地帮助社会成员处理自我价值与社会目标的关系。但"'认同'不同于简单的意识形态灌输或者角色安排，个人或群体在'认同'方面具有较强的能动性和建构权利，能够对各种外在因素做出适当的'诠释'，做出接受（即内化）或拒绝的选择"①。思想政治教育担负着让社会成员认知、理解、认同共同富裕的重要任务。思想政治教育作为联系国家和社会成员的纽带，引导社会成员正确认识习近平关于共同富裕的重要论述，并从观念层面把共同富裕所内蕴的价值理念、价值立场等传递给社会成员，让社会成员认同并自觉参与共同富裕相关实践，形成凝聚力和向心力，为共同富裕实践奠定思想基础。

为此，要"不断增进对中国共产党领导和中国特色社会主义的政治认同、思想认同、理论认同、情感认同"②。在这里，其一，政治认同是社会成员对党和国家有关共同富裕规划总体上的认可与支持，为推动共

① 李友梅、肖瑛、黄晓春：《社会认同：一种结构视野的分析》，上海人民出版社，2007，第5页。
② 《习近平同党外人士共迎新春》，《人民日报》2021年2月2日。

同富裕提供了重要支撑。其二，思想认同是对共同富裕的思想内涵、价值理念等的认同。其三，理论认同是从学理上对共同富裕理论体系予以理解、把握、认可与内化。从知识层面上讲，共同富裕具有强烈的理论属性，体现了人类对获得更好的生存环境的本性渴望，且随着人类社会的发展这种渴望逐步变成现实。其四，对共同富裕的情感认同体现在对其增进人民福祉的内在体认。情感认同是指社会成员对共同富裕产生深厚的情感寄托、信任和期待，积极投身于新时代的共同富裕实践之中。思想政治教育能够增进社会成员对于共同富裕规划等的政治认同，对其蕴含的理想信念、价值立场的思想认同，对其理论的科学性的理论认同以及侧重内化与依恋的情感认同，使社会成员以理性平和的心态看待共同富裕实践中的问题与困难，引导社会成员积极共建共富。

其次，塑造共同富裕的实践主体是思想政治教育的重要目标。作为整体性、全面性的实践活动，共同富裕涉及价值立场、实践主体、进程安排、路径选择等要素。相应的，塑造合乎共同富裕要求的实践主体是共同富裕大系统中重要的一环，也是思想政治教育的重要目标。"从历史唯物主义的观点出发，实践主体一般指对象性行为即实践行为中作为行为者的人，而与主体相对应的客体则是对象性关系即实践关系中的行为对象。"[1] 据此，共同富裕的实践主体是指处于具体社会关系中的人以及组织。实践主体是共同富裕展开过程中最具能动性的要素。重视实践主体的塑造是体现共同富裕本质的内在要求。正如恩格斯所强调的："在社会历史领域内进行活动的，是具有意识的、经过思虑或凭激情行动的、追求某种目的的人；任何事情的发生都不是没有自觉的意图，没有预期的目的的。"[2] 共同富裕的推动离不开中国共产党的领导和作为个体的人民的共同努力。

思想政治教育不仅是巩固党的领导的重要方式，还担负着塑造人、培养人的使命。一方面，思想政治教育是维护社会成员思想稳定、强化

---

[1]　古荒：《论社会发展战略的实践主体》，《中共中央党校学报》2015 年第 3 期。

[2]　《马克思恩格斯选集》第 4 卷，人民出版社，2012，第 253 页。

党的执政根基的重要方式。思想政治教育不仅能够凝聚价值共识、强化党的思想领导，还能为党培养优秀人才、传承党的事业。另一方面，思想政治教育担负着培养能够担当民族复兴大任的"人民"的使命。"思想政治教育除了实施意识形态所指向的思想体系的教育外，还需进行心理、人格等现代社会人所需要的更为全面的素质方面的引导和培育。"① 党的二十大报告强调："中国式现代化是全体人民共同富裕的现代化。"② 现代化不仅意味着工业化、城镇化、信息化等的多项叠加，也意味着合乎现代文明的价值尺度的展开。以合乎现代文明的价值尺度来塑造的人不仅具有作为整体的一部分"个体"的主体意识，也要具有共同富裕实践主体的身份意识，这也正体现了国家与社会成员之间相互塑造的关系。培育和塑造共同富裕实践主体的身份意识，是以思想政治教育推动共同富裕的重要目标。思想政治教育通过对现代化建设实践过程中社会成员的思想认知、价值判断和情感意志等产生影响，激发其内在的认知力、情感体验和意志力以及培养其改造世界的能力，从而塑造出共同富裕需要的实践主体。思想政治教育使社会成员对自我在共同富裕实践中所扮演的角色有确切认知，实现自我身份向共同富裕实践主体身份的转换，从而使社会成员在自己的岗位上积极参与共同富裕实践，以实际行动推动共同富裕目标的实现。而且社会成员主体身份的转换不仅表现为从思想到行动的转换过程，也表现为共建共享共富的过程。

最后，提升以实现共同富裕为目标的治理能力是思想政治教育的重要功能。党的二十大报告强调："健全共建共治共享的社会治理制度，提升社会治理效能。"③ 推动共同富裕从理论到实践，要构建以共同富裕为核心的治理体系，提升以实现共同富裕为目标的治理能力。社会财富是

---

① 董雅华：《思想政治教育的意识形态功能及其边界》，《思想理论教育》2019 年第 9 期。

② 习近平：《高举中国特色社会主义伟大旗帜　为全面建设社会主义现代化国家而团结奋斗——在中国共产党第二十次全国代表大会上的报告》，人民出版社，2022，第 22 页。

③ 习近平：《高举中国特色社会主义伟大旗帜　为全面建设社会主义现代化国家而团结奋斗——在中国共产党第二十次全国代表大会上的报告》，人民出版社，2022，第 54 页。

共同富裕实现的物质性支撑。为调动各方面生产的积极性，增加社会财富，我国确立了社会主义市场经济体制。以市场供需优化资源配置，来提升社会财富创造与积累的效率；为保证社会财富创造的持续性，要提高劳动生产效率；在财富的初次分配中，以人们在财富生产中的贡献来匹配财富。但随着市场经济合法性的确立，市场和效率意识泛化、理想信念庸俗化、道德价值被遮蔽等价值观问题相继出现，这就需要思想政治教育发挥其引导、调节功能，调节利益关系和经济关系、引导社会成员正确看待当前出现的这些问题，进而实现市场有序运行、社会财富高效创造。

共同富裕是中国特色社会主义的本质要求。财富的分配不能只基于效率原则，政府发挥作用的财富再分配机制是实现共同富裕的关键一环。中国共产党自成立之日起就把以公平为基础的财富分配作为重要任务，这也是中国共产党人民立场的重要体现。政府是财富分配的主要实施者，其工作人员尤其是领导干部起着关键作用，他们的工作态度和思想状况直接影响着共同富裕的进程。为此，需要发挥思想政治教育对领导干部的思想引领作用，强化教育引导、实践养成、制度保障，引领领导干部"明大德、守公德、严私德"。首先，要加强党的根本宗旨教育，通过思想政治教育增强领导干部全心全意为人民服务的意识。领导干部在推动分配制度落实时要高度关注弱势群体，保障弱势群体的合法权益，以彰显共同富裕的共享性与普遍性。其次，要加强党的优良传统和作风教育。领导干部要密切联系群众，真正解决群众物质生活和精神生活的困难，不断提升工作效率。最后，加强领导干部的责任担当教育，真正使之认识到作为一名领导干部在实践共同富裕过程中应承担的责任，以自己的实际行动来推动共同富裕。

财富共享即财富在社会成员间合理流动，社会成员平等地享有社会发展成果。财富较多的社会成员将其部分财富转化为公共产品，或者分享给弱势群体，不仅可以提升弱势群体的生活质量，也有助于增强社会成员对社会主义优越性的内生性感知，进而形成推动共同富裕实现的强大合力。思想政治教育能够引导社会成员树立共享意识。一方面，共享是在维护社会成员正当利益基础上的合理分享，是在道德指引、道德信念感召下，社会成员主动关注生态环境、弱势群体等，在合理范围内促进财富的共享。这就需要发挥思想政治教育内蕴的"良心"元素，以良心教育的方式培养社会成员的共享意识。另一方面，共富、共享与共建密不可分，共享是建立在共建创造的物质财富基础上的，需要全体社会成员积极参与，共享是成果共享与责任共担的统一，通过共享提升社会成员的获得感，激发其创造性，最终实现共同富裕的目标。这就需要发挥思想政治教育的引导功能，引导社会成员正确认识共建、共享、共富三者的关系。

结　语

　　中国特色社会主义进入新时代，构成了共同富裕的新境遇。新时代虽然仍然归属于社会主义初级阶段，却是社会主义初级阶段的新发展阶段，是对初级阶段"不发达状态"的阶段性克服与超越。扎实推进共同富裕是新时代中国共产党顺应社会现实所做出的战略安排。新时代共同富裕是全民富裕、全面富裕、共建富裕和渐进富裕的统一，以"全民"强调全体人民是共同富裕的主体，以"全面"来说明共同富裕客体的均衡与充分，以"共建"凸显民众的积极参与为共同富裕创造更坚实的物质基础，以"渐进"突出要以现实国情为依据逐步满足民众美好生活需要，是过程性与目的性的统一。

　　中国共产党百年来基于不同的社会现实对共同富裕进行了持续探索与实践，形成了独特的理论，取得了巨大的成就，主要经验表现为始终坚持党的领导、坚持以人民为中心，坚持在持续发展中推动共同富裕。新时代扎实推进共同富裕应坚持以下原则。

　　其一，坚持党的领导。坚持党的领导不仅是对党百年来共同富裕实践经验的总结，也是新时代推动共同富裕的政治保证。坚持党的领导，要使党的各级部门对共同富裕的必要性、可能性、阶段性等有明确的认识。坚持党的领导，党要注重加强自身人才队伍建设。人才是实现党的领导的重要战略资源。人才队伍和机构的建设要秉持党管人才的原则，特别是加强基层党组织中人才队伍建设，使之努力成为宣传党的主张、贯彻党的决定的坚强战斗堡垒。中国共产党在改革开放实践中不断进行自我革命是牢牢维护党的领导权的重要措施。随着社会的变迁，中国共产党的执政环境和执政条件也在不断改变，只有不断自我革命，才能保持生机和活力。一方面，党具有正视自身问题的勇气和改进问题的决心，在发现问题、解决问题中不断提升领导力；另一方面，党坚持不断学习，从马克思主义中汲取理论智慧，从群众中汲取实践营养，在学习中提升处理问题和解决问题的能力。

其二，在生产力与生产关系互动中推动共同富裕。生产力与生产关系是社会运作密不可分的两个部分。生产力是生产的物质层面，生产关系是生产的社会形式。共同富裕不仅仅体现在社会财富的合理分配上，还包括权利、机会等的共享。生产力发达进而创造丰裕的物质财富构成了实现共同富裕的必要条件，表现为社会形式的生产关系构成了实现共同富裕的充分条件。因此，推动共同富裕要在生产力与生产关系相结合的前提下进行，这是对以往经验的总结，也是需要始终坚守的原则。

其三，坚持共建与共生的统一。人们共同参与了创造、建设的过程，所以才具备了共享共建成果的资格。但由于共建是一个复杂的劳动，共建的比例以及共享的比例在现实中特别是在个体禀赋、资源等存在差异的情况下，是难以确定的。此外，参与共建的机会并不是人人都有的，部分弱势群体是不具备参与条件的。这就意味着除了共建还需要有其他方式使个体具有共享的资格。共生共享是指个体作为共同生活的社会群体的一分子，具有共享的正当性资格。共同体的持存和个体基本生活的保障都需要借助共生共享机制。但是如果只考虑共生就可以获得共享的资格，那么共同体的发展靠什么呢，或者说共享的物质资料来自何处？显然仍然离不开共建。而且共生共享会使维持个体基本生活的"善"最后演变成共同体的"负担"。所以单靠共生共享也是不现实的。因此，在共同富裕目标下需要共建和共生在各自领域共同发挥作用，以共建创造财富，推动社会发展，以共生保障共同体每一成员维持基本的生活，二者相互补充，共同维系共同体的良性运作。

本书基于新时代这一新境遇对共同富裕的理论和实践展开研究，对于新时代共同富裕实践路径的分析主要立足于高质量发展、制度的完善以及共同富裕价值共识的达成等宏观层面，对于现实中的微观影响因素和实践路径并没有展开系统的论述。共同富裕相关问题涉及多学科，本书主要立足于马克思主义理论学科对共同富裕的新时代背景、内涵与特征、理论基础、现实境遇及其实践路径，进行较为宏观的、有限的研究。在宏观理论的指导下展开微观层面的研究，是新时代扎实推动共同富裕所赋予学界的重要理论任务，有待进一步深入推进。

参考文献

一 经典著作和文献

1. 《马克思恩格斯选集》第1—4卷，人民出版社，2012。

2. 《马克思恩格斯文集》第1—9卷，人民出版社，2009。

3. 《马克思恩格斯全集》第1卷，人民出版社，1956。

4. 《马克思恩格斯全集》第2卷，人民出版社，1957。

5. 《马克思恩格斯全集》第25卷，人民出版社，2001。

6. 《马克思恩格斯全集》第31卷，人民出版社，1998。

7. 《马克思恩格斯全集》第44卷，人民出版社，2001。

8. 《马克思恩格斯全集》第46卷，人民出版社，2003。

9. 《列宁选集》第1—4卷，人民出版社，2012。

10. 《列宁全集》第2—7卷，人民出版社，2013。

11. 《列宁全集》第32—43卷，人民出版社，2017。

12. 《毛泽东选集》第1—4卷，人民出版社，1991。

13. 《毛泽东文集》第3卷，人民出版社，1996。

14. 《毛泽东文集》第6、7、8卷，人民出版社，1999。

15. 《邓小平文选》第3卷，人民出版社，1993。

16. 《邓小平文选》第2卷，人民出版社，1994。

17. 《江泽民文选》第1—3卷，人民出版社，2006。

18. 《胡锦涛文选》第1—3卷，人民出版社，2016。

19. 《习近平谈治国理政》第1卷，外文出版社，2018。

20. 《习近平谈治国理政》第2卷，外文出版社，2017。

21. 《习近平谈治国理政》第3卷，外文出版社，2020。

22. 《习近平谈治国理政》第4卷，外文出版社，2022。

23. 《习近平书信选集》第1卷，中央文献出版社，2022。

24. 《习近平著作选读》第1卷，人民出版社，2023。

25. 《毛泽东年谱》（1949—1976）第3卷，中央文献出版社，2013。

26. 《邓小平年谱》（1975—1997）下，中央文献出版社，2004。

27. 《马克思 恩格斯 列宁论意识形态》，人民出版社，2009。

28. 胡锦涛：《全面建设小康社会 开创中国特色社会主义事业新局面——在中国共产党第十六次全国代表大会上的报告》，人民出版社，2002。

29. 胡锦涛：《高举中国特色社会主义伟大旗帜 为夺取全面建设小康社会新胜利而奋斗——在中国共产党第十七次全国代表大会上的报告》，人民出版社，2007。

30. 习近平：《决胜全面建成小康社会 夺取新时代中国特色社会主义伟大胜利——在中国共产党第十九次全国代表大会上的报告》，人民出版社，2017。

31. 习近平：《高举中国特色社会主义伟大旗帜 为全面建设社会主义现代化国家而团结奋斗——在中国共产党第二十次全国代表大会上的报告》，人民出版社，2022。

32. 《江泽民论有中国特色社会主义（专题摘编）》，中央文献出版社，2002。

33. 《建党以来重要文献选编》（1921—1949）（第4、8、9、19册），中央文献出版社，2011。

34. 《建国以来重要文献选编》第7册，中央文献出版社，1993。

35. 《建国以来重要文献选编》第11册，中央文献出版社，1995。

36. 《建国以来重要文献选编》第13册，中央文献出版社，1996。

37. 《中国共产党第十四次全国代表大会文件汇编》，人民出版社，1992。

38. 《中国共产党第十六次全国代表大会文件汇编》，人民出版社，2002。

39. 《十六大以来重要文献选编》（中），中央文献出版社，2006。

40. 《十七大以来重要文献选编》（上），中央文献出版社，2009。

41. 《十八大以来重要文献选编》（上），中央文献出版社，2014。

42. 《十八大以来重要文献选编》（中），中央文献出版社，2016。

43. 《中国共产党第十九次全国代表大会文件汇编》，人民出版社，2017。

44. 《十九大以来重要文献选编》（上），中央文献出版社，2019。

45. 《十九大以来重要文献选编》（中），中央文献出版社，2021。

46. 《习近平总书记系列重要讲话读本》，学习出版社，2014。

47. 《习近平关于全面依法治国论述摘编》，中央文献出版社，2015。

48. 《习近平关于社会主义社会建设论述摘编》，中央文献出版社，2017。

49. 《习近平关于社会主义文化建设论述摘编》，中央文献出版社，2017。

50. 《习近平关于社会主义生态文明建设论述摘编》，中央文献出版社，2017。

51. 《习近平关于社会主义经济建设论述摘编》，中央文献出版社，2017。

52. 习近平：《论把握新发展阶段、贯彻新发展理念、构建新发展格局》，中央文献出版社，2021。

53. 习近平：《在庆祝中国共产党成立 100 周年大会上的讲话》，人民出版社，2021。

54. 习近平：《在全国脱贫攻坚总结表彰大会上的讲话》，人民出版社，2021。

55. 《习近平扶贫论述摘编》，中央文献出版社，2018。

56. 《中共中央关于制定国民经济和社会发展第十三个五年规划的建议》，人民出版社，2015。

57. 《中共中央关于制定国民经济和社会发展第十四个五年规划和二〇三五年远景目标的建议》，人民出版社，2020。

58. 《在十二届全国人民代表大会第一次会议上的讲话》，人民出版社，

2013。

59.《毛泽东周恩来刘少奇朱德邓小平陈云论调查研究》，中央文献出版社，2006。

60.《中国统计年鉴》（2016），中国统计出版社，2017。

61.《2018年全国第六次卫生服务统计调查报告》，人民卫生出版社，2021。

二　学术著作

62.《孙中山选集》（下），中华书局，2011。

63.《孙中山全集》第2卷，中华书局，1982。

64.《胡乔木文集》第1卷，人民出版社，2012。

65.《墨子校注》，中华书局，1993。

66. 程树德撰《论语集释》，中华书局，2006。

67. 曾振宇，傅永聚：《春秋繁露新注》，商务印书馆，2010。

68. 孙希旦：《礼记集解》，中华书局，1989。

69. 康有为：《大同书》，古籍出版社，2005。

70. 杨伯峻译注《孟子译注》，中华书局，2008。

71. 王先谦：《荀子集解》，中华书局，2007。

72.《论语》，陈晓芬译注，中华书局，2016。

73. 谢浩范、朱迎平：《管子全译》，贵州人民出版社，1996。

74. 曹础基：《庄子浅注》，中华书局，2000。

75. 王伟光：《利益论》，人民出版社，2001。

76. 高兆明：《制度公正论》，上海文艺出版社，2001。

77. 桑玉成：《利益分化的政治时代》，学林出版社，2002。

78. 李楠明：《价值主体性——主体性研究的新视域》，社会科学出版社，2005。

79. 李友梅、肖瑛、黄晓春：《社会认同：一种结构视野的分析》，上海人民出版社，2007。

80. 郑杭生:《中国社会发展研究报告（2009）》，中国人民大学出版社，2009。

81. 费孝通:《文化的生与死》，上海人民出版社，2009。

82. 刘鑫淼:《当代中国公共精神的培育研究》，人民出版社，2010。

83. （汉）许慎:《说文解字》，江苏凤凰美术出版社，2017。

84. 〔美〕塞缪尔·亨廷顿:《变化社会中的政治秩序》，张岱云译，上海译文出版社，1989。

85. 〔美〕约翰·罗尔斯:《正义论》，何怀宏、何包钢、廖申白译，中国社会科学出版社，1988。

86. 〔美〕赫伯特·西蒙:《现代决策理论的基石:有限理性说》，杨砾、徐立译，北京经济学院出版社，1989。

87. 〔美〕丹尼尔·贝尔:《资本主义文化矛盾》，赵一凡译，生活·读书·新知三联书店，1989。

88. 〔日〕池田大作、〔英〕B. 威尔逊:《社会与宗教》，梁鸿飞、王建译，四川人民出版社，1991.

89. 〔美〕哈罗德·J. 伯尔曼:《法律与宗教》，梁治平译，三联书店，1991。

90. 〔美〕戴维·伊斯顿:《政治生活的系统分析》，王浦劬译，华夏出版社，1999。

91. 〔德〕赫尔曼·舍尔:《阳光经济:生态的现代战略》，黄凤祝、巴黑译，生活·读书·新知三联书店，2000。

92. 〔奥地利〕约瑟夫·熊彼特:《经济发展理论》，何畏等译，商务印书馆，2000。

93. 〔瑞典〕汤姆·R. 伯恩斯等:《结构主义的视野——经济与社会的变迁》，周长城等译，社会科学文献出版社，2000。

94. 〔德〕乌尔里希·贝克:《风险社会》，何博闻译，译林出版社，2004。

95. 〔美〕罗伯特·古丁、〔美〕汉斯-迪特尔·克林格曼:《政治科学新手册》，钟开斌等译，三联书店，2006。

96. 〔英〕大卫·休谟：《人性论》，关文运译，商务印书馆，1980。

97. 〔法〕托马斯·皮凯蒂：《21世纪资本论》，巴曙松等译，中信出版社，2014。

98. 〔美〕道格拉斯·C.诺思：《制度、制度变迁与经济绩效》，杭行译，格致出版社、上海三联书店、上海人民出版社，2014。

三 期刊论文

99. 袁祖社：《"公共性"的价值信念及其文化理想》，《中国人民大学学报》2007年第1期。

100. 秦宣、郭跃军：《论马克思恩格斯的时代观》，《江西社会科学》2009年第1期。

101. 卜祥记、孙丽娟：《马克思社会学说的经济哲学分析及其当代意义》，《学习与实践》2010年第1期。

102. 贾英健、肖蓉：《公共性与和谐社会的构建》，《东岳论丛》2012年第1期。

103. 张贤明、陈权：《论改革发展成果共享的三项原则》，《理论探讨》2014年第5期。

104. 马文保：《重新理解马克思的生产力思想》，《哲学研究》2014年第5期。

105. 王晓荣：《农村基层党组织边缘化及其权威重建》，《理论探索》2014年第5期。

106. 陈成文、赵杏梓：《社会治理：一个概念的社会学考评及其意义》，《湖南师范大学社会科学学报》2014年第5期。

107. 王新生：《当今中国社会转型期的公平正义问题》，《中国人民大学学报》2015年第5期。

108. 张艳涛：《历史唯物主义视域下的"中国现代性"建构》，《哲学研究》2015 年第 6 期。

109. 张国清：《分配正义与社会应得》，《中国社会科学》2015 年第 5 期。

110. 古荒：《论社会发展战略的实践主体》，《中共中央党校学报》2015 年第 3 期。

111. 魏波：《以共享理解发展》，《中国特色社会主义研究》2016 年第 1 期。

112. 岳嵩、邱实：《国家治理现代化视阈下中国共产党执政理念创新》，《南京师大学报》（社会科学版）2016 年第 5 期。

113. 汪信砚：《价值共识与和谐世界》，《武汉大学学报》（哲学社会版）2017 年第 5 期。

114. 张彦、洪佳智：《论发展伦理在共享发展成果问题上的"出场"》，《哲学研究》2016 年第 4 期。

115. 项久雨：《美好社会：现代中国社会的历史展开与演化图景》，《中国社会科学》2020 年第 6 期。

116. 黄承伟：《脱贫攻坚伟大成就彰显我国制度优势》，《红旗文稿》2020 年第 8 期。

117. 郁建兴、任杰：《共同富裕的理论内涵与政策议程》，《政治学研究》2021 年第 3 期。

118. 何玉长、王伟：《数字生产力的性质与应用》，《学术月刊》2021 年第 7 期。

119. 李培林：《准确把握共同富裕的是与不是》，《探索与争鸣》2021 年第 11 期。

120. 胡鞍钢、周绍杰：《2035 中国：迈向共同富裕》，《北京工业大学学报》（社会科学版）2022 年第 1 期。

121. 臧峰宇：《马克思的现代性思想与中国式现代化的实践逻辑》，《中国社会科学》2022 年第 7 期。

122. 吴昊天、袁洪亮：《唯物史观视域中共同富裕对正义的彰显》，《学术研究》2023 年第 2 期。

123. 欧阳康：《中国式现代化视域中的国家制度和国家治理现代化》，《中国社会科学》2023 年第 4 期。

四 报纸论文

124. 《科学统筹突出重点对准焦距 让人民对改革有更多获得感》，《光明日报》2015 年 2 月 28 日。

125. 《抓创新就是抓发展谋创新就是谋未来》，《人民日报》2015 年 3 月 06 日。

126. 《把创新摆在国家发展全局核心位置——深入贯彻落实五中全会精神之一》，《光明日报》2015 年 10 月 31 日。

127. 《在高质量发展中促进共同富裕 统筹做好重大金融风险防范化解工作》，《人民日报》2021 年 8 月 18 日。

128. 谢伏瞻：《如何理解促进共同富裕的重大意义》，《人民日报》2021 年 10 月 8 日。

129. 《既要"富口袋"也要"富脑袋"》，《人民日报》2021 年 10 月 13 日。

图书在版编目(CIP)数据

新时代共同富裕的理论与实践 / 范迎春著 . --北京:
社会科学文献出版社，2024.8. --ISBN 978-7-5228
-4082-6

Ⅰ . F124.7

中国国家版本馆 CIP 数据核字第 20242P2M32 号

新时代共同富裕的理论与实践

著　　者 / 范迎春

出 版 人 / 冀祥德
责任编辑 / 王小艳
责任印制 / 王京美

出　　版 / 社会科学文献出版社·马克思主义分社（010）59367126
　　　　　　地址：北京市北三环中路甲 29 号院华龙大厦　邮编：100029
　　　　　　网址：www. ssap. com. cn
发　　行 / 社会科学文献出版社（010）59367028
印　　装 / 三河市龙林印务有限公司

规　　格 / 开本：787mm×1092mm　1/16
　　　　　　印张：15.75　字数：220 千字
版　　次 / 2024 年 8 月第 1 版　2024 年 8 月第 1 次印刷
书　　号 / ISBN 978-7-5228-4082-6
定　　价 / 98.00 元

读者服务电话：4008918866